EPOCH TIMES

Wie der Teufel die Welt beherrscht

Band I

EPOCH TIMES

Die Originalausgabe erschien 2018 unter dem Titel
《魔鬼在統治着我們的世界》

© Epoch Times
3. Auflage Februar 2020
Epoch Times Europe GmbH
Kunz-Buntschuh-Strasse 11
D – 14193 Berlin

Printed in Germany

ISBN 978-3-9810462-1-2 – Band 1 - Wie der Teufel die Welt beherrscht
ISBN 978-3-9810462-2-9 – Band 2 - Wie der Teufel die Welt beherrscht
ISBN 978-3-9810462-3-6 – Band 3 - Wie der Teufel die Welt beherrscht

Auch als E-Book erhältlich unter: ISBN 978-3-9810462-4-3

Eine ungekürzte Ausgabe als Hörbuch-Version finden Sie auf Amazon, Audible, iTunes, sowie anderen Kanälen und Streaming-Plattformen.

www.epochtimes.de

*Für alle Menschen, denen das Schicksal
der Menschheit am Herzen liegt*

Inhaltsverzeichnis

Vorwort 15

Einführung 19
1. Der Kommunismus ist ein Teufel, der die Menschheit zerstören will 20
2. Die Mittel und Wege des Teufels 21
3. Der Kommunismus ist die Ideologie des Teufels 23
4. Ein metaphysisches Verständnis des Teufels 27
5. Die vielen Gesichter des Teufels 28
6. Der Sozialismus als Vorstufe des Kommunismus 30
7. Die Romantisierung des Kommunismus 33
8. Die Zerstörung von Kultur und Moral durch den Teufel 35
9. Zum Göttlichen zurück, Traditionen wiederherstellen,
   dem Plan des Teufels entkommen 39

Kapitel 1: Die 36 Strategien zur Zerstörung der Menschheit 41
Die Gedanken der Menschen verderben 41
1. Der Betrug des Atheismus 41
2. Der Trugschluss des Materialismus 42
3. Die Blasphemie der Evolution 43
4. Die Sekte der Wissenschaft 43
5. Philosophie des Kampfes 44
6. Intellektuelle Redundanz 44
7. Verfälschte Sprache 45

Untergrabung der traditionellen Kultur 45
8. Niedrigerer Bildungsstand 46
9. Degenerierte Kunst 47
10. Kontrolle der Medien 48
11. Förderung von Pornografie, Glücksspiel und Drogen 49
12. Vernichtung traditioneller Berufe 49

Zusammenbruch der Gesellschaft 49
13. Untergrabung der Kirche 50
14. Auflösung der Familie 50
15. Totalitarismus im Osten 50
16. Infiltration des Westens 51

17. Pervertierung des Gesetzes 52
18. Finanzielle Manipulation 52
19. Supranationale Regierungsformen 53
Soziale Umbrüche und Aufstände erzeugen 53
20. Kriegsführung 53
21. Anstiftung zur Revolution 54
22. Wirtschaftskrisen 55
23. Entfremdung der Menschen von Land und Wurzeln 55
24. Soziale Bewegungen ausnutzen 56
25. Terrorismus 56
Teilen und Herrschen 57
26. Andere Meinungen zum Schweigen bringen 57
27. Eliten vereinnahmen 58
28. Die Massen verdummen 58
29. Den Mob aufwiegeln 59
30. Den Generationenwechsel beschleunigen 60
31. Zerfall der Gesellschaft 61
Tarnen und Täuschen 61
32. Offene Verschwörung 62
33. Getarnte Aktionen 62
34. Die Opposition verteufeln 62
35. Ablenkungsmanöver starten 63
36. Die breite Masse für sich gewinnen 63

Kapitel 2: Die europäischen Anfänge des Kommunismus 64
Einleitung 64
1. **Karl Marx und seine satanischen Werke** 65
2. **Marxismus im historischen Kontext** 69
3. **Die Französische Revolution** 72
4. **Die Pariser Anfänge des Kommunismus** 76
5. **Erst Europa, dann die ganze Welt** 79
Quellen und Anmerkungen zu Kapitel 2 81

Kapitel 3: Massenmord im Osten 83
Einleitung 83
1. **Die brutalen Fundamente der kommunistischen Herrschaft** 86
a) Der Aufstieg der sowjetischen Kommunisten 86
b) Die Kommunistische Partei Chinas ergreift die Macht 87
2. **Massenmord an der Arbeiterklasse** 89
a) Die Unterdrückung der sowjetischen Arbeiter und Bauern 89
b) Die KP Chinas folgt dem sowjetischen Modell 91

3. Die Brutalität der Kommunistischen Partei 93
   a) Grausamkeiten des sowjetischen Kommunismus 93
      Der Gulag, Inspiration für Hitlers Todeslager...93
      Töten durch Hunger...95
      Der Große Terror wendet sich gegen die sowjetische Elite 96
   b) Grausamkeiten der KP Chinas... 97
      Die große chinesische Hungersnot... 97
      Das Gemetzel der Kulturrevolution und der kulturelle Völkermord 98
      Unübertroffene Bösartigkeit: die Verfolgung von Falun Gong 100
4. Export des Roten Terrors 103
Quellen zu Kapitel 3..104

Kapitel 4: Export der Revolution 107
Einführung...107
1. Export der Revolution nach Asien 107
   a) Der Koreakrieg..109
   b) Der Vietnamkrieg 111
   c) Die Roten Khmer.. 114
   d) Andere Teile Asiens... 116
2. Export der Revolution nach Lateinamerika und Afrika 120
   a) Lateinamerika 121
   b) Afrika.. 122
3. Export der Revolution nach Osteuropa 124
   a) Albanien...124
   b) Die sowjetische Unterdrückung in Osteuropa..126
4. Das Ende des Kalten Krieges 131
   a) Der Rote Platz ist immer noch rot... 132
   b) Das rote Unheil geht weiter..134
Quellen zu Kapitel 4 136

Kapitel 5: Den Westen unterwandern 139
Einleitung... 139
1. Zwei Strategien des Kommunismus: Offene und verborgene Gewalt...............142
2. Kommunistische Internationale, Spionagekrieg und Desinformation................147
3. Von Roosevelts „New Deal" zum Progressivismus 152
4. Die Kulturrevolution im Westen 157
5. Die Antikriegs- und Bürgerrechtsbewegungen 161
6. Die Neomarxisten, die Satan anbeten..166
7. Der lange Marsch der Linken durch die Institutionen 172
8. Politische Korrektheit: die Gedankenpolizei des Teufels 175

9. Die Verbreitung des Sozialismus in Europa: ein Blick auf die Rolle der Sozialdemokraten 179
   Ein Blick auf die wichtigsten europäischen Sozialdemokratischen Parteien 180
   Deutschland: 180
   Frankreich: 182
   Großbritannien: 182
   Italien: 183
   Schweden: 183
   Österreich: 184
10. Warum fallen wir auf die Tricks des Teufels herein? 184
Quellen zu Kapitel 5 190

Kapitel 6: Die Revolte gegen Gott 196
Einleitung 196
1. Im Osten: eine gewaltsame Rebellion gegen Gott 198
   a) Wie die Sowjetunion durch Gewalt aufrichtige Religionen zerstörte 198
   b) Die KP Chinas vernichtet die traditionelle chinesische Kultur 200
      Das Fundament der traditionellen Kultur zerstören 202
      Verfolgung von Religionen 205
2. Im Westen: Unterwanderung und Einschränkung von Religionen 209
   a) Unterwanderung 209
   b) Einschränkung von Religionen 213
3. Die verdrehte Theologie des kommunistischen Gespenstes 214
4. Religiöses Chaos 216
Quellen zu Kapitel 6 221

Kapitel 7: Die Zerstörung der Familie 223
Einleitung 223
1. Die traditionelle Familie 226
2. Das Ziel des Kommunismus ist die Zerstörung der Familie 228
3. Die Förderung der sexuellen Freizügigkeit durch den Kommunismus 229
4. Die Ehefrau beim Sex teilen: „Wifesharing" im Kommunismus 234
   a) „Wifesharing" in der Sowjetunion 235
   b) Sexuelle Freizügigkeit in Yan'an 238
5. Wie der Kommunismus die Familie im Westen zerstört 240
   a) Förderung der „sexuellen Befreiung" 240
   b) Förderung des Feminismus und Verachtung der traditionellen Familie 243
   c) Das Verderben der Familienstruktur durch Homosexualität 257
   d) Förderung von Scheidung und Abtreibung 259
   e) Das Sozialsystem fördert alleinerziehende Mütter 261
   f) Förderung verkommener Kultur 263

6. Wie die Kommunistische Partei Chinas Familien zerstört 264
a) Auflösung der Familien im Namen der Gleichberechtigung............................ 264
b) Durch politischen Kampf Ehemänner und Ehefrauen
   gegeneinander aufbringen 266
c) Erzwungene Abtreibung zur Bevölkerungskontrolle nutzen 268
7. Die Folgen des Angriffs des Kommunismus auf die Familie...................... 270
Quellen zu Kapitel 7 271

Kapitel 8: Wie der Kommunismus Chaos in der Politik verursacht 275
Einleitung... 275
1. Kommunistische Politik führt zur Zerstörung der Menschheit....................... 277
a) Kommunistische Regime nutzen ihre Staatsmacht, um Säuberungen
   und Massenmorde durchzuführen.. 277
b) Sozialistische Ideologie beherrscht Europa und die USA 278
c) Linke Politik zielt darauf ab, politische Parteien, die Gesetzgebung,
   Regierungen und Oberste Gerichte zu kontrollieren....................................... 281
d) Linksgerichtete Regierungen fördern Sozialismus und verdrehte Politik......... 283
2. Politik und Religion vermischen sich im Kommunismus wie in einer Sekte.... 284
a) Die Kommunistische Partei Chinas: eine politische Sekte 285
b) Linksliberalismus und Progressivismus sind pseudoreligiöse Strömungen.....287
c) Zeitgenössischer Liberalismus und Progressivismus: neue Varianten
   des Kommunismus 289
   Die Rebellion gegen den klassischen Liberalismus... 289
   Die Essenz des Progressivismus: moralische Perversion 291
   Der Liberalismus und die sozialistische Strömung des Progressivismus.........293
3. Hass und Kampf: der unveränderliche Kurs kommunistischer Politik.............295
4. Gewalt und Lügen: die wichtigsten Kontrollmethoden
   kommunistischer Politik 301
a) Gewalt und Lügen im kommunistischen Totalitarismus.................................302
b) Wie der Kommunismus im Westen Gewalt schürt..305
c) Wie kommunistische Lügen den Westen verwirren 308
5. Totalitarismus: die Konsequenz der kommunistischen Politik 313
a) Der Totalitarismus vernichtet den freien Willen und unterdrückt
   die Gutherzigkeit.. 314
b) Von der Wiege bis zur Bahre: das Wohlfahrtssystem 316
c) Übertriebene Gesetze ebnen den Weg in den Totalitarismus 318
d) Kontrolle durch Technologie 320
6. Der allumfassende Krieg des Kommunismus gegen den Westen 322
Fazit 325
Quellen zu Kapitel 8 326
Index 331

Weitere Themen in Band 2 und 3

Kapitel 9: Die kommunistische Wohlstandsfalle
1. Westliche Wohlfahrtsstaaten: Kommunismus unter anderem Namen
2. Der dystopische Sozialismus der Kommunistischen Partei Chinas
3. Die Verwüstungen durch den Sozialismus in den Entwicklungsländern
4. Staatseigentum und Planwirtschaft sind Systeme der Sklaverei
5. Die Ausbeutungstheorie von Marx: Umkehrung von Gut und Böse
6. Hass und Neid: der Ursprung der absoluten Gleichmacherei
7. Kommunistische „Ideale": die Menschheit in die Zerstörung locken
Fazit: Wohlstand und Frieden können nur durch Moral erlangt werden

Kapitel 10: Das Rechtssystem missbrauchen
1. Recht und Glaube
2. Das formale Recht als Instrument der Unterdrückung in kommunistischen Regimen
3. Wie der Kommunismus die Gesetze im Westen verfälscht
4. Den Geist des Gesetzes wiederherstellen

Kapitel 11: Die Vernichtung der Künste
1. Kunst: ein Geschenk des Himmels
2. Der enorme Einfluss der Kunst auf die Menschheit
3. Wie der Kommunismus die Kunst sabotiert und benutzt

Kapitel 12: Das Bildungswesen sabotieren: Wie Studenten zu dummen Radikalen umerzogen werden
1. Das Gespenst des Kommunismus an westlichen Universitäten
2. Kommunistische Elemente in der Grund- und Sekundarstufe
3. Das Ziel: Zerstörung der Bildung in Ost und West
Fazit: Rückkehr zur traditionellen Bildung

Kapitel 13: Unterwanderung der Medien
1. Medien in den kommunistischen Ländern sind Instrumente der Gehirnwäsche

2. Kommunistische Unterwanderung westlicher Medien
3. Linke Vorurteile bei Medienschaffenden
4. Die Übernahme der Medien durch Liberalismus und Progressivismus
5. Die Filmindustrie: Vorhut gegen die Tradition
6. Fernsehen: Gehirnwäsche in jedem Haushalt
7. Die Medien: ein Hauptschauplatz in einem totalen Krieg
Fazit: Verantwortung in die Medien zurückbringen

Kapitel 14: Parteikultur und Pop-Kultur:
Moral und Etikette aufgeben, Dekadenz genießen
1. Kommunistische „Parteikultur"
2. Die Untergrabung der westlichen populären Kultur durch den Kommunismus
3. Pop-Kultur und soziales Chaos

Kapitel 15: Von Marx bis Qutb: die kommunistischen Wurzeln des Terrorismus
1. Staatlicher Terrorismus unter kommunistischen Regimen
2. Wie kommunistische Regime Terror exportieren
3. Die kommunistischen Ursprünge des islamischen Extremismus
4. Die Unterstützung des Terrorismus durch die Kommunistische Partei Chinas
5. Die verborgene Allianz zwischen dem Terrorismus und den westlichen radikalen Linken

Kapitel 16: Pseudoreligion Ökologismus – der Kommunismus hinter dem Umweltschutz
1. Die kommunistischen Wurzeln des Ökologismus
2. Der Mythos der Einigkeit über den Klimawandel
2. Der Mythos des „Konsens" zum Klimawandel
3. Ökologismus: eine weitere Form des Kommunismus
Fazit: Um der Umweltkrise zu entkommen, lasst uns die Gottheiten ehren und die Tradition wiederherstellen

Kapitel 17: Globalisierung – ein Kernstück des Kommunismus
1. Globalisierung und Kommunismus
2. Wirtschaftliche Globalisierung
3. Politische Globalisierung
4. Kulturelle Globalisierung: ein Mittel zur Korrumpierung der Menschheit

Kapitel 18: Chinas Griff nach der Weltherrschaft
1. Das Anliegen der Kommunistischen Partei Chinas ist, die Vereinigten Staaten zu zerstören und die Welt zu beherrschen
2. Die Strategien des kommunistischen China für die Weltherrschaft
3. „Grenzenlose Kriegsführung" mit chinesisch-kommunistischen Merkmalen
4. Das „Modell China" und seine zerstörerische Wirkung
5. Die gewonnenen Erkenntnisse und der Ausweg aus der Krise

Ausblick

Vorwort

Obwohl sich die kommunistischen Regime Osteuropas aufgelöst haben, ist das Böse des Kommunismus nicht verschwunden. Im Gegenteil, dieses Übel regiert bereits unsere Welt und die Menschheit sollte keinen falschen Optimismus hegen.

Der Kommunismus ist weder ein Denken, noch eine Doktrin oder ein gescheiterter Versuch, die menschlichen Angelegenheiten neu zu ordnen. Stattdessen sollte er als Teufel verstanden werden – als böses Gespenst, das durch Hass, Degeneration und andere elementare Kräfte im Universum geschmiedet wurde.

Dieses Gespenst nahm, in einer anderen Dimension, die für uns nicht sichtbar ist, die Form einer Schlange an, dann die eines roten Drachen, es verbündete sich mit Satan, der das Göttliche hasst, und es nutzt niedere Wesen und Dämonen aus, um den Menschen zu verwüsten. Das Ziel des Gespenstes ist es, die Menschheit zu ruinieren und während das Göttliche der Menschheit seinen Segen anbietet, redet der Kommunismus dem Menschen ein, nicht zu glauben, er greift die menschliche Moral an, um der Tradition zu entsagen, und veranlasst den Menschen, göttlichen Anweisungen nicht zu folgen und demzufolge letztlich zerstört zu werden.

Das kommunistische böse Gespenst mit seinen unzähligen Mutationen ist voller List. Manchmal benutzt es Massaker und Gewalt, um diejenigen zu bedrohen, die sich weigern, ihm zu folgen; manchmal greift es auf die Sprache der „Wissenschaft" und des „Fortschritts" zurück und bietet eine wunderbare Blaupause der Zukunft, die seine Anhänger täuschen soll. Manchmal präsentiert es sich als ein tiefgründiges Lernfeld und lässt die Menschen glauben, dass es die zukünftige Richtung der Menschheit ist; manchmal benutzt es die Parolen „Demokratie", „Gleichheit" und „soziale Gerechtigkeit", um die Bereiche Bildung, Medien, Kunst und Recht zu infiltrieren und die Menschen unter sein Banner zu bringen, ohne dass sie es überhaupt merken. Zu anderen Zeiten nennt es sich „Sozialismus", „Progressivismus", „Liberalismus", „Neomarxismus" oder wählt andere linke Begriffe.

Manchmal hält es scheinbar rechtschaffene Banner wie Pazifismus, Umweltschutz, Globalismus und politische Korrektheit hoch, manchmal unterstützt es Avantgardekunst, sexuelle Befreiung, Drogenlegalisierung, Homosexualität, übt andere Formen von Nachsicht gegenüber problematischen menschlichen Wünschen und vermittelt den falschen Eindruck, dass es Teil eines populären Trends ist.

Extremismus und Gewalt sind nicht die einzigen Ausdrucksformen dieses Gespensts – manchmal gibt es vor, sich um das Wohlergehen der Gesellschaft zu kümmern. Doch sein Hauptzweck ist es, mit welchen Mitteln auch immer, alles Traditionelle zu zerstören, sei es der Glaube, die Religion, die Moral, die Kultur, die Institution der Familie, die Kunst, die Pädagogik, das Gesetz – es tut, was immer nötig ist, damit der Mensch in einen moralischen Abgrund fällt und verdammt wird.

Der Kommunismus und seine verschiedenen Mutationen finden sich heute auf der ganzen Welt. Während China und Kuba öffentlich erklären, von kommunistischen Regimen geführt zu werden, ist sogar Amerika, der Führer der freien Welt, Opfer von Angriffen des bösen Gespenstes geworden; ganz zu schweigen von Europa, das sich dem Sozialismus verschreibt, und Afrika und Lateinamerika, die von kommunistischem Einfluss umgeben sind. Das ist die verblüffende Realität, der sich die Menschheit jetzt gegenübersieht: Die

Verschwörung des bösen Gespenstes, die Menschheit zu zerstören, ist fast gelungen.

Der Mensch will sich instinktiv selbst Vorteile verschaffen und vor Gefahren fliehen. Der Instinkt drängt ihn, dem Leiden zu entfliehen, sich einen Namen zu machen, prosperierende Unternehmen zu gründen oder einfach nur das Leben zu genießen. Es ist menschlich, diese Gedanken zu haben. Wenn Menschen sich jedoch von den Gottheiten distanzieren, können diese Gedanken durch das böse Gespenst eingefangen und verstärkt werden, was dazu führt, dass eine Person von ihm kontrolliert wird. Der Hochmut der Revolte des Gespenstes gegen das Göttliche lässt auch diejenigen, die es kontrolliert, ein Gefühl des Hochmuts erfahren; diese versuchen dann, selbst Gott zu spielen – durch den Einsatz von Macht, Kapital und Wissen, indem sie versuchen, das Schicksal von Millionen zu beherrschen und den Lauf der Geschichte durch soziale Bewegungen zu beeinflussen.

Menschen wurden von Göttern erschaffen und haben sowohl Gutes als auch Böses in ihrer Natur. Wenn Menschen das Böse aufgeben und Mitgefühl fördern, können sie zum Göttlichen zurückkehren. Was auf der anderen Seite wartet, ist der Teufel. Die Wahl liegt allein beim Einzelnen.

Es ist schade, dass viele grundsätzlich gutherzige Menschen unwissentlich zu Agenten oder Zielen der Manipulation des kommunistischen Gespenstes geworden sind – Wladimir Lenin nannte diese Menschen „nützliche Idioten". Obwohl die Gesellschaft als Ganzes aufgrund von Anreizen und Versuchungen durch das Gespenst am Rande der Zerstörung gelandet ist, gibt es tatsächlich sehr, sehr wenige Menschen, die bereitwillig ihre Seelen dem Teufel versprochen und sich entschieden haben, die Menschheit absichtlich zu korrumpieren. Für die meisten bleibt die der menschlichen Natur innewohnende Freundlichkeit erhalten, die ihnen die Möglichkeit gibt, sich vom Einfluss des Gespenstes zu befreien.

Das ist der Zweck dieses Buches: dieses komplexe und verworrene Thema so wahrheitsgetreu wie möglich im Klartext darzustellen. Dann können die Menschen die Tricks des kommunistischen Gespenstes sehen. Noch wichtiger ist, dass das Buch versucht, die moralischen, kulturellen und künstlerischen Traditionen darzustellen, welche die Götter für die Menschheit festgelegt haben. Jeder Einzelne kann dann zwischen dem Göttlichen und dem bösen Gespenst für sich wählen.

Wenn die guten Gedanken eines Menschen auftauchen, werden die Götter ihm helfen, sich von der Kontrolle des Teufels zu befreien. Aber der Prozess, den Teufel als das zu sehen, was er ist, erfordert, dass man tiefgreifend nachdenkt und klar erkennt. Dieses Buch untersucht die Gezeiten der Geschichte der letzten Jahrhunderte und bewertet auf hoher Ebene und mit einer breiten Betrachtungsweise die vielfältigen Masken und Formen, die der Teufel angenommen hat, um unsere Welt zu erobern und zu manipulieren.

Das Ziel dieser Bemühungen ist es nicht, einfach nur die Geschichte zu erzählen, sondern zu verstehen, wie wir verhindern können, dass der Teufel die Welt jemals wieder beherrscht. Dies beruht auf der Erleuchtung jedes Einzelnen, der proaktiven Abkehr vom Bösen und der Rückkehr zu den Traditionen und der Lebensweise, die die Götter für den Menschen festgelegt haben.

Gott wird über den Teufel siegen. Auf welcher Seite wir stehen, wird unsere ewige Zukunft bestimmen.

Einführung

Der Zusammenbruch der kommunistischen Regime in der Sowjetunion und in Osteuropa bedeutete das Ende eines Kalten Krieges zwischen den kapitalistischen und kommunistischen Lagern in Ost und West, der ein halbes Jahrhundert dauerte. So waren viele optimistisch und glaubten, der Kommunismus sei zu einem Relikt der Vergangenheit geworden.

Die traurige Wahrheit ist jedoch, dass sich stattdessen eine abgewandelte kommunistische Ideologie durchgesetzt und in der ganzen Welt etabliert hat. Es gibt die offen kommunistischen Regime wie China, Nordkorea, Kuba und Vietnam; es gibt die ehemaligen Staaten der Sowjetunion und die osteuropäischen Länder, in denen die kommunistische Ideologie und ihre Gepflogenheiten noch immer einen bedeutenden Einfluss ausüben. Es gibt die afrikanischen und südamerikanischen Länder mit ihrem Versuch, einen Sozialismus unter dem Banner von Demokratie und Republikanismus zu etablieren. Und es gibt die Nationen Europas und Nordamerikas, deren Staatswesen zum Wirt kommunistischer Einflüsse geworden ist, ohne dass die Menschen es überhaupt bemerken.

Der Kommunismus erzeugt Krieg, Hungersnot, Massenmord und Tyrannei. Diese sind an sich schon erschreckend genug, doch der Schaden, den der Kommunismus anrichtet, geht weit darüber hinaus. Wie kein anderes System in der Geschichte erklärt der Kommunismus der Menschheit selbst den Krieg, einschließlich der menschlichen Werte und der Menschenwürde – vielen wird dies immer klarer. Im Laufe eines Jahrhunderts errichtete der Kommunismus in der Sowjetunion und in China gewaltige Diktaturen; er verursachte mehr als 100 Millionen unnatürliche Tode; er versklavte Milliarden und er brachte die Welt an den Rand eines Atomkriegs und damit der Zerstörung. Doch noch bedeutender waren bzw. sind seine bewusste und umfassende Zerstörung der Familie, die Anstiftung zu sozialen Unruhen und der Angriff auf die Moral – das alles ruiniert die Grundlagen der Zivilisation.

Was ist dann das Wesen des Kommunismus? Was ist sein Ziel? Warum sieht er die Menschheit als seinen Feind? Wie können wir ihm entkommen?

1. Der Kommunismus ist ein Teufel, der die Menschheit zerstören will

„Das Kommunistische Manifest" beginnt mit den Worten: „Ein Gespenst geht um in Europa – das Gespenst des Kommunismus." Die Verwendung des Begriffs „Gespenst" war keine Laune von Karl Marx. Das Vorwort dieses Buches erörtert, dass der Kommunismus nicht als eine ideologische Bewegung, eine politische Doktrin oder ein gescheiterter Versuch einer Neuordnung der menschlichen Gesellschaft verstanden werden sollte. Stattdessen sollte es als ein Teufel verstanden werden – ein böses Gespenst, das durch Hass, Verdorbenheit und andere elementare Kräfte im Universum erzeugt wurde.

Nach dem Kalten Krieg schadete das Gift des Kommunismus weiterhin nicht nur den ehemaligen kommunistischen Ländern, sondern verbreitete sich auf der ganzen Welt. Die ideologische Infiltration durch den Kommunismus führte dazu, dass das Gespenst die menschliche Gesellschaft weltweit beeinflussen konnte, und viele Menschen denken sogar, dass die dunklen Wünsche des Kommunismus ihre eigenen sind. Dadurch verlieren die Menschen ihre Fähigkeit, Recht und Unrecht, Gut und Böse zu unterscheiden. Dies – eine

Verschwörung des Teufels – ist beinahe vollständig erfolgreich umgesetzt worden.

So dachten die meisten Menschen – obwohl sich das Gespenst selbst zu seinem finsteren Sieg beglückwünschte –, dass es zerstört worden sei. Es gibt nichts Gefährlicheres als eine Menschheit, die am Rande der Zerstörung steht und dennoch ahnungslos ihren vermeintlichen Triumph feiert.

2. Die Mittel und Wege des Teufels

Der Mensch wurde von Gott erschaffen und die Barmherzigkeit der Gottheiten hat die Menschen lange beschützt. Im Wissen darum machte sich der Teufel daran, diese Verbindung zu lösen und die Menschen zu verderben, damit sich die Götter nicht mehr um sie kümmern. Der Ansatz des Teufels bestand darin, die der Menschheit von den Gottheiten gegebene Kultur zu untergraben, die menschliche Moral zu korrumpieren und so die Menschen zu verderben und sie der Erlösung unwürdig zu machen.

Sowohl das Gute als auch das Böse, das Göttliche und der Teufel, leben im Herzen eines jeden Menschen; ein Leben kann in moralische Dekadenz versinken oder sich durch moralische Kultivierung erheben. Diejenigen, die an das Göttliche glauben, wissen, dass die eigenen aufrichtigen Gedanken durch das Streben nach sittlichem Verhalten und Denken durch Gottheiten gestärkt werden, und dass Götter Wunder geschehen lassen können. Die Götter werden einem Menschen auch helfen, das moralische Niveau zu verbessern, damit man ein edlerer Mensch wird und am Ende in den Himmel zurückkehren kann.

Eine Person mit niedriger Moral ist jedoch von Egoismus erfüllt: Begierden, Gier, Unwissenheit, Überheblichkeit. Während die Gottheiten solche Gedanken und Handlungen niemals anerkennen werden, vergrößert sie der Teufel, um den

Egoismus und die Bosheit zu verstärken und die Person zu falschem Verhalten anzustiften, wodurch Karma erzeugt und ein weiterer moralischer Verfall verursacht wird, bis am Ende nur noch die Hölle wartet.

Wenn die moralischen Normen der menschlichen Gesellschaft als Ganzes sinken, wird der Teufel diesen Trend noch mit dem Ziel beschleunigen, mehr Fehlverhalten, mehr Karma und letztendlich die Zerstörung der Menschheit zu verursachen.

Die Turbulenzen in Europa seit dem 18. Jahrhundert und der damit verbundene moralische Verfall gaben dem Teufel eine Chance. Er machte sich daran, die Kriterien zur Unterscheidung zwischen Gut und Böse Schritt für Schritt zu zersetzen. Er förderte Atheismus, Materialismus, Darwinismus und die Philosophie des Kampfes.

Der Teufel wählte Marx als seinen Gesandten unter den Menschen. Marx' „Kommunistisches Manifest" von 1848 propagiert die gewaltsame Zerstörung der Privatwirtschaft der Gesellschaftsschichten, Nationen, Religionen und der Familie. Die Pariser Kommune von 1871 war sein erster Versuch, die Macht zu ergreifen.

Seine Anhänger meinen, dass die politische Macht die Kernfrage der marxistischen Politikwissenschaft sei; dies ist sowohl wahr als auch unwahr. Durch die Klarheit über die Ziele des Kommunismus können wir erkennen, dass politische Macht für das kommunistische Projekt sowohl wichtig als auch unwichtig ist. Sie ist einerseits wichtig, da der Zugang zu politischer Macht es erlaubt, den Verfall der Menschheit zu beschleunigen. An den Hebeln der Macht können Kommunisten ihre Ideologie mit Gewalt vorantreiben und eine traditionelle Kultur in nur einigen Jahrzehnten oder Jahren ausrotten.

Andererseits ist politische Macht aber auch unwichtig, da der Teufel auch ohne den Staatsapparat über Mittel verfügt, die Schwächen und Unzulänglichkeiten der Menschen zu instrumentalisieren; sie zu täuschen, auszunutzen, Druck auszuüben und zu verwirren, und so das traditionelle Denken zu stürzen, die Ordnung zu untergraben und Unruhe zu stiften; zu teilen und zu herrschen – mit dem Ziel, die globale Kontrolle zu erlangen.

3. Der Kommunismus ist die Ideologie des Teufels

Gott schuf eine reichhaltige Kultur für die menschliche Gesellschaft, die auf universellen Werten basiert und den Menschen den Weg zurück in den Himmel bahnt. Der Kommunismus des Teufels und die traditionelle Kultur von Gott sind unvereinbar.

Für das böse Gespenst stehen Atheismus und Materialismus im Mittelpunkt: Eine Vereinigung von Elementen deutscher Philosophie, französischer Sozialrevolution und britischer politischer Ökonomie, die wie eine weltliche Religion fungiert – mit dem Ziel, die zuvor von Gott und den orthodoxen Überzeugungen eingenommene Position zu ersetzen. Der Kommunismus macht die Welt zu seiner Kirche und bringt alle Aspekte des gesellschaftlichen Lebens in seinen Zuständigkeitsbereich. Der Teufel besetzt die Gedanken der Menschen und veranlasst sie, sich gegen das Göttliche aufzulehnen und die Tradition zu verwerfen. So führt der Teufel den Menschen zu seiner eigenen Zerstörung.

Der Teufel wählte Marx und andere zu seinen Vertretern, um die von Gott für die menschliche Gesellschaft festgelegten Grundsätze zu bekämpfen und zu zerstören. Er propagiert den Klassenkampf und die Abschaffung etablierter sozialer Strukturen. Im Osten startete er eine gewalttätige Revolution und gründete einen totalitären Staat, der Politik und weltliche Religionen vereinte. Im Westen realisiert er einen progressiven, gewaltfreien Kommunismus durch hohe Besteuerung und die Umverteilung des Reichtums.

Weltweit versucht er, die kommunistische Ideologie auf alle politischen Systeme auszudehnen, mit dem Ziel, die Nationalstaaten zu schwächen und ein globales Regierungsorgan zu errichten. Dies ist das im Kommunismus versprochene „Paradies auf Erden", eine vermeintlich kollektive Gesellschaft ohne Klassen, Nationen oder Regierungen, basierend auf den Prinzipien „jeder nach seinen Fähigkeiten, jedem nach seinen Bedürfnissen".

Der Kommunismus benutzt sein Versprechen, ein Paradies auf Erden zu erschaffen, um eine atheistische Vorstellung vom „sozialen Fortschritt" zu etablieren; er nutzt den Materialismus, um das spirituelle Streben der Menschheit, einschließlich des Glaubens an das Göttliche und die Religion, zu untergraben, um es der kommunistischen Ideologie zu ermöglichen, sich in allen Bereichen auszubreiten – einschließlich Politik, Wirtschaft, Bildung, Philosophie, Geschichte, Literatur, Kunst, Sozialwissenschaft, Naturwissenschaft und sogar Religion.

Wie ein Krebsgeschwür beseitigt der Kommunismus mit seinen Metastasen andere Überzeugungen, einschließlich des Glaubens an Gott. Der Reihe nach zerstört er die nationale Souveränität und Identität sowie die moralischen und kulturellen Traditionen der Menschheit und führt den Menschen in die Zerstörung.

Im „Kommunistischen Manifest" verkündete Marx: „Die kommunistische Revolution ist das radikalste Brechen mit den überlieferten Eigentumsverhältnissen; kein Wunder, dass in ihrem Entwicklungsgange am radikalsten mit den überlieferten Ideen gebrochen wird." Damit fasste Marx selbst die Vorgehensweise des Kommunismus in den vergangenen zwei Jahrhunderten treffend zusammen.

- Gott ist die Quelle der moralischen Ordnung, und die göttliche Moral ist ewig und unveränderlich. Moralische

Standards können niemals von Menschen bestimmt werden, noch steht es in der Macht der Menschen, diese zu verändern. Der Kommunismus versucht, die Moral zum Tode zu verurteilen und eine neue Moral durch den kommunistischen neuen Menschen zu etablieren. Doch während er die wirkliche Moral verleugnet, benutzt der Kommunismus negative Methoden, um alle positiven Faktoren aus den menschlichen Traditionen zu vertreiben mit dem Ziel, dass negative Faktoren die Welt erobern.

- Traditionelle Gesetze entstammen der Moral und sollen die Moral aufrechterhalten. Der Kommunismus versucht, die Moral vom Gesetz zu trennen und Moral zu zerstören, indem er schlechte Gesetze fabriziert und die traditionellen böswillig interpretiert.

- Gott ruft den Menschen auf, gütig zu sein; der Kommunismus ruft zum Klassenkampf auf und befürwortet Gewalt und Mord.

- Gott hat die Familie als grundlegende soziale Einheit etabliert; der Kommunismus glaubt, dass die Familie eine Manifestation des privaten, kapitalistischen Systems sei und droht, sie zu beseitigen.

- Gott gibt den Menschen die Freiheit, Reichtum zu erlangen und das Recht auf Leben; der Kommunismus versucht, Privateigentum zu beseitigen, Vermögen zu enteignen, Steuern zu erhöhen, Kredite und Kapital zu monopolisieren und das Wirtschaftsleben vollständig zu kontrollieren.

- Gott legte die Form fest, welche die Moral, die Regierung, das Recht, die Gesellschaft und Kultur annehmen sollten; der Kommunismus sucht den „gewaltsamen Umsturz aller bisheriger Gesellschaftsordnungen".

- Gott gab den Menschen die einzigartige Form der traditionellen Kunst als Mittel zur Weitergabe seines Bildnisses; die traditionelle Kunst erinnert die Menschheit an die Schönheit des Himmels, stärkt den Glauben an das Göttliche, erhöht die Moral und fördert die Tugend. Der Kommunismus hingegen will die Menschen dazu bringen, perverse moderne Werke zu verehren – künstlerische Produktionen, die unsere göttliche Natur ersticken, dem dämonischen Impuls zu Chaos und Unordnung freien Lauf lassen und die Kunstwelt manipulieren, indem sie niederträchtige, hässliche, missgebildete, böse und dekadente Ideen verbreiten.

- Gott will, dass der Mensch demütig und voller Ehrfurcht und Staunen über die göttliche Schöpfung ist. Der Kommunismus hingegen erfreut sich am Dämonischen und Arroganten im Menschen und ermutigt ihn, sich gegen das Göttliche aufzulehnen. Indem er das Böse, das der menschlichen Natur innewohnt und unvermeidbar ist, verstärkt, nutzt der Kommunismus die Idee der „Freiheit", um ein Verhalten zu fördern, das frei von Moral, Pflicht und Last ist. Er benutzt den Slogan der „Gleichheit", um Neid und Eitelkeit zu wecken, da der Mensch von Ruhm und materiellen Interessen in Versuchung geführt wird.

Nach dem Zweiten Weltkrieg vergrößerten die Kommunisten ihr militärisches und wirtschaftliches Imperium, und der kommunistische Block und die freie Welt kämpften jahrzehntelang gegeneinander. Die kommunistische Doktrin wurde in den sozialistischen Ländern zu einer weltlichen Religion, einer in den Lehrbüchern festgeschriebenen, unanfechtbaren Wahrheit. Doch auch anderswo hat der Kommunismus unter anderen Vorzeichen Fuß gefasst und einen enormen Einfluss ausgeübt.

4. Ein metaphysisches Verständnis des Teufels

Die Vorstellung vom Teufel, von dem in diesem Text die Rede ist, ist die einer übernatürlichen Macht. Wer das Wesen des Gespensts des Kommunismus versteht, hält einen der Schlüssel in der Hand, um das Chaos zu erkennen, das der Teufel in der Welt gesät hat.

Einfach ausgedrückt besteht das Gespenst des Kommunismus aus Hass – es bezieht seine Energie aus dem Hass, der im menschlichen Herzen aufsteigt.

Das kommunistische Gespenst ist mit Satan verbunden; manchmal sind die beiden nicht zu unterscheiden, deshalb werden wir uns nicht um eine getrennte Betrachtung bemühen.

Die Arrangements des Teufels sind sowohl im Osten als auch im Westen in allen Berufen und Lebensbereichen präsent. Mal ist seine Macht geteilt, mal eingebunden; mal nutzt er diese Taktik, mal jene. Er folgt keinem einfachen Muster.

Der Teufel ist der Initiator eines uneingeschränkten Krieges, der die folgenden Bereiche zu Schlachtfeldern gemacht hat, auf denen er Krieg gegen die Menschheit führt: Religion, Familie, Politik, Wirtschaft, Finanzwesen, Militär, Bildung, Lehranstalten, Kunst, Medien, Unterhaltung, Populärkultur, soziale Angelegenheiten und internationale Beziehungen.

Die dunkle Energie des Teufels kann sich von einer Sphäre, Gruppe oder Bewegung auf eine andere ausbreiten. Nachdem die Bewegung gegen den Vietnamkrieg in den 1970er Jahren im Westen nachgelassen hatte, manipulierte der Teufel rebellische Jugendliche und kanalisierte ihre Energien für die Agitation für Feminismus, Umweltschutz und Legalisierung von Homosexualität. Auch die übrigen Bemühungen des Teufels galten der Zersetzung der westlichen Zivilisation von innen heraus.

Der Teufel kann Menschen mit schlechten Absichten zu seinen Handlangern in der menschlichen Welt machen. Er kann Heuchelei benutzen, um mitfühlende und unschuldige Menschen zu täuschen, die dann seine Verfechter werden.

Die Handlanger des Teufels – von denen sich die meisten ihrer Rolle gar nicht bewusst sind – gibt es überall in der Gesellschaft: von der Elite über die Mittelschicht bis zur Unterschicht. So manifestieren sich ihre Aktivitäten mal als Bottom-up-Revolutionen, mal als Top-down-Verschwörungen, mal als Reformen aus der Mitte.

Der Teufel kann seine Gestalt ändern und an mehreren Orten gleichzeitig existieren. Er benutzt niedere Wesen und Gespenster in anderen Dimensionen, um seine Arbeit auszuführen: Pornografie und Drogenabhängigkeit sind Werkzeuge des Teufels. Diese Wesen ernähren sich von den negativen Energien des Menschen; dazu gehören Hass, Angst, Verzweiflung, Arroganz, Aufsässigkeit, Eifersucht, Promiskuität, Wut, Raserei, Faulheit und mehr.

Der Teufel ist geheimniskrämerisch und voller List. Er nutzt die Gier, Bosheit und Dunkelheit der Menschen, um seine Ziele zu erreichen – und solange der Gedanke eines Menschen mit diesen Eigenschaften übereinstimmt, kann der Teufel diese Person kontrollieren. Oft denken die Menschen, dass sie nach ihren eigenen Gedanken handeln, aber sie merken nicht, dass sie manipuliert werden.

5. Die vielen Gesichter des Teufels

So wie der Teufel viele Namen trägt, zeigt sich auch der Kommunismus auf vielfältige Weise. Der Dämon benutzt zur Täuschung widersprüchliche Positionen: ein totalitäres Regime oder eine Demokratie; eine Planwirtschaft oder eine Marktwirtschaft; Kontrolle der Presse oder keinerlei Einschränkungen der Meinung; Widerstand gegen Homosexualität in einigen Ländern oder die Legalisierung von Homosexualität in anderen; mutwillige Umweltzerstörung oder den Ruf nach Umweltschutz und so weiter.

Er kann eine gewaltsame Revolution oder einen friedlichen Wandel befürworten. Er kann sich als politisches und wirtschaftliches System oder als ideologischer Trend in Kunst und Kultur manifestieren, er kann die Form von reinem Idealismus annehmen oder die von kaltblütiger Intrige. Kommunistische totalitäre Regime sind nur eine der Manifestationen des Dämons. Der Marxismus-Leninismus oder der Maoismus sind nur ein Aspekt der Täuschungen des Teufels.

Seit dem Frühsozialismus im 18. Jahrhundert sind in der Welt zahlreiche ideologische Strömungen entstanden: wissenschaftlicher Sozialismus, fabianistischer Sozialismus, Syndikalismus, christlicher Sozialismus, demokratischer Sozialismus, Humanismus, Ökosozialismus, Wohlfahrtskapitalismus, Marxismus-Leninismus und Maoismus. Diese Ideologien lassen sich in zwei Arten einteilen: gewalttätiger oder gewaltfreier Kommunismus. Die Infiltration und allmähliche Erosion des Status quo ist die bevorzugte Taktik der gewaltfreien Strömung des Kommunismus.

Eine der Täuschungen des Teufels besteht darin, in den beiden gegnerischen Lagern des Ostens und des Westens tätig zu werden. Als der Teufel die große Invasion im Osten durchführte, nahm er zusätzlich auch noch eine neue Gestalt an und stahl sich in den Westen. Die Fabian Society Großbritanniens, die Sozialdemokratische Partei Deutschlands, die Zweite Internationale Frankreichs, die Sozialistische Partei in den Vereinigten Staaten und viele andere sozialistische Parteien und Organisationen verbreiteten die Saat der Zerstörung in Westeuropa und Nordamerika.

Während des Kalten Krieges machten die Massenmorde, die Arbeitslager, Hungersnöte und Säuberungen in der Sowjetunion und in China einige Westler froh darüber, immer noch im Luxus und in Freiheit zu leben. Einige Sozialisten verurteilten aus vermeintlich humanitären Gründen öffentlich die Gewalt in der Sowjetunion, was viele dazu veranlasste, in ihrer Wachsamkeit nachzulassen.

Der Dämon des Kommunismus hat eine Vielzahl von komplexen Gestalten im Westen und operiert unter vielen Bannern, sodass es fast unmöglich ist, sich vor ihm zu schützen. Die folgenden Lehren oder Bewegungen wurden entweder direkt aus dem Kommunismus abgeleitet oder vom Kommunismus zur Erreichung seiner Ziele genutzt: Liberalismus, Progressivismus, die Frankfurter Schule, Neomarxismus, Kritische Theorie, die Gegenkultur der 1960er Jahre, die Antikriegsbewegung, sexuelle Befreiung, Legalisierung von Homosexualität, Feminismus, Umweltschutz, soziale Gerechtigkeit, politische Korrektheit, Keynesianismus, avantgardistische Kunstschulen und Multikulturalismus.

6. Der Sozialismus als Vorstufe des Kommunismus

Im Westen betrachten viele den Sozialismus und den Kommunismus getrennt, was dem Sozialismus den Nährboden zur Entfaltung bietet. Tatsächlich ist der Sozialismus nach der marxistisch-leninistischen Theorie nur die Vorstufe des Kommunismus.

In der „Kritik des Gothaer Programms" brachte Marx 1875 die Idee hervor, dass es eine erste Phase und eine fortgeschrittene Phase des Kommunismus gibt. Angetrieben von den Veränderungen der damaligen internationalen Situation schlug Friedrich Engels in seinen späteren Jahren auch den „demokratischen Sozialismus" vor, bei dem mithilfe von Wählerstimmen politische Macht erlangt werden sollte. Der demokratische Sozialismus wurde von sozialdemokratischen Parteichefs und Theoretikern der Zweiten Internationale angenommen und entwickelte sich zu den heutigen linken Parteien in vielen kapitalistischen Ländern der Welt.

Lenin legte später klare Definitionen von Sozialismus und Kommunismus fest: Er betrachtete den Sozialismus als eine Vorstufe des Kommunismus, und der Kommunismus sollte auf der Grundlage des Sozialismus entwickelt werden.

Somit wird klar, dass der Sozialismus immer Teil des Marxismus und der internationalen kommunistischen Bewegung war. Das öffentliche Eigentum und die Planwirtschaft des Sozialismus sind Teil der ersten Vorbereitung auf den Kommunismus. Gegenwärtig scheinen Zweige des Sozialismus oder linke Doktrinen, die im Westen populär sind, oberflächlich nichts mit dem Kommunismus zu tun zu haben, doch sind sie einfach die gewaltfreien Formen des Kommunismus.

Statt einer gewaltsamen Revolution sind Wählerstimmen im Westen ein gewaltfreies Mittel, um an die Macht zu kommen. Anstelle von völligem Staatseigentum erfüllt die hohe Besteuerung in den westlichen Ländern den gleichen Zweck. Statt einer staatlichen Planwirtschaft werden im Westen Sozialfürsorgesysteme dazu benutzt, den Kapitalismus zu untergraben. Linke Parteien in westlichen Ländern halten Sozialversicherungen und Wohlfahrtssysteme für einen wichtigen Aspekt zur Verwirklichung des Sozialismus.

Bei der Verurteilung der Verbrechen des Kommunismus sollten nicht nur die Gewalt und die Massenmorde im Mittelpunkt stehen, sondern auch die Gefahren, die der Sozialismus selbst mit sich bringt. Der Kommunismus in seinen gewaltfreien Formen hat die Menschen unter dem Vorwand verschiedener Zweige des Sozialismus getäuscht und verwirrt. Um den Kommunismus wirklich zu verstehen, bleibt einem nichts anderes übrig, als auch seine Vorstufe anzuerkennen, denn der Kommunismus entwickelt sich von dieser Vorstufe weiter und ist nicht über Nacht reif – wie ein Lebewesen wächst auch er allmählich heran.

Einige sozialistische oder Wohlfahrtsstaaten im Westen nutzen heute die Idee des „Gemeinwohls", um individuelle Freiheiten zu opfern. Die Bürger in diesen Ländern behalten bestimmte politische Freiheiten, weil der Sozialismus dort noch nicht weit entwickelt ist. Der Sozialismus ist jedoch kein statischer Begriff. Die sozialistischen Länder haben die Ergebnisgleichheit als oberstes Ziel festgelegt, und deshalb müssen sie Menschen ihrer Freiheit berauben. Der Sozialismus erfährt einen unvermeidlichen Übergang zum Kommunismus, indem die Menschen fortwährend ihrer individuellen Freiheiten beraubt werden.

Würde sich ein freies Land über Nacht in ein totalitäres Regime verwandeln, wäre der drastische Gegensatz zwischen Propaganda und Realität für die meisten Menschen schockierend. Viele würden rebellieren oder zumindest passiv Widerstand leisten. Dies würde der totalitären Herrschaft zu hohe Kosten verursachen, und das Regime müsste wahrscheinlich Massenmorde begehen, um den Widerstand zu beseitigen. Dies ist einer der Hauptgründe, warum sowohl die Sowjetunion als auch die Volksrepublik China in Friedenszeiten Massenmord an ihren eigenen Bürgern verübt haben.

Im Gegensatz zu totalitären Regimen frisst der Sozialismus in demokratischen Staaten die Freiheiten der Menschen langsam durch Gesetze auf – wie in der Metapher vom kochenden Frosch. Der Prozess des Aufbaus eines sozialistischen Systems dauert Jahrzehnte oder Generationen und lässt die Menschen allmählich taub und blind werden und sich an den Sozialismus gewöhnen. All das verstärkt die Täuschung. Wesen und Ziel dieser Art von schleichendem Sozialismus unterscheiden sich inhaltlich nicht von der gewalttätigen Form.

Der Sozialismus nutzt die Idee, durch Gesetzgebung „gleiche Rechte" zu garantieren, während er in Wahrheit die moralischen Werte nach unten zieht und die Menschen der Freiheit beraubt, sich dem Guten zuzuwenden.

Unter normalen Umständen unterscheiden sich Menschen aller Art naturgemäß in ihren religiösen Überzeugungen, moralischen Standards, ihrer kulturellen Bildung, ihrem Bildungshintergrund, ihrer Intelligenz, Standhaftigkeit, ihrem Fleiß, Verantwortungsbewusstsein, ihrer Durchsetzungskraft, Innovation, ihrem unternehmerischen Streben und mehr. Natürlich ist es unmöglich, die Gleichheit zu erzwingen, indem man plötzlich diejenigen auf niedrigeren Ebenen emporhebt – deshalb schränkt der Sozialismus stattdessen diejenigen auf höherem Niveau künstlich ein.

Besonders was die Moralvorstellungen angeht, greift der Sozialismus des Westens unter dem Deckmantel der „Antidiskriminierung", „Wertneutralität" oder „politischer Korrektheit" das grundlegende moralische Urteilsvermögen an. Das ist gleichbedeutend mit dem Versuch, die Moral als solche zu beseitigen. Dies ging einher mit der Legalisierung und Normalisierung aller Arten von antitheistischer und ruchloser Sprache, sexuellen Perversionen, dämonischer Kunst, Pornografie, Glücksspiel und Drogenkonsum. Das Ergebnis ist eine Art umgekehrter Diskriminierung derjenigen, die an das Göttliche glauben und eine moralische Erhöhung anstreben – mit dem Ziel, sie an den Rand zu drängen und schließlich zu beseitigen.

7. Die Romantisierung des Kommunismus

Noch heute gibt es zahlreiche Westler, die romantische Fantasien über den Kommunismus hegen. Doch haben sie nie in einem kommunistischen Land gelebt und das dortige Leid ertragen, daher können sie nicht nachempfinden, was Kommunismus in der Praxis bedeutet.

Während des Kalten Krieges gingen viele Intellektuelle, Künstler, Journalisten, Politiker und junge Studenten aus der freien Welt als Touristen und Reisende nach Russland, China oder Kuba. Was sie sahen, oder besser sehen durften, war völlig anders als die gelebte Realität der Menschen in diesen Ländern.

Kommunistische Staaten haben ihre Täuschung von Ausländern perfektioniert: Alles, was die ausländischen Besucher sahen, wurde sorgfältig für ihren Geschmack gestaltet, einschließlich der Modelldörfer, Fabriken, Schulen, Krankenhäuser, Kindertagesstätten und Gefängnisse. Die Empfangspersonen, denen sie begegneten, waren Mitglieder der Kommunistischen Partei oder andere Personen, die als politisch zuverlässig galten.

Die Besichtigungen wurden geprobt. Die Westler wurden mit Blumen, Wein, Tanz, Gesang und Banketten empfangen und von lächelnden kleinen Kindern und Beamten begrüßt. Dann wurden sie zu Menschen bei der Arbeit gebracht, die in der Lage waren, frei und gleichberechtigt zu sprechen; sie sahen Studenten, die fleißig lernten und schöne Hochzeiten.

Was sie nicht zu sehen bekamen, waren die Schauprozesse, Massenverurteilungen, Lynchmorde, Kampfsitzungen, Entführungen, Gehirnwäsche, Einzelhaft, Zwangsarbeitslager, Massenmorde, der Diebstahl von Land und Eigentum, Hungersnöte, Mangel an öffentlichen Dienstleistungen, Mangel an Privatsphäre, Lauschangriffe, Überwachung durch Nachbarn und Informanten überall, sowie die brutalen politischen Kämpfe in der Führung und den extravaganten Luxus der Elite. Vor allem konnten sie das Leid der gewöhnlichen Menschen nicht sehen.

Die Besucher verkannten die Inszenierung für sie als die vermeintliche Norm in einem kommunistischen Land. Im Westen machten sie dann durch Bücher, Artikel und Reden Werbung für den Kommunismus. Viele von ihnen wussten überhaupt nicht, dass sie hereingelegt worden waren. Einige wenige sahen Risse im Gebäude, aber viele von ihnen fielen dann in eine andere Falle: Sie sahen sich als „Mitreisende" und nahmen die Haltung ein, „schmutzige Wäsche nicht in der Öffentlichkeit zu waschen". Die Massenmorde, die Hungersnöte und die Unterdrückung in den kommunistischen Ländern, so argumentierten sie, waren einfach der Preis, den der Übergang zum Kommunismus kostete. Sie waren zuversichtlich, dass der Weg zum Kommunismus zwar krumm, die Zukunft aber rosig war. Sie weigerten sich, die Wahrheit zu sagen, denn das hätte den Namen des „sozialistischen Projekts" verunglimpft. Da ihnen der Mut fehlte, die Wahrheit zu sagen, entschieden sie sich für ein schändliches Schweigen.

Jeder ist „frei und gleich"; es gibt keine Unterdrückung oder Enteignung; es gibt großen materiellen Reichtum; jeder gibt nach seinen Fähigkeiten und bekommt nach seinen Bedürfnissen – ein Himmel auf Erden, wo jeder Mensch sich frei entfalten kann. Eine solche menschliche Gesellschaft existiert nur als Fantasie, und diese Fantasie wurde vom Teufel als Köder benutzt, um die Menschen zu täuschen.

In der Realität fällt die Macht dann in die Hände einer kleinen Elite. Echter Kommunismus ist ein totalitärer Apparat, der von einer kleinen Gruppe kontrolliert wird, die ihr Machtmonopol nutzt, um die Mehrheit zu unterdrücken, zu versklaven und zu berauben. In einigen sozialistischen Ländern ist die Zeit dafür noch nicht gekommen, und so scheinen sie moderat zu sein. Wenn die Bedingungen reif sind, wird sich das alles ändern – und für die naiven Anhänger der sozialistischen Utopie kommt Reue dann zu spät.

8. Die Zerstörung von Kultur und Moral durch den Teufel

Der Teufel hat in jedem Bereich und in jeder Nation seine Handlanger platziert und so die Unwissenden und Leichtgläubigen dazu gebracht, ihre Reise in Richtung Zerstörung zu beschleunigen.

Der Kommunismus lehrt die Menschen, den Glauben an das Göttliche abzulehnen und Gott zu verneinen. Gleichzeitig greift er Religionen von außen an, während er Menschen manipuliert, um die Religionen von innen zu korrumpieren. Religionen wurden politisiert, kommerzialisiert und in Unterhaltung verwandelt.

Zahlreiche moralisch korrupte Geistliche interpretieren religiöse Texte auf eine irreführende Art und Weise, leiten ihre Anhänger irre und gehen sogar so weit, dass sie mit ihren Laienmitgliedern Ehebruch begehen oder gar pädophil sind.

Dieses Chaos hat aufrichtige Gläubige verwirrt und sie der Hoffnung beraubt. Noch vor einem Jahrhundert war ein unerschütterlicher Glaube an Gott ein Zeichen von moralischem Anstand. Heutzutage gelten religiös Gläubige als töricht und abergläubisch. Sie behalten ihren Glauben für sich und aus Angst, verspottet zu werden, diskutieren sie ihn nicht einmal unter Freunden.

Ein weiteres wichtiges Ziel des Kommunismus ist die Zerstörung der Familie, wobei Ideen wie die Gleichberechtigung und das „Teilen von Reichtum und Frau" instrumentalisiert werden. Insbesondere das 20. Jahrhundert sah eine Reihe von modernen feministischen Bewegungen, die sich für die sexuelle Befreiung, die Verwischung von Unterschieden zwischen den Geschlechtern, Angriffe gegen das sogenannte „Patriarchat" und die Schwächung der Rolle des Vaters in der Familie einsetzten.

Sie änderten die Definition der Ehe, förderten die Legalisierung und Legitimierung der Homosexualität, trieben das Recht auf Scheidung und Abtreibung voran und nutzten die Sozialpolitik zur effektiven Förderung und Subventionierung von Alleinerziehenden. All dies führte zum Zusammenbruch der Familien und zu mehr Armut und Kriminalität. Dies ist eine der am meisten alarmierenden Veränderungen der Gesellschaft in den letzten Jahrzehnten.

Während die kommunistischen Regime ihre starren Diktaturen im politischen Bereich fortsetzten, ist die Parteipolitik in freien Gesellschaften in eine Krise geraten. Der Kommunismus nutzte Schlupflöcher in den rechtlichen und politischen Systemen der demokratischen Nationen, um die großen politischen Parteien zu manipulieren. Für den Wahlsieg griffen Politiker zu schmutzigen Tricks und machten Versprechungen, die sie nie halten konnten.

Der Einfluss des Kommunismus sorgte dafür, dass politische Parteien auf der ganzen Welt oft irgendwo links des politischen Spektrums stehen und sich für höhere Steuern, höhere Sozialausgaben, „Big Government" und Interventionismus einsetzen – das alles wollen sie in der Gesetzgebung verankern. Das Verhalten der Regierung spielt bei der Gestaltung der Gesellschaft eine gewaltige Rolle, und mit einer linken Regierung kann die linke Ideologie die gesamte Gesellschaft infiltrieren, unterstützt durch die Indoktrination der Jugend, die in weiterer Folge noch mehr linke Kandidaten wählt.

Die Lehranstalten, die eigentlich die Essenz der Weisheit und Kultur der vorangegangenen Generationen vermitteln sollten, wurden ebenfalls untergraben. In der ersten Hälfte des 20. Jahrhunderts sorgte das kommunistische Gespenst für die systematische Zerstörung des Bildungswesens. China, berühmt für seine tiefgründige uralte Kultur, wurde schon vor der Gründung der Kommunistischen Partei der Bewegung der Neuen Kultur ausgesetzt. Dies war Teil der Bemühungen, das chinesische Volk von seinen Traditionen zu trennen.

Nachdem die Kommunisten die Macht übernommen hatten, verstaatlichten sie das Bildungssystem, füllten die Schulbücher mit der Ideologie der Partei und verwandelten Generationen junger Chinesen in grausame „Wolfskinder".

Im Westen startete das Gespenst die progressive Bildungsbewegung, indem es die Fahne der Wissenschaft und des Fortschritts benutzte, um die Kontrolle über Philosophie, Psychologie, Pädagogik und schließlich das gesamte Bildungswesen zu erlangen und somit Lehrer und die Schulverwaltung zu manipulieren. An den Schulen wurden nach und nach orthodoxe Ideen und die traditionelle Moral vom Lehrplan gestrichen; die akademischen Standards wurden gesenkt, um die Schüler weniger belesen und rechenkundig zu machen – und weniger fähig, ihre eigenen Urteile zu bilden und den gesunden Menschenverstand zu benutzen. Den Schülern wurden Atheismus, Materialismus, die Evolutionstheorie und eine Philosophie des Kampfes eingetrichtert.

Nach der Gegenkultur der 1960er Jahre (wobei die primären Werke und Namen der Kultur infrage gestellt wurden – beispielsweise durch die Bewegung der 1968er) sind die Verfechter der politischen Korrektheit zu einer Gedankenpolizei geworden, die Lehrer dazu zwingt, die Schüler mit allen möglichen verdrehten Ideen zu indoktrinieren. Die Schüler verlassen die Schule ohne einen starken moralischen Kompass, ohne eine Grundlage in ihrer eigenen Kultur, ohne gesunden Menschenverstand und ohne Verantwortungsgefühl; sie haben keine andere Möglichkeit, als der Menge blind zu folgen und sich so dem Abwärtstrend der Gesellschaft anzuschließen.

In der Gesellschaft gibt es Drogenmissbrauch, steigende Kriminalitätsraten, Medien voller Sex und Gewalt, eine Kunstwelt, die Groteskes für Schönheit hält, und alle möglichen bösen Kulte und okkulten Gruppen. Junge Menschen lieben blindlings Film- und Fernsehstars, verschwenden ihre Zeit mit Online-Spielen und sozialen Medien und enden entmutigt und demoralisiert. Die sinnlose Gewalt des Terrorismus gegen Unschuldige verletzt alle moralischen Parameter der Tradition und lässt die Menschen verzweifelt um die Sicherheit der Welt und die Zukunft bangen.

9. Zum Göttlichen zurück, Traditionen wiederherstellen, dem Plan des Teufels entkommen

Die menschliche Zivilisation wurde den Menschen von Gottheiten überliefert. Die chinesische Zivilisation erlebte die Blütezeit in der Zeit der Han- und Tang-Dynastie, und die westliche Zivilisation erreichte ihren Höhepunkt in der Renaissance. Wenn die Menschen die Zivilisation aufrechterhalten können, die ihnen von Gottheiten gegeben wurde, dann wird der Mensch, wenn die Gottheiten zurückkehren, in der Lage sein, eine Verbindung zu ihnen aufrechtzuerhalten und das Gebot zu verstehen, das die Gottheiten lehren.

Wenn die Menschheit ihre Kultur und Tradition zerstört und die Moral der Gesellschaft zusammenbricht, dann werden die Menschen, wenn die Gottheiten zurückkehren, ihre göttlichen Lehren nicht verstehen, weil ihr Karma und ihre Sünden zu groß sind und ihr Denken zu weit von den göttlichen Geboten abgewichen ist. Das ist gefährlich für die Menschheit.

Dies ist eine Ära der Verzweiflung und zugleich der Hoffnung. Diejenigen, die nicht an Gott glauben, führen ein Leben der sinnlichen Freuden; diejenigen, die an Gott glauben, erwarten seine Rückkehr in Verwirrung und Unruhe.

Der Kommunismus ist eine Geißel der Menschheit. Sein Ziel ist die Vernichtung der Menschheit, und seine Arrangements sind sorgfältig und präzise. Die Verschwörung war so erfolgreich, dass dieser Prozess fast abgeschlossen ist und der Teufel heute unsere Welt regiert.

Die uralte Weisheit der Menschheit sagt uns Folgendes: Ein aufrichtiger Gedanke überwindet hundert Übel und wenn die Buddha-Natur eines Menschen erscheint, erschüttert sie die Welt der zehn Himmelsrichtungen. Der Teufel scheint mächtig zu sein, aber vor Gott ist er nichts. Wenn die Menschen ihre Aufrichtigkeit, Freundlichkeit, Barmherzigkeit, Toleranz und Geduld bewahren können, werden sie von Gott beschützt und der Teufel wird sie nicht beherrschen können.

Die Barmherzigkeit des Schöpfers ist grenzenlos; jedes Leben hat eine Chance, der Katastrophe zu entfliehen. Wenn die Menschheit zu den Traditionen zurückkehren, die Moral erhöhen und den mitfühlenden Ruf des Schöpfers und das Erlösung bringende himmlische Gebot hören kann, werden die Menschen in der Lage sein, dem Versuch der Zerstörung durch den Teufel zu widerstehen. Sie werden sich auf den Weg zur Erlösung machen und der Zukunft entgegenschreiten.

Kapitel 1

Die 36 Strategien zur Zerstörung der Menschheit

Die Gedanken der Menschen verderben

Der Teufel hat die Kriterien von Gut und Böse umgedreht. Er stellt das Rechtschaffene als böse und das Schlechte als gut hin. Seine dunklen Leitbilder deklariert er als „Wissenschaft", und seine Gangsterlogik tarnt er als „soziale Gerechtigkeit". Er verwendet „politische Korrektheit", um Gedanken zu kontrollieren und verbreitet „Wertneutralität", damit Menschen gegenüber brutalen Gräueltaten gleichgültig werden.

1. Der Betrug des Atheismus

Die Menschheit wurde von Gott erschaffen und wer einen aufrechten Glauben hat, bekommt göttlichen Schutz. Der erste Schritt zur Zerstörung der Menschheit war deshalb die Trennung der Verbindung zwischen Mensch und Gott. Der Teufel schickte seine Vertreter in die Menschenwelt, um den Atheismus zu verbreiten und die Gedanken der Menschen immer weiter zu verzerren.

So kam es, dass in den 1850er Jahren der deutsche Philosoph und Anthropologe Ludwig Feuerbach sagte: „Gott ist das offenbare Innere, das ausgesprochene Selbst des Menschen" und „so viel Wert der Mensch hat, so viel Wert und nicht mehr hat sein Gott". In der sozialistischen Hymne „Die Internationale" heißt es in der zweiten Strophe gar: „Es rettet uns kein höh'res Wesen, kein Gott, kein Kaiser, noch Tribun." In Wirklichkeit haben die Maßstäbe der menschlichen Moral, die Kultur, die Gesellschaftsstruktur und das vernünftige Denken jedoch alle ihren göttlichen Ursprung. Im reißenden Fluss der Geschichte wirkt der Glaube an die Götter wie eine starke Ankerkette und er bewahrt die Menschheit davor, in den Wellen unterzugehen.

Der britische Philosoph Edmund Burke sagte: „Wenn Menschen Gott spielen, dann verhalten sie sich momentan wie die Teufel." Damit bezog er sich auf das Blutvergießen der Französischen Revolution, welche die Monarchie und den Klerus stürzte. Der Atheismus verlockte überhebliche Menschen tatsächlich dazu, Gott zu spielen, und zu dem Versuch, das Schicksal anderer und der Gesellschaft unter ihre Kontrolle zu bringen. Die Selbstvergöttlichung ist ein Wesenszug der fanatischsten Kommunisten. Bei den Machenschaften des Teufels zur Zerstörung der Menschheit besteht deshalb der erste Schritt immer darin, den Atheismus zu verbreiten.

2. Der Trugschluss des Materialismus

Geist und Materie existieren gleichzeitig. Das Dogma des Marxismus ist der dialektische Materialismus, der die Existenz der Seele leugnet. Der Materialismus kam während der industriellen Revolution auf, als der rasante Fortschritt von Wissenschaft, Technik und Produktion einen Kult des Empirismus und des Atheismus befeuerte. Die Menschen verloren den Glauben an göttliche Wunder und lehnten die Gebote Gottes ab.

Der Materialismus wurde vom Teufel erschaffen – er ist keine philosophische Auffassung, sondern eine dämonische Waffe, um den spirituellen Glauben der Menschen auszulöschen. Der Materialismus ist ein Produkt des Atheismus und bildet die Grundlage einer ganzen Reihe von intellektuellen Behauptungen.

3. Die Blasphemie der Evolution

Die Evolutionstheorie Darwins ist für sich genommen eine mit Erklärungslücken behaftete Hypothese, die lange Zeit angezweifelt wurde. Aber der Teufel nahm diese Argumentation als Werkzeug, um die Verbindung zwischen Gott und den Menschen zu durchtrennen. Auf blasphemische Weise setzt die Evolutionstheorie die Menschen mit Tieren auf die gleiche Stufe und untergräbt damit die Selbstachtung der Menschen und ihre Ehrfurcht vor der Schöpfung Gottes. Im 20. Jahrhundert eroberte die Evolutionstheorie die Bereiche Forschung und Bildung, und die Schöpfungslehre wurde aus den Klassenzimmern verbannt.

Aus Darwins ursprünglicher Theorie leitet sich der unheilvolle Sozialdarwinismus ab. Durch „natürliche Auslese" und das „Überleben der am besten Angepassten" wird die internationale Gemeinschaft auf einen Dschungel reduziert, in dem ein barbarischer Kampf zwischen den Nationen stattfindet.

4. Die Sekte der Wissenschaft

Bewaffnet mit Empirismus und Szientismus [Anm.: die Auffassung, dass sich mit wissenschaftlichen Methoden alle sinnvollen Fragen beantworten lassen] trieb der Teufel die Sekte der Wissenschaft voran, um Menschenverstand durch „wissenschaftliche Rationalität" zu ersetzen. Die Menschen wurden dazu gebracht, nur an das zu glauben, was sie sehen und anfassen können, was wiederum ihre atheistische Weltanschauung verstärkt.

Die heutige wissenschaftliche Gemeinschaft bezeichnet

alle Phänomene, die sie nicht mit ihren Methoden erklären oder verifizieren kann, als Aberglaube und Pseudowissenschaft oder ignoriert sie völlig. Die Wissenschaft wurde zu einer Art weltlicher Religion, die benutzt wird, um Glauben und Moral zu unterdrücken – eben weil die Wissenschaft das Bildungswesen und das akademische Denken dominiert.

5. Philosophie des Kampfes

Die Dialektik des deutschen Philosophen Georg Hegel lehrt allgemeine Prinzipien für das logische Denken. Denker im alten China haben diese Prinzipien bereits in der Zeit vor der Qin-Dynastie (221 v. Chr.) erarbeitet.

Der Marxismus übernahm einige Aspekte von Hegels Werk, wobei er die Natur des dialektischen Konflikts [Anm.: These und Antithese sollten zur Synthese zusammengeführt werden] übertrieb. Mit den Worten des einstigen Staatspräsidenten der Republik China (Taiwan) Chiang Kai-shek sei das Ziel des Kommunismus nicht, Probleme zu lösen, sondern „die globalen Widersprüche so weit wie möglich zu vergrößern und den Kampf der Menschen für immer fortzusetzen".

Wie die Praxis unzählige Male gezeigt hat, schürt das bösartige Gespenst des Kommunismus den Hass unter den Menschen, schafft Konflikte, lässt sie eskalieren und ergreift schließlich die Macht durch gewaltsame Revolution oder durch List.

6. Intellektuelle Redundanz

Der Atheismus und der Materialismus haben viele philosophische und ideologische Strömungen hervorgebracht wie den Marxismus, Machiavellismus, Sozialismus, Nihilismus, Anarchismus, Ästhetizismus, Freudianismus, Moderne, Existenzialismus, Postmoderne und den Dekonstruktivismus. Ihre

Befürworter und Anhänger verlieren sich bei Angelegenheiten von echter Bedeutung in bedeutungslosen und weitschweifenden Diskursen.

Die gebildete Schicht bestand einst aus den weisesten und sachkundigsten Eliten der Gesellschaft. Doch im vergangenen Jahrhundert wurden Intellektuelle zu Handlangern des bösen Gespenstes. Sie fördern seine Ideologien und interpretieren die Welt auf seine abartige Weise.

7. Verfälschte Sprache

Wie der „Neusprech", den der Superstaat Ozeanien in George Orwells Roman „1984" erfand, änderten die Handlanger des Teufels die Sprache im Sinne seiner Interessen. Im Wörterbuch des Teufels steht „Freiheit" für einen extremen Zustand, der keinerlei Beschränkungen durch Moral, Gesetz oder Tradition kennt. Schlagworte wie „Alle Menschen sind Kinder Gottes", „Vor dem Gesetz sind alle Menschen gleich" und „Chancengleichheit" wurden zur absoluten Gleichmacherei verzerrt. „Der Barmherzige ist gütig zu anderen" und „Liebe deinen Nächsten wie dich selbst" wurden zu Ausdrücken prinzipienloser falscher „Toleranz" umdefiniert. Rationales Denken wurde zum Werkzeug engstirniger empirischer Wissenschaft erklärt. Im Sinne des Strebens nach Gleichstellung wurde Gerechtigkeit auf die „soziale Gerechtigkeit" reduziert.

Die Sprache ist das Instrument des Denkens. Indem der Teufel die Definitionen und Nuancen der Sprache kontrolliert, schränkt er die Gedanken der Menschen ein und bringt sie zu dämonischen Trugschlüssen.

Untergrabung der traditionellen Kultur

Die orthodoxe Kultur wurde der Menschheit von Gottheiten übermittelt. Während sie das normale Funktionieren der menschlichen Gesellschaft aufrechterhält, besteht die wichtigste Rolle der göttlich inspirierten Kultur jedoch darin, den Menschen die Mittel zu geben, um das in der letzten Epoche gelehrte göttliche Gesetz zu verstehen und von der Vernichtung verschont zu bleiben.

Die göttlich inspirierte Kultur warnt die Menschen vor den Machenschaften des Teufels. Deshalb setzt er verdeckte Methoden ein, um die Menschen von ihren Traditionen abzuschneiden und ihre Kulturen zu zerstören. Um ihre traditionelle Lebensauffassung und ihre moralischen Werte abzuschaffen, erfand der Teufel viele neue, scheinbar hehre Ziele. Er brachte die Menschen dazu, ihr Leben im Kampf zu verbringen und sich für diese verzerrten neuen Ideale zu opfern.

8. Niedrigerer Bildungsstand

Seit Tausenden von Jahren hat die traditionelle Bildung die Kultur der Menschheit bewahrt und weitergegeben. Sie leitete die Menschen dazu an, Mitgefühl zu zeigen, ihre moralische Tugend zu bewahren, berufliche Fähigkeiten meisterlich zu beherrschen und gute Menschen und Bürger zu sein. Ab dem 19. Jahrhundert etablierten die Nationen Europas und Amerikas freie öffentliche Bildungssysteme.

Doch mit Beginn des 20. Jahrhunderts fingen die öffentlichen Schulen an, die Schüler wider Tradition und Moral zu indoktrinieren. Die Evolutionstheorie wurde zur Pflichtlektüre. Der Teufel vergrößerte seinen Einfluss auf den Inhalt der Lehrbücher, die so nach und nach mit Atheismus, Materialismus und Klassenkampf angefüllt wurden. Die traditionelle Kultur, die in den großen literarischen Klassikern veranschaulicht wurde, stand im Widerspruch zur dämonischen ideologischen Strömung und wurde zunehmend an den Rand gedrängt.

Gerade die intelligenten und aufmerksamen Schüler wurden dazu verleitet, der Ideologie des Teufels zu folgen. So setzten sie ihren Scharfsinn für unwichtige Themen ein, blieben in wesentlichen Fragen des Lebens und der Gesellschaft aber unerfahren. Längere Unterrichtsstunden trennten die Kinder von der Fürsorge ihrer Eltern und der Umgebung ihrer Familien. Vom ersten Schultag an wurde ihnen die Ideologie des Teufels eingeflößt.

Unter dem Motto „selbstständiges Denken" wurden die Schüler darin bestärkt, mit der Tradition zu brechen und ihre Eltern und Lehrer nicht mehr zu achten – und somit antitraditionell und antiautoritär aufzuwachsen. Die akademischen Standards sanken allmählich ab, was sich auf die mathematischen und literarischen Fähigkeiten der Schüler auswirkte. In Geschichte und Sozialkunde fütterte man sie mit „politisch korrekten" Erzählungen, und sie wurden mit vulgärer Unterhaltung vollgestopft.

In den vom Teufel beherrschten Ländern werden die Schüler vom Kindergarten bis zur Hochschule in einer nahezu abgeschiedenen Umgebung mithilfe dieser dämonischen Ideologie einer Art Gehirnwäsche unterzogen. Wenn sie ihren Abschluss machen und in die Gesellschaft eintreten, sind ihre Gedanken voller verdrehter Logik.

9. Degenerierte Kunst

Die aufrichtigen traditionellen Künste kommen von den Gottheiten. In Tempeln, Kirchen und anderen Glaubensstätten zeigten sie sich zuerst. Wahre Kunst präsentiert Wahrhaftigkeit, Güte, Schönheit und Rechtschaffenheit und dient der Bewahrung einer orthodoxen moralischen Kultur.

Der Teufel benutzt degenerierte Kunst, um die traditionelle Kultur zu zerstören. Unter dem Vorwand, „die Wirklichkeit darzustellen", führte er in der bildenden Kunst den Impressionismus und in der Literatur Realismus und Naturalismus ein. Unter dem Deckmantel von „Innovation" und „Kritik an der Realität" traten Expressionismus, abstrakte Kunst, Moderne, Postmoderne und so weiter auf. Das Erhabene, Edle und Reine wird verspottet, während das Vulgäre und Schamlose hochgepriesen wird.

Müll hat bereits die Kunsthallen erobert. Kakophone Rhythmen und obszöne Geräusche werden als Musik betrachtet. Dunkle, finstere Bilder stellen Dinge aus der Unterwelt dar. Moralische Grenzen werden im Namen der „Performance-Kunst" überschritten. Und viele Jugendliche sind fanatische Fans von degenerierten Prominenten.

10. Kontrolle der Medien

Der Teufel täuscht die Menschen, indem er mit allen Mitteln ihre Informationsquellen – in erster Linie die Massenmedien – kontrolliert. In den Ländern, in denen der Teufel politische Macht hat, sind die Medien Propagandamaschinen des Kommunismus. Andernorts nutzt er die Meinungsfreiheit, um ernsthafte Berichterstattung und Diskussionen unter einer Lawine von Fake-News, vulgären Inhalten und trivialen Sensationen zu begraben.

Finanzielle Anreize werden genutzt, um die Medien zu kontrollieren und die öffentliche Meinung zu beeinflussen. Die meisten Menschen, die mit ihren persönlichen Geschäften und Interessen beschäftigt sind, sind nicht in der Lage, die relevanten Themen und Fakten aus der Flut von Informationen herauszulesen. Die Stimmen der wenigen, die die Weisheit und den Mut besitzen, die Verschwörung des Teufels zu erkennen, werden an den Rand gedrängt, ohne die allgemeine Lage beeinflussen zu können.

11. Förderung von Pornografie, Glücksspiel und Drogen

Der Teufel fördert verkommene Lebensweisen, sexuelle Freiheit und Homosexualität. Er animiert zu Glücksspiel und Drogen und schafft so eine Bevölkerung von Suchtkranken. Die Jugendlichen kleben förmlich an elektronischen Geräten und sind süchtig nach Videospielen voller Gewalt, Pornografie und Abartigkeiten.

12. Vernichtung traditioneller Berufe

Die traditionellen Berufe der Menschheit wurden von Gottheiten eingerichtet. Die Erhaltung dieser Traditionen dient dazu, die göttlichen Wurzeln der menschlichen Kultur zu stärken. Heute gibt es überall in der Berufswelt dämonische Einflüsse. Neue und trendige Innovationen untergraben traditionelle Standards der Handwerkskunst und Geschäftsethik. Viele uralte Gewerke starben aus.

Verkommene neue Erfindungen spielen mit den Grundbedürfnissen der Verbraucher, haben Erfolg und machen Profit, während sie die Welt mit exzentrischen und degenerierten Trends füllen. Entfremdet von ihren traditionellen Lebensweisen entfernen sich die Menschen vom Göttlichen.

Zusammenbruch der Gesellschaft

Der Kommunismus hat seine Ideologie und Organisationsform von kriminellen Banden und Sekten übernommen. Im Osten wird der Kommunismus durch Parteiführer wie Lenin, Stalin, Mao Tse-tung, Jiang Zemin und deren Anhänger vertreten. Im Westen ist die Situation komplexer. Hier benutzt der Teufel handverlesene mächtige Eliten in Regierungen, Wirtschaft, Wissenschaft, Religion und anderen Bereichen, um seinen Plan zur Untergrabung der Gesellschaft in die Tat umzusetzen.

13. Untergrabung der Kirche

Einst aufrichtige Religionen sind von der säkularen Religion des Sozialismus durchdrungen. Die Vertreter des Teufels innerhalb der Kirche veränderten die traditionelle Lehre und sogar die heiligen Schriften. Sie schufen die Befreiungstheologie, um den aufrichtigen Glauben mit der marxistischen Ideologie und Klassenkampf zu durchziehen und unmoralische Perversion unter den Geistlichen zu verbreiten. Aus diesem Grund haben viele Gläubige ihr Vertrauen in die Kirche verloren und den Glauben an die Erlösung durch Gott aufgegeben.

14. Auflösung der Familie

Gottheiten schufen die Familie, den Staat und die Kirche als Eckpfeiler der menschlichen Zivilisation. Die Familie ist eine wichtige Bastion von Moral und Tradition und dient als Verbindungsglied zur Weitergabe der Kultur von einer Generation zur nächsten.

Der Teufel greift die traditionellen Familien- und Geschlechterrollen mithilfe von Feminismus, Antipatriarchat, sexueller Befreiung und der Legalisierung von Homosexualität an. Er fördert eheähnliche Lebensgemeinschaften, Ehebruch, Scheidung und Abtreibung. Die Auflösung der Familie spielt im Plan des Teufels zur Zerstörung der Menschheit eine Schlüsselrolle.

15. Totalitarismus im Osten

Nach dem Ersten Weltkrieg war Russland geschwächt. Der Teufel nutzte die Gelegenheit und hetzte zur Revolution auf, um den Zaren zur Abdankung zu zwingen. Dann setzte er die Oktoberrevolution in Gang und ergriff die Macht. Es folgte die Gründung der Sowjetunion – des ersten sozialistischen Regimes der Welt. Außerdem wurde die Kommunistische Internationale gegründet, um die Revolution in die ganze Welt hinauszutragen.

1919 und 1921 wurden kommunistische Parteien in den Vereinigten Staaten und in China gegründet, die ihre Befehle von der Sowjetunion erhielten. Unterstützt von der Sowjetunion und unter Ausnutzung der Verwüstungen des Zweiten Weltkriegs kam in China die Kommunistische Partei Chinas durch Gewalt und Verrat an die Macht.

Nach ihrer Machtergreifung ermordeten sowohl die Kommunistische Partei Chinas als auch die der Sowjetunion in Friedenszeiten skrupellos Dutzende Millionen ihrer eigenen Bürger. Die Kommunistische Partei Chinas behielt den Kurs der Revolution unter der „Diktatur des Proletariats" bei. Sie setzte die bis dahin beispiellose Kulturrevolution in Gang und sagte den Errungenschaften der menschlichen Zivilisation den Kampf an. Dies war ein brutaler Angriff auf die 5.000 Jahre alte traditionelle Kultur Chinas.

Seit den 1980er Jahren führt die Partei Wirtschaftsreformen ein, um einen Zusammenbruch abzuwenden. Die Politik bleibt jedoch weiterhin unter streng totalitärer Kontrolle. Bis heute hält die Partei die Macht fest im Griff, indem sie Unterdrückungskampagnen wie die Niederschlagung der Demokratiebewegung und die Verfolgung von Falun Gong durchführt.

16. Infiltration des Westens

Chinas Kaiserhof, das Gottesgnadentum der westlichen Monarchen und das amerikanische System der Gewaltenteilung sind Regierungsformen, die die Gottheiten für die Menschen passend zu ihrer jeweils einzigartigen Kultur und Umgebung erschaffen haben. Da der Teufel im Westen nicht durch Revolution an die Macht kommen konnte, bediente er sich der ideologischen Unterwanderung, um die Macht zu erlangen und auszuüben. Abgesehen vom Fehlen einer gewaltsamen Revolution haben auch die westlichen Länder weitgehend etliche Merkmale eines kommunistischen Systems angenommen.

17. Pervertierung des Gesetzes

Das Gesetz entspringt göttlichen Geboten und gründet auf der Moral. Der Teufel hat die Begriffe Moral und Freiheit neu definiert und die Formulierung und Auslegung von Gesetzen beeinflusst. In den kommunistischen Ländern des Ostens interpretiert der Teufel die Gesetze nach Belieben.

Im Westen verzerrt er die Gesetze durch Unterwanderung und verändert sie, um menschliches Handeln neu zu definieren und die moralische Vorstellung von Gut und Böse auszuhebeln. Er schützt schlechte Taten wie Mord, Ehebruch und Homosexualität, während er Bürger, die sich dagegenstellen, bestraft.

18. Finanzielle Manipulation

Die Abschaffung des Goldstandards und die Einführung eines starken Schwankungen unterliegenden Papiergeldes ohne Deckung haben zu fortwährenden Wirtschaftskrisen geführt. Das traditionelle Wissen darum, wie ein nachhaltiges Finanzsystem zu führen ist, verlor an Bedeutung. Regierungen und Einzelpersonen wurden gleichermaßen in die Falle gelockt – in eine Kultur des übermäßigen Konsums und exzessiver Ausgaben. Die Souveränität von Nationen wird durch ihre Staatsverschuldung geschwächt, und Menschen werden ermutigt, sich maßlos Geld von Banken und Staat zu leihen.

19. Supranationale Regierungsformen

Der Teufel hat mithilfe der Globalisierung ein weltweites System aufgebaut, das die Hoheitsrechte einzelner Länder verletzt. Einerseits fördert er so utopische Vorstellungen, Organisationen und Schlagworte wie den Völkerbund, die Vereinten Nationen, „regionale Integration" oder „Weltregierung".

Andererseits erpresst der Teufel Staatschefs und Nationen, damit sie seinen Anweisungen folgen. Er raubt den Menschen ihren Frieden und ihre Sicherheit, indem er Krieg und soziale Unruhen herbeiführt. Sein Ziel ist, der ganzen Welt eine totalitäre Überregierung aufzuzwingen und eine strikte administrative und ideologische Kontrolle sowie die Kontrolle des Bevölkerungswachstums durchzusetzen.

Soziale Umbrüche und Aufstände erzeugen

Um die traditionelle menschliche Gesellschaft zu stürzen, trieb der Teufel Masseneinwanderung, soziale Bewegungen und gesellschaftliche Umbrüche massiv voran. Dieser Prozess ist seit mehreren Jahrhunderten im Gange.

20. Kriegsführung

Der Krieg ist eines der wirksamsten Werkzeuge des Teufels, da dieser die alte internationale Ordnung brechen, Bastionen der Tradition zerstören und die Entwicklung der Ideologie des Teufels beschleunigen kann. Viele Kriege wurden unter massivem dämonischen Einfluss geführt. Der Teufel nutzte den Ersten Weltkrieg, um mehrere europäische Reiche zu stürzen – allen voran das zaristische Russland, was den Weg für die bolschewistische Revolution ebnete.

Der Zweite Weltkrieg schuf die Voraussetzungen dafür, dass die Kommunistische Partei Chinas an die Macht kam und die

Sowjetunion in Osteuropa einmarschierte, wodurch der Weg für den Sozialismus in der Nachkriegszeit frei war.

Durch den Zweiten Weltkrieg kam es auch zur Entkolonialisierung und dem darauffolgenden Chaos. Die kommunistischen Regime in der Sowjetunion und China nutzten das aus, um die kommunistische Bewegung weltweit voranzutreiben. Sogenannte „Nationale Befreiungsbewegungen" ließen viele Länder Asiens, Afrikas und Lateinamerikas sozialistisch werden.

21. Anstiftung zur Revolution

Die Ergreifung politischer Macht ist für den Teufel der schnellste Weg, Menschen zu vernichten, und daher stets seine erste Wahl. Karl Marx untersuchte die Pariser Kommune und zog daraus die Lehre, dass die Arbeiterklasse den ursprünglichen Regierungsapparat stürzen und durch ihren eigenen Staat ersetzen sollte. In der marxistischen politischen Theorie ist Macht immer die Kernfrage.

Der Beginn einer Revolution kann in die folgenden Schritte unterteilt werden:

1. Hass und Zwietracht unter den Menschen schüren.
2. Die Öffentlichkeit mit Lügen täuschen und eine „revolutionäre Einheitsfront" bilden.
3. Widerstandsgruppen eine nach der anderen niederschlagen.
4. Gewaltanwendung, um eine Atmosphäre von Terror und Chaos zu erzeugen.
5. Einen Putsch durchführen, um die Macht zu ergreifen.
6. „Reaktionäre" unterdrücken.
7. Den Terror der Revolution für den Aufbau und Erhalt einer neuen Ordnung nutzen.

Die kommunistischen Länder versuchten, über die Kommunistische Internationale eine „Weltrevolution" in Gang zu setzen. Indem sie lokale Linke unterstützten, erzeugten sie Unruhen in nichtkommunistischen Ländern und exportierten ihren revolutionären Aktivismus.

22. Wirtschaftskrisen

Wirtschaftskrisen können geschaffen und genutzt werden, um Aufstände und Revolutionen zu fördern. Sozialistische Bewegungen werden in Krisenzeiten leicht als „Retter" angesehen. Wenn Politiker in demokratischen Ländern verzweifelt nach Lösungen suchen, schließen sie oft einen Pakt mit dem Teufel und lenken ihre Länder allmählich in Richtung „Big Government" (ein übermäßig großer Verwaltungsapparat) und sozialistischer Hochsteuerpolitik.

Die Weltwirtschaftskrise der 1930er Jahre war der kritische Augenblick, in dem Europa und die Vereinigten Staaten den Weg zu „Big Government" und dem weit verbreiteten Interventionismus einschlugen. Die Finanzkrise im Jahr 2008 wirkte sich ebenfalls günstig für die Ausweitung einer linksgerichteten Politik aus.

23. Entfremdung der Menschen von Land und Wurzeln

Seit der Antike ziehen Menschen von einem Ort zum anderen. Die massiven nationalen und internationalen Bevölkerungsbewegungen der Neuzeit sind jedoch das Ergebnis einer beabsichtigten Manipulation durch das bösartige Gespenst. Masseneinwanderung hebt nationale Identität, Grenzen, Souveränität, kulturelle Tradition und sozialen Zusammenhalt auf.

Wenn Massen von Menschen ihre herkömmliche Identität verlieren, geraten sie leichter in die Strömung der Moderne.

Für Einwanderer, die in einer fremden Umgebung leben, ist es schwierig, ihren Lebensunterhalt zu sichern, geschweige denn an politischen Vorgängen oder an kulturellen Traditionen ihres Gastlandes teilzuhaben.

Einwanderer sind aus diesem Grund anfällig für die Ideologie linker Parteien und ihre Wählerstimmen können leicht angeworben werden. Unterdessen bietet Einwanderung viele Möglichkeiten, rassistischen oder religiösen Hass anzustacheln.

24. Soziale Bewegungen ausnutzen

Das bösartige Gespenst des Kommunismus reißt soziale Trends an sich, um Menschen aufzuhetzen. Beispiele dafür sind die Antikriegsbewegung, der Umweltschutz und andere Massenbewegungen in der westlichen Gesellschaft.

Das Gespenst lässt die Konflikte eskalieren und mobilisiert so enorme Bewegungen. Auf diese Weise kann es die Gesellschaft destabilisieren, politische Gegner niederschlagen, die öffentliche Meinung dominieren und sich als moralisch überlegen hinstellen.

25. Terrorismus

Kommunistische Revolutionen gelingen durch Terrorakte. In kommunistischen Regimen wird staatlicher Terrorismus zur politischen Leitlinie. Die sowjetischen und chinesischen Kommunisten unterstützten terroristische Gruppen als eine Art „Task force" gegen die freie Welt. Die meisten terroristischen Bewegungen sind von Lenins Grundsätzen zum Aufbau einer kommunistischen Partei inspiriert worden.

Die Unvernunft, die Terroristen dazu bringt, unschuldige Menschen abzuschlachten, erschafft eine Atmosphäre völliger Hilflosigkeit. Menschen, die vielfach mutwilliger Gewalt ausgesetzt sind, werden unsozial, depressiv, paranoid und zynisch. All dies schadet der öffentlichen Ordnung und zersplittert die Gesellschaft, was es dem Teufel noch leichter macht, seine Macht auszuweiten.

Teilen und Herrschen

Der Teufel verführt die Menschen entsprechend ihren Eigenschaften und Motivationen. Er kann sie indoktrinieren, damit sie ihm als Schachfiguren für seine Revolution und Rebellion dienen, oder er besticht sie. Auch vor Mord schreckt er nicht zurück, um seine Pläne umzusetzen.

26. Andere Meinungen zum Schweigen bringen

Manche Menschen sind klüger und weitsichtiger als andere. Einige sind dem Göttlichen näher, besitzen ein gutes Erkenntnisvermögen und sind für die Tricks des Teufels nicht empfänglich. Besonders in Ländern wie China, das eine lange und großartige Geschichte hat, war es schwierig, die Menschen zu täuschen.

Aus diesem Grund musste die Kommunistische Partei Chinas eine Reihe von politischen Kampagnen durchführen, in denen sie Dutzende Millionen von Menschen ermordete. Indem sie die Eliten – die Hüter der traditionellen chinesischen Kultur – umbrachte, stürzte sie die kulturelle Ordnung.

Sei es in China oder im Westen – der Teufel zögert nicht, wachsame Mitglieder der Gesellschaft physisch zu beseitigen, die seine Verschwörung durchschauen und mutig genug sind, sich zu wehren. Dazu organisiert er politische Kampagnen, religiöse Verfolgung, Schauprozesse und Attentate.

27. Eliten vereinnahmen

Der Teufel wirbt Eliten aus allen Nationen und Branchen an. Um sie zu ködern spielt er mit ihren Interessen und verleiht ihnen Macht. Je genauer sie seiner Agenda folgen, umso mehr Macht bekommen sie. Denjenigen, die nach Ruhm und Einfluss gieren, gibt er Ansehen und Autorität. Für die Gierigen arrangiert er hohe Gewinne. Er bläht das Ego der Arroganten weiter auf und erhält die Seligkeit der Unwissenden aufrecht. Die Begabten werden von Wissenschaft, Materialismus und uneingeschränkter Selbstverwirklichung verführt.

Die Ideale von Personen mit erhabenen Ambitionen und guten Absichten verwandelt er in Selbstverherrlichung und lässt sie den wohligen Glanz spüren, der einen als Präsident, Ministerpräsident, Think-Tank-Vordenker, politischer Entscheidungsträger, hoher Beamter, großer Banker, Professor, Experte, Nobelpreisträger und dergleichen umgibt. Sobald sie herausragenden sozialen Status, politischen Einfluss und großes Vermögen haben, vereinnahmt er diese großen Persönlichkeiten, wie es ihren jeweiligen Vorlieben und Umständen entspricht. Im Kalkül des Teufels sind sie jedoch alle nur unwissende Handlanger und „nützliche Idioten".

28. Die Massen verdummen

Durch falsche Narrative manipuliert der Teufel das Allgemeinwissen. Durch sein marodes Bildungssystem und die von ihm kontrollierten Massenmedien führt er die Menschen in die Irre. Geschickt nutzt er den Wunsch der Menschen nach Sicherheit und ihre Neigung zu oberflächlicher Unterhaltung, damit sich die breite Masse nur noch für ihre unmittelbaren Interessen, vulgäre Unterhaltung, Sportwettbewerbe, Klatsch, Erotik und sinnliche Erlebnisse interessiert. Der Teufel spricht den kleinsten gemeinsamen Nenner bei Wählern an, um ihnen ihre Wachsamkeit und ihr Urteilsvermögen zu nehmen und so eine große Wählerschaft für sich zu gewinnen.

In totalitären kommunistischen Ländern darf sich das Volk gar nicht in die Politik einbringen. In demokratischen Ländern wird die Aufmerksamkeit derjenigen, die sich für das Gemeinwohl interessieren, auf Randthemen wie etwa die Rechte Transsexueller gelenkt. Virale Nachrichten, soziale Aufreger, ja selbst Terroranschläge und Kriege arrangiert der Teufel, um seine wahren Absichten zu verbergen.

Der Öffentlichkeit wurde ein modernes Bewusstsein eingeimpft. Sie wird mobilisiert, um die Stimmen der Menschen, die hartnäckig an der Tradition festhalten, zu übertönen. Intellektuelle üben heftige Kritik an den traditionellen Kulturen auf der ganzen Welt und fördern so die Engstirnigkeit und die Vorurteile ihres ungebildeten Publikums. Die Konzepte des kritischen und kreativen Denkens werden missbraucht, um die jüngere Generation gegen Autoritäten aufzubringen und sie daran zu hindern, das Wissen und die Weisheit der traditionellen Kultur aufzunehmen.

29. Den Mob aufwiegeln

In den kommunistischen Ländern stiftete der Teufel nach der Ermordung der Träger der traditionellen Kultur die breite Masse der Bevölkerung an, eine Revolution zu starten. Nach der Machtergreifung der Kommunistischen Partei in China wurde die nächste Generation zu „Wolfsjungen" erzogen. Sie wurden ermutigt, wahllos zu kämpfen, zu zerschlagen, zu rauben und niederzubrennen.

Während der Kulturrevolution prügelten Teenager-Mädchen ohne zu zögern ihre Lehrer zu Tode. Die Internet-Trolle der „50-Cent-Armee", die in den verschiedenen sozialen Medien Chinas unterwegs sind, schreiben ständig über Kampf und Tod. Ihre typischen Beiträge haben Titel wie „Die

Diaoyu-Inseln zurückgewinnen, auch wenn China dabei zugrunde geht" oder „Lieber soll China mit Gräbern übersät sein, als dass wir versäumen, den letzten Japaner zu vernichten". Die Kommunistische Partei Chinas unterstützt aktiv diese mörderische Geisteshaltung.

Im Westen blickt die Kommunistische Partei mit zynischem Stolz auf die Erfahrungen der Französischen Revolution und der Pariser Kommune zurück. Jede Revolution und jeder Aufstand werden von einem Mob eingeleitet, der keine Skrupel, keine Scham und kein Mitgefühl kennt.

30. Den Generationenwechsel beschleunigen

Der Teufel hat dafür gesorgt, dass die ältere Generation an den Rand gedrängt und immer schneller aus der aktiven Gesellschaft entfernt wird. Da junge Menschen mit immer mehr Rechten, politischer Macht und Privilegien ausgestattet sind, verlieren ältere Menschen ihre Autorität und ihr Ansehen. Das beschleunigt den Bruch der Menschheit mit der Tradition.

Zeitgenössische Literatur, Kunst und Popkultur orientieren sich am Geschmack und an den Werten der Jugendlichen, die ihrerseits unter dem Druck stehen, die neuesten Modetrends zu verfolgen, um von Gleichaltrigen anerkannt zu werden. Der rasante wissenschaftliche und technologische Fortschritt macht es den älteren Menschen unmöglich, Schritt zu halten und sich auf die enormen gesellschaftlichen Veränderungen einzustellen, die sich daraus ergeben.

Der Wandel in den Städten und auf dem Land in Verbindung mit der Masseneinwanderung entfremdet die Älteren von der Gegenwart. Die Belastungen und die Qualen ihrer Einsamkeit werden durch die Realität des modernen Lebens noch verschärft. Die jüngere Generation steht unterdessen untereinander in einem ständigen Wettbewerb und hat für ihre Eltern und die älteren Menschen wenig Zeit.

31. Zerfall der Gesellschaft

In traditionellen menschlichen Gesellschaften helfen sich Menschen gegenseitig. Wenn es Konflikte gibt, helfen Religion, Moral, Gesetze und Volksbräuche dabei, eine Lösung zu finden und die Zusammenarbeit zu erleichtern.

Eine so verbundene Gesellschaft kann der Teufel unmöglich in kurzer Zeit zum Zusammenbruch bringen. Er muss sie zunächst in kleine Einheiten zerteilen, das Vertrauen zwischen den Menschen zerstören und sie einander entfremden. Dann kann er es bequem nacheinander mit den Einzelpersonen aufnehmen und muss sich nicht auf einmal einer breiteren Masse stellen.

Der Teufel nutzt jede erdenkliche Möglichkeit, um die Gesellschaft in gegnerische Gruppen zu teilen und Hass und Kampf unter ihnen zu entfachen. Klasse, Geschlecht, Rasse, ethnische Zugehörigkeit und Konfession können alle als Grundlage für sein „Teilen und Herrschen" dienen.

Er vergrößert die Feindseligkeit zwischen Bürgern und Proletariern; den Herrschern und den Beherrschten; Progressiven und „Regressiven"; Liberalen und Konservativen – wobei die Regierung ihre Macht derweil ungestört immer weiter ausbauen kann. Ein kleines, isoliertes Individuum hat einfach keine Chance, wenn es sich einer totalitären Regierung widersetzt, die Zugang zu allen Ressourcen der Gesellschaft hat.

Tarnen und Täuschen

So wie ein Verbrecher versucht, alle Beweise für sein Fehlverhalten zu vernichten, wendet der Teufel alle erdenklichen Tricks an, um sich selbst zu verbergen. Das Ausmaß seines Betrugs an der Menschheit ist kaum zu fassen.

32. Offene Verschwörung

Seine gefährlichsten Pläne führt der Teufel jedoch ganz offen und für alle sichtbar aus, indem er sie als sinnvoll, vernünftig und legal erscheinen lässt. Ein normaler Mensch kann sich die Existenz einer solch massiven und bösartigen Verschwörung nicht vorstellen. Selbst wenn man versuchen würde, alle Machenschaften des Teufels aufzudecken, könnten viele das nicht so leicht verstehen und akzeptieren.

Darüber hinaus gibt der Teufel einige Teile seiner Agenda absichtlich preis, um dadurch für Misstrauen, Angst und Verwirrung zu sorgen.

33. Getarnte Aktionen

Während des Kalten Krieges war die Welt in zwei militärische und politische Mächte geteilt. Obwohl es so aussah, als würden sich ihre Sozialsysteme genau entgegengesetzt entwickeln, fand jedoch auf beiden Seiten – wenn auch in unterschiedlicher Form – der gleiche dämonische Prozess statt.

Viele westliche Kommunisten, Sozialisten, Fabianer, Liberale und Progressive lehnten das sowjetische und chinesische Modell öffentlich ab. Doch ihre Bemühungen führten die Gesellschaft auf den Weg in eine Sozialstruktur, die sich von jener der Sowjetunion und Chinas nicht unterschied. Im Klartext: Der Teufel nutzte die totalitären Diktaturen im Osten als Ablenkungsmanöver für die aktive Unterwanderung des Westens.

34. Die Opposition verteufeln

Wer es wagt, den Teufel bloßzustellen, wird als Verschwörungstheoretiker, Extremist, Rechtsextremist, Alternativer Rechter, Sexist, Rassist, Kriegshetzer, Fanatiker, Nazi, Faschist und so weiter bezeichnet. Diese Menschen sollen aus der akademischen Welt und der breiten Gesellschaft verdrängt und isoliert werden. Sie werden Opfer von Diskriminierung, Spott und Angst; ihre Ideen finden keine Resonanz und ihre Stimmen kein Gehör.

35. Ablenkungsmanöver starten

Der Teufel dirigiert die Menschen, auf bestimmte Ethnien, Gruppen und Individuen herabzusehen und diese unter Generalverdacht zu stellen. So lenkt er die Aufmerksamkeit von seinen eigenen ruchlosen Machenschaften ab.

36. Die breite Masse für sich gewinnen

Nicht jeder lässt sich durch die Listen des Teufels täuschen. Es wird immer Menschen geben, die intelligent und scharfsichtig genug sind, hinter die Schliche des Teufels zu kommen. Doch der Teufel hat es bereits geschafft, die Mehrheit der Menschen unter seinen Einfluss zu bringen und sich hinter ihnen zu verstecken.

Die wenigen, die das Geheimnis des Teufels durchschauen können, sind wie einsame Rufer in der Wüste. Sie bleiben ungehört und werden zum Schluss verstummen.

Die Mittel, mit denen der Teufel die Menschen zerstört, sind zahllos und verändern sich ständig. Die oben genannten, am häufigsten verwendeten Strategien des Teufels werden in den folgenden Kapiteln näher beleuchtet.

Kapitel 2

Die europäischen Anfänge des Kommunismus

Einleitung

Viele Prophezeiungen der orthodoxen Religionen sind bereits eingetroffen – ebenso wie die Vorhersagen von Nostradamus sowie die Prophezeiungen aus Kulturen rund um den Globus; von Peru bis Korea. Auch in der gesamten Geschichte Chinas, in der Han-, Tang-, Song- und Ming-Dynastie, gab es erstaunlich exakte prophetische Texte. [1]

Diese Prophezeiungen zeigen eine wichtige Wahrheit: Der Lauf der Geschichte ist keineswegs ein zufälliger Prozess. Er ist ein Drama, in dem Großereignisse und ihre Abfolgen bereits vorher arrangiert und festgelegt wurden. Am Ende der Zeiten, das auch der Beginn eines neuen historischen Kreislaufs sein könnte, warten alle Religionen der Welt auf eines: die Ankunft des Schöpfers in der Menschenwelt.

Alle Dramen haben ihren Höhepunkt. Obwohl der Teufel seine Vorbereitungen getroffen hat, um die Menschheit zu zerstören, hat der allmächtige Schöpfer seine Mittel und Wege, die Menschen der Welt im letzten Moment aufzuwecken und ihnen zu helfen, der Knechtschaft des Teufels zu entkommen und sie zu erlösen. Heute, in der letzten Epoche vor dem Erscheinen des Schöpfers, findet der ultimative Kampf zwischen Gut und Böse statt.

Viele orthodoxe Religionen in der Welt haben prophezeit,

dass es in der Welt in der Zeit der Rückkehr des Schöpfers von Dämonen wimmeln wird und Gräueltaten und merkwürdige Ereignisse allgegenwärtig sein werden, da die Moral der Menschheit sehr verdorben sein wird. Das beschreibt nichts anderes als unsere heutige Welt.

Der Zustand des Verfalls der Menschheit, dem wir heute gegenüberstehen, wurde von langer Hand vorbereitet. Er begann vor Hunderten von Jahren mit dem Aufstieg seiner entscheidenden Triebkräfte: dem Atheismus und der Täuschung der Menschheit mit betrügerischen Theorien. Karl Marx war es, der eine Ideologie erschuf, welche die Täuschung in all ihren Spielarten umfasste; und es war Wladimir Lenin, der diese Theorie in ihre brutale Praxis umsetzte.

Marx war jedoch kein Atheist. Er verehrte den Teufel und wurde zum Dämon – mit der Aufgabe, den Menschen davon abzuhalten, am Ende der Zeiten seinen Schöpfer zu erkennen.

1. Karl Marx und seine satanischen Werke

Karl Marx veröffentlichte im Laufe seines Lebens viele Bücher, von denen das 1848 erschienene „Kommunistische Manifest" und die zwischen 1867 und 1894 herausgebrachten drei Bände von „Das Kapital" die bekanntesten waren. Diese Werke bildeten die theoretische Grundlage der kommunistischen Bewegung.

Weniger bekannt ist jedoch, dass Marx' Leben ein Prozess war, in dem er seine Seele dem Teufel verschrieb und zum Vertreter des Teufels in der Menschenwelt wurde. In seiner Jugend war Marx ein frommer Christ. Begeistert glaubte er an Gott – bevor ihn seine dämonische Verwandlung überkam.

In seinem frühen Gedicht „Gebet des Verzweifelten" beschrieb Marx seine Absicht, sich an Gott zu rächen:

„Hat ein Gott mir alles hingerissen,
Fortgewälzt in Schicksalsfluch und Joch,

Seine Welten – alles – alles missen!
Eines blieb, die Rache blieb mir doch!
An mir selbst will ich stolz mich rächen,
An dem Wesen, das da oben thront,
Meine Kraft sei Flickwerk nur von Schwächen,
Und mein Gutes selbst sei unbelohnt!
Einen Thron will ich mir auferbauen,
Kalt und riesig soll sein Gipfel sein,
Bollwerk sei ihm übermenschlich Grauen,
Und sein Marschall sei die düst're Pein!" [2]

Marx beschrieb in einem Brief an seinen Vater die erlebte Veränderung wie folgt: „Ein Vorhang war gefallen, mein Allerheiligstes zerrissen, und es mussten neue Götter hineingesetzt werden [...] Eine wahre Unruhe hat mich beherrscht und ich werde nicht in der Lage sein, die aufgeregten Geister zu beruhigen, bis ich in deiner lieben Gegenwart bin." [3]

In seinem Gedicht „Die blasse Maid" schrieb Marx:

„So habe ich den Himmel verscherzt,
Ich weiß es genau.
Meine Seele, die einst Gott gehörte,
ist nun für die Hölle bestimmt." [4]

Marx' Familie bemerkte seine Veränderung deutlich. Am 2. März 1838 schrieb sein Vater: „Doch im Grunde gehören diese Gefühle größtenteils dem schwachen Menschen und sind nicht rein von allen Schlacken, als da sind: Stolz, Eitelkeit, Egoismus usw. Aber ich kann Dich versichern, dass die Verwirklichung dieser Illusion mich nicht glücklich zu machen vermöchte. Nur wenn Dein Herz rein bleibt und rein menschlich schlägt und kein dämonisches Genie imstande sein wird, Dein Herz den besseren Gefühlen zu entfremden – nur alsdann würde ich das Glück finden, das ich mir seit langen Jahren durch Dich träume..." [5]

Und Edgar, der Sohn von Marx, schrieb am 21. März 1854 einen Brief an Marx, beginnend mit der erstaunlichen Anrede „Mein lieber Teufel".

Eine von Marx' Töchtern schrieb, dass Marx ihr und ihrer Schwester viele Geschichten erzählt habe, als sie noch klein waren. Eine Geschichte mit einem gewissen Hans Röckle habe ihr dabei am besten gefallen. „Diese Geschichte dauerte viele Monate und hatte kein Ende. Hans Röckle war ein Zauberer, der ein Geschäft mit Puppen besaß, aber hohe Schulden hatte [...]. Obwohl er ein Zauberer war, befand er sich ständig in Geldnot. So musste er gegen seinen Willen all seine schönen Sachen nach und nach dem Teufel verkaufen." [6]

Was Marx dem Teufel als Gegenleistung für seinen Erfolg verkaufte, war seine eigene Seele. In „Der Spielmann" beschrieb sich Marx selbst:

„Was, was! Ich stech', stech' ohne Fehle
Blutschwarz den Säbel in deine Seele,
Gott kennt sie nicht, Gott acht't nicht die Kunst,
die stieß in den Kopf aus Höllendurst,
Bis das Hirn vernarrt, bis das Herz verwandelt,
Die hab ich lebendig vom Schwarzen erhandelt!
Der schlägt mir den Takt, der kreidet die Zeichen,
Ich spiele den Todesmarsch schnell und frei." [7]

Robert Payne schreibt in seiner Biografie von Marx: „Es besteht kaum ein Zweifel daran, dass diese unvollendeten Geschichten autobiografisch waren. Er hatte die Weltanschauung des Teufels und auch dessen Arglist. Manchmal schien er zu wissen, dass er das Werk des Teufels ausführte." [8]

Marx' Seele wandte sich dem Bösen zu. In seiner Wut auf Gott trat er dem Teufelskult bei, dem Gegenpart zur orthodoxen Kirche. Der amerikanische politische Philosoph

Eric Voegelin schreibt dazu: „Marx wusste, dass er ein Gott ist, der eine Welt erschafft. Er wollte kein Geschöpf sein. Er wollte die Welt nicht aus der Perspektive der kreatürlichen Existenz sehen [...]. Er wollte die Welt vom Standpunkt der coincidentia oppositorum aus sehen, das heißt vom Standpunkt Gottes aus." [9]

In seinem Gedicht „Menschlicher Stolz" bekräftige Marx seinen Wunsch, mit den Göttern zu brechen und mit ihnen auf einer Augenhöhe zu sein:

„Mit Verachtung werf' ich der Welt
den Fehdehandschuh voll ins Gesicht,
und beobachte den Zusammenbruch dieses Zwergriesen,
dessen Fall meinen Hass nicht ersticken wird.
Götterähnlich darf ich wandeln.
Siegreich ziehen durch ihr Ruinenreich.
Jedes Wort ist Glut und Handel,
Meine Brust dem Schöpferbusen gleich." [10]

Marx rebellierte aktiv gegen das Göttliche. „Ich will mich an dem Einen rächen, der dort oben regiert." „Die Idee von Gott ist der Grundton einer perversen Zivilisation. Sie muss zerstört werden." [11]

Kurz nach Marx' Tod sagte sein Dienstmädchen Helene Demuth über ihn: „Er war ein gottesfürchtiger Mann. Als er sehr krank war, betete er allein in seinem Zimmer vor einer Reihe angezündeter Kerzen und band eine Art Maßband um seine Stirn." [12]

Das Gebet von Marx war Gelehrten zufolge weder christlich noch jüdisch, doch war der wahre Marx kein Atheist.

Im Verlauf der Menschheitsgeschichte lehrten große Weise den Weg zur Erleuchtung und legten den Grundstein für die Zivilisationen der Welt. Jesus Christus legte das Fundament für die christliche Kultur, und die Weisheit von Laotse wurde zur Grundlage der daoistischen Schule, einer zentralen Säule der chinesischen Kultur. Im alten Indien begründeten Shakyamunis Lehren den Buddhismus. Die Herkunft ihrer Weisheit ist ein Wunder. Jesus war praktisch ohne Bildung. Und auch wenn die anderen Weisen vielleicht sehr belesen waren, so kamen ihre Einsichten doch von der Erkenntnis in der Kultivierung, nicht von gewöhnlichen Studien.

Obwohl das Wissen von Marx auf einigen Theorien seiner intellektuellen Vorgänger beruht, stammen seine Ideen letztendlich jedoch vom teuflischen Gespenst. In dem Gedicht „Über Hegel" schreibt er arrogant:

„Weil ich das Höchste entdeckt,
Und die Tiefe sinnend gefunden,
Bin ich groß wie ein Gott,
Hüll' mich in Dunkel wie er." [13]

Durch das Arrangement des Teufels betrat Marx die menschliche Welt und etablierte die Sekte des Kommunismus, um die menschliche Moral zu verderben – damit die Menschheit sich gegen die Götter wendet und sich selbst zur ewigen Höllenqual verurteilt.

2. Marxismus im historischen Kontext

Um den Marxismus zu verbreiten legte das böse Gespenst verschiedene intellektuelle und soziale Grundlagen fest. Hier beleuchten wir die zwei Komponenten, die als Kontext für den Aufstieg des Kommunismus dienten.

Laut Wissenschaftlern wurde Marx' Theorie tief von Hegel und Ludwig Feuerbach beeinflusst. Feuerbach war ein Leugner der Existenz von Gottheiten. Er glaubte, Religion sei nur ein Verständnis der „Unendlichkeit der Wahrnehmung". Wenn wir die Theorie von Feuerbach noch verständlicher erklären, heißt es, dass der Mensch Gott nach seinem menschlichen Bild kreiert hat. Die Idee Gottes resultiert demnach aus dem Menschen selbst, der sein eigenes Wesen in überhöhter Weise zu dem Gottes macht. [14]

Feuerbachs Theorie gibt uns ein neues Verständnis darüber, wie der Kommunismus entstehen und sich verbreiten konnte. Durch die Fortschritte der Wissenschaft, die Erfindung von Maschinen, den Reichtum an materiellen Gütern, den Fortschritt in der Medizin und die Vergnügungs- und Unterhaltungsindustrie wurde der Eindruck erweckt, dass Glück eine Folge materiellen Reichtums sei. Jegliche Unzufriedenheit musste deshalb durch soziale Beschränkungen begründet sein. Es schien, als ob die Menschen durch materiellen Fortschritt und sozialen Wandel die Mittel hätten, eine Utopie zu erschaffen, die keine Gottheiten braucht. Diese Vorstellung dient entscheidend dazu, den Menschen in die Verdorbenheit und die Sekte des Kommunismus zu locken und einzuführen.

Feuerbach war nicht der erste, der das Christentum und Gott ablehnte. Friedrich Strauss hatte 1835 in seinem Buch „Das Leben Jesu" die Echtheit der Bibel und die Göttlichkeit von Jesus in Frage gestellt. Solche und ähnliche atheistische Ideen könnte man bis zur Aufklärung im 17. und 18. Jahrhundert oder, falls nötig, bis ins antike Griechenland zurückverfolgen. Doch das ist nicht das Ziel dieses Buches.

Obwohl Marx' „Kommunistisches Manifest" über ein Jahrzehnt vor der Veröffentlichung von Charles Darwins Buch „Über den Ursprung der Arten" entstand, lieferte Darwins Evolutionstheorie für Marx die scheinbar wissenschaftliche Grundlage. Sollten alle Arten auf dem Weg der „natürlichen Auslese und durch das Überleben des Stärkeren" entstanden und der Mensch nur der fortschrittlichste Organismus sein, dann gäbe es keinen Platz mehr für Gottheiten. Dass die Evolutionstheorie voller Erklärungslücken und Fehler ist, ist gut dokumentiert;

eine Diskussion dieses Themas liegt jedoch außerhalb des Rahmens dieses Buches. [Siehe Anmerkung 1, Kap. 2]

Im Dezember 1860 schrieb Marx an Friedrich Engels zu Darwins Theorie. Er lobte „Über die Entstehung der Arten" als „das Buch, das die naturhistorische Grundlage für unsere Ansicht enthält". [15]

In einem Brief an den sozialistischen Philosophen Ferdinand Lassalle im Januar 1862 schrieb Marx: „Sehr bedeutend ist Darwins Schrift und passt mir als naturwissenschaftliche Grundlage für den geschichtlichen Klassenkampf." [16]

Die Evolutionstheorie auf dem Gebiet der Naturwissenschaften und der Materialismus auf dem Gebiet der Philosophie lieferten dem Marxismus zwei mächtige Werkzeuge, um Anhänger zu gewinnen und sie in die Irre zu führen.

Die Gesellschaft veränderte sich zu Marx' Lebzeiten tiefgreifend. Marx wurde in der ersten industriellen Revolution geboren. 1769 verbesserte Watt die Dampfmaschine und in Europa veränderte sich die Produktion von der familiären Herstellung und Handwerkern zur maschinellen Fertigung. Der technische Fortschritt der Landwirtschaft sorgte dafür, dass überschüssige Arbeitskräfte in die Städte zogen und für Fabrikarbeit zur Verfügung standen. Der freie Handel führte zu Neuerungen beim Vertrieb der Produkte. Die finanzielle Revolution speiste Kapital in die industrielle Revolution ein, die tiefgreifende Veränderungen in der sozialen Struktur verursachte.

Die Industrialisierung förderte ausnahmslos den Aufstieg von Städten und einen Fluss von Menschen, Informationen und Ideen. Im Vergleich zum Leben auf dem Land sind Menschen in Städten nicht so stark miteinander verbunden. In der Stadt kann sogar ein unwillkommener Mensch Bücher schreiben. Nachdem Marx aus Deutschland vertrieben worden war, zog er nach Frankreich, Belgien und schließlich England, wo er sich im Umfeld der Londoner Slums niederließ.

Die zweite industrielle Revolution begann in den späteren Lebensjahren von Marx und brachte Elektrifizierung, den Verbrennungsmotor und die chemische Produktion mit sich. Die Erfindung von Telegrafen und Telefon revolutionierte die Kommunikation.

Jeder technologische Sprung war für die Gesellschaft ein unsanfter Umbruch und die Menschen rangen um Anpassung an die neue Realität. Viele konnten nicht mithalten, was zur Polarisierung zwischen Besitzenden und Besitzlosen, Wirtschaftskrisen und dergleichen führte. Diese Umwälzungen nährten den Boden, auf dem sich die Auffassung von Marx verbreiten konnte, dass soziale Normen und Traditionen unterdrückerische Relikte seien, die zerstört werden müssten. Gleichzeitig wuchs die Überheblichkeit der Menschen, da die Technik es ihnen möglich machte, in großem Maßstab die Natur zu verändern.

Diese Faktoren sollte man als Plan des Teufels verstehen, die Menschheit aus dem Gleichgewicht zu bringen, um den Marxismus zu verbreiten – anstatt den Marxismus als Ergebnis eines sozialen Umbruchs und der damit verbundenen intellektuellen Entwicklung zu betrachten.

3. Die Französische Revolution

Die Auswirkungen der Französischen Revolution von 1789 waren massiv und weitreichend. Sie zerstörte die Monarchie, stürzte die traditionelle Gesellschaftsordnung und etablierte eine kriminelle Herrschaft des Pöbels.

Friedrich Engels sagte: „Eine Revolution ist gewiss das autoritärste Ding, was es gibt; es ist der Akt, durch den ein Teil der Bevölkerung dem anderen Teil seinen Willen mittels Gewehren, Bajonetten und Kanonen, also mit denkbar autoritärsten Mitteln aufzwingt; die siegreiche Partei muss, wenn sie nicht umsonst gekämpft haben will, diese Herrschaft durch die Angst, den ihre Waffen bei den Reaktionären auslösen, aufrechterhalten." [17]

Der Klub der Jakobiner, der in der Französischen Revolution die Macht ergriff, wusste das genau. Nachdem der Jakobiner-Anführer Maximilien Robespierre den französischen König Ludwig XVI. per Guillotine hatte töten lassen, richteten er und seine Regierung des Schreckens weitere 70.000 Menschen hin, von denen die meisten völlig unschuldig waren. Spätere Generationen schrieben deshalb auf Robespierres Epitaph:

Wer du auch bist, der hier vorbeigeht
Trauere nicht darüber, dass ich tot bin;
Denn wäre ich heute noch am Leben,
Wärst Du hier an meiner Stelle! [18]

Die drei Methoden des politischen, wirtschaftlichen und religiösen Terrors, die der Jakobiner-Klub in der Französischen Revolution praktizierte, erschienen auf der Weltbühne als Vorspiel zur Tyrannei der Kommunistischen Partei.

Als Vorläufer der politischen Schreckensherrschaft von Lenin und Stalin erfanden die französischen Revolutionäre das Revolutionstribunal und errichteten Guillotinen in Paris und andernorts. Revolutionskomitees entschieden darüber, ob ein Gefangener schuldig war, während Sonderbevollmächtigte des Nationalkonvents die Autorität über militärische und administrative Subdivisionen hatten. Als revolutionärste Klasse galten die Sans-Culottes, das Proletariat.

Mit dem am 10. Juni 1794 verabschiedeten „Schreckensgesetz", dem 22. Prairial, wurden das Vorverfahren und ein Verteidiger abgeschafft. Alle Verurteilungen mussten zur Todesstrafe führen. Anstelle von Beweisen galten Gerüchte, Schlussfolgerungen und persönliche Beurteilungen als ausreichend, um ein Urteil zu fällen. Die Verkündung des Gesetzes führte zu einer starken Ausweitung der Schreckensherrschaft, schätzungsweise 300.000 bis 500.000 Menschen wurden als Verdächtige inhaftiert. [19]

Auf ähnliche Weise nahm der Wirtschaftsterror der Jakobiner den „Kriegskommunismus" vorweg, der in Russland von Lenin umgesetzt wurde. Ein Gesetz, das am 26. Juli 1793 verabschiedet wurde, machte die Schatzbildung zur Straftat, auf welche die Todesstrafe stand. [20]

Einer der größten Gegner der Revolutionäre war die Katholische Kirche. Robespierre, der Maler Jacques-Louis David und weitere Unterstützer schufen während der Schreckensherrschaft einen atheistischen Glauben, der auf Ideen der Aufklärung basierte – dieser sogenannte Kult der Vernunft sollte den Katholizismus ersetzen. [21]

Der christliche Kalender wurde am 5. Oktober 1793 vom Nationalkonvent abgeschafft und stattdessen der republikanische Kalender eingeführt. Die Pariser Kathedrale Notre-Dame wurde am 10. November zum „Tempel der Vernunft" umbenannt und eine Schauspielerin trat als Göttin der Vernunft als Verehrungsobjekt vor die Massen. Schnell wurde der Kult der Vernunft in ganz Paris mit Zwang eingesetzt. Innerhalb einer Woche gab es in Paris nur noch drei christliche Kirchen. Paris war von religiösem Terror erfüllt. Priester wurden massenhaft festgenommen und einige von ihnen hingerichtet. [22]

Die Französische Revolution war nicht nur Vorbild für die spätere Pariser Kommune und das von Lenin gegründete Sowjetregime. Sie steht auch eng mit der Entwicklung des Marxismus in Verbindung.

François-Noël Babeuf, ein utopischer Sozialist, der die Französische Revolution miterlebte, hatte die Abschaffung des Privateigentums gefordert. Marx sah in Babeuf deshalb den ersten „echten kommunistischen Revolutionär".

Frankreich war im 19. Jahrhundert stark von sozialistischen Ideologien beeinflusst. Der „Bund der Geächteten", der sich Babeuf als geistigen Gründer auserkor, entwickelte sich in Paris rasant. 1835 trat der deutsche Schneider Wilhelm Weitling den Gesetzlosen bei und unter seiner Führung nannte sich der

Geheimbund in „Bund der Gerechten" (auch „Bund der Gerechtigkeit") um.

Bei einer Sitzung im Juni 1847 verband sich der „Bund der Geächteten" mit dem „Kommunistischen Korrespondenzkomitee" zur Kommunistischen Liga unter der Führung von Marx und Engels. Das „Kommunistische Korrespondenzkomitee" war ein Jahr zuvor von Marx und Engels gegründet worden. Im Februar 1848 veröffentlichten Marx und Engels das grundlegende Werk der internationalen kommunistischen Bewegung, das „Kommunistische Manifest".

Die Französische Revolution war nur der Beginn einer langen Periode sozialer Unruhen in ganz Europa – Revolutionen und Aufstände erschütterten nach dem Ende der napoleonischen Herrschaft Spanien, Griechenland, Portugal, Deutschland, verschiedene Teile Italiens, Belgiens und Polens. Bis zum Jahr 1848 hatten sich Revolutionen und Kriege in ganz Europa ausgebreitet und boten ein optimales Umfeld für die rasche Verbreitung des Kommunismus.

Im Jahre 1864 gründeten Marx und andere die Internationale Arbeitergemeinschaft, auch bekannt als „Erste Internationale", was Marx zum geistigen Führer der kommunistischen Arbeiterbewegung machte.

Als maßgeblicher Kopf der Ersten Internationale arbeitete Marx daran, ein Kernteam von sehr disziplinierten Revolutionären zu bilden, welche die Arbeiter zum Aufstand führen sollten. Gleichzeitig fand er es notwendig, all jene aus der Organisation zu verbannen, die nicht mit ihm einer Meinung waren. Michail Bakunin zum Beispiel war der erste Russe, der sich für die Revolution interessierte und enthusiastisch den Marxismus bekannt machte. Dennoch wurde er von Marx beschuldigt, ein zaristischer Agent zu sein und aus der „Ersten Internationale" vertrieben. [23]

Im Jahre 1871 begann die französische Abteilung der „Ersten Internationale" die erste kommunistische Revolution – die Pariser Kommune.

4. Die Pariser Anfänge des Kommunismus

Die Pariser Kommune wurde nach der Niederlage Frankreichs im preußisch-französischen Krieg von 1870 gegründet. Obwohl der französische Kaiser Napoleon III. kapituliert hatte, belagerten die preußischen Armeen vor ihrem Rückzug Paris. Die Demütigung der Kapitulation im Zusammenspiel mit der lange anhaltenden Unzufriedenheit der französischen Arbeiter führte zu einem allgemeinen Aufstand in Paris. Frankreichs neu gegründete Dritte Republik zog sich nach Versailles zurück und hinterließ ein Machtvakuum in der Hauptstadt.

Im März 1871 begann mit der Rebellion bewaffneter Mobs und Krimineller aus der untersten Gesellschaftsschicht die Pariser Kommune – angeführt wurde sie von Sozialisten, Kommunisten, Anarchisten und einer Vielzahl von Radikalen. Unterstützt von marxistischer Ideologie und Theorie und unter direkter Beteiligung der französischen Abteilung der „Ersten Internationale", benutzten diese die Proletarier zur Durchführung der sozialen Revolution, um die traditionelle Kultur zu zerstören und das politische und wirtschaftliche System der Gesellschaft zu ändern.

Was folgte, war ein Töten und Zerstören im großen Stil, als die Rebellen das herausragende Erbe, die Denkmäler und Kunstwerke von Paris in Schutt und Asche legten. Ein Arbeiter fragte rhetorisch: „Was nützt es mir, wenn es Denkmäler, Opern und Café-Konzerte gibt, bei denen ich nie war, weil ich kein Geld habe?" [24]

Ein Zeuge der Verwüstungen sagte: „Die Pariser Kommune ist grausam und rücksichtslos; und es ist zweifellos ein trauriges Erbe der blutigen Revolution von 1789." [25]

Ein anderer beschrieb das Geschehen als „eine blutige und gewalttätige Revolution. Die Beteiligten waren Desperados, Banditen, Atheisten und Verrückte. Sie waren trunken von Alkohol und Blut". [25]

Der Kampf zwischen Tradition und Anti-Tradition begann in der Französischen Revolution und setzte sich Jahrzehnte später fort. Der Ehrenvorsitzende der Pariser Kommune sagte: „Frankreich einen zwei Prinzipien, zum einen das der Legitimität und zum anderen das der Volkssouveränität [...]. Das Prinzip der Volkssouveränität vereint alle Menschen der Zukunft, jene Massen, die es leid sind, ausgebeutet zu werden, in dem Wunsch, den Rahmen zu zerschlagen, der sie erstickt." [26]

Der Extremismus der Kommune stammte teilweise aus den hasserfüllten Ideen des Henri de Saint-Simon, eines utopischen Sozialisten, der das Wohlergehen eines Landes im Verhältnis zur Zahl seiner Arbeiter sah. Er hielt die Reichen für Parasiten und befürwortete ihren Tod.

In seiner Schrift „Der Bürgerkrieg in Frankreich" bezeichnete Marx die Kommune als kommunistischen Staat: „Der direkte Gegensatz des Kaisertums war die Kommune. Der Ruf nach der ‚sozialen Republik', womit das Pariser Proletariat die Februarrevolution einleitete, drückte nur ein unbestimmtes Verlangen nach einer Republik aus, die nicht nur die monarchische Form der Klassenherrschaft beseitigen sollte, sondern die Klassenherrschaft selbst. Die Kommune war die bestimmte Form dieser Republik." Außerdem „wollte die Kommune jenes Klasseneigentum abschaffen, das die Arbeit der Vielen in den Reichtum der Wenigen verwandelt. [...] Was wäre das anderes als der Kommunismus, der ‚mögliche' Kommunismus?" [27]

Die Pariser Kommune zeigte zum ersten Mal die Charakteristika der kommunistischen Revolution. Die Vendôme-Säule zum Gedenken an Napoleon wurde zerstört. Kirchen wurden geplündert, Geistliche umgebracht und der Religionsunterricht aus den Schulen verbannt. Die Rebellen zogen den Heiligenstatuen moderne Kleidung an und befestigten rauchende Pfeifen an ihren Mündern.

Frauen nahmen an der Barbarei mit einer Begeisterung teil, die zuweilen die ihrer männlichen Mitstreiter übertraf. Ein Chinese namens Zhang Deyi, der damals in Paris war, beschrieb die Situation wie folgt: „Zu den Rebellen gehörten nicht nur männliche Schläger; auch Frauen nahmen an den Ausschreitungen teil. [...] Sie nahmen Wohnungen in vornehmen Gebäuden in Beschlag und schlemmten Delikatessen. Doch ihr Vergnügen war nur von kurzer Dauer, da sie sich der Gefahr nicht bewusst waren, die auf sie zukam. Der Niederlage nahe plünderten und verbrannten sie Häuser. Unbezahlbare Schätze wurden zu Asche reduziert. Hunderte weiblicher Rebellen wurden verhaftet und gaben zu, dass es hauptsächlich Frauen waren, die die Brandstiftungen anführten." [28]

Der Gewaltrausch, der mit dem Sturz der Pariser Kommune einherging, war nicht überraschend. Am 23. Mai 1871, noch bevor die letzte Verteidigungslinie gefallen war, befahlen die Führer der Kommune das Niederbrennen des Palais Luxembourg, das Sitz des französischen Senats war, sowie des Palais des Tuileries und des Louvre. Auch die Pariser Oper, das Pariser Rathaus, das Innenministerium, das Justizministerium, das Palais Royal sowie die Luxusrestaurants und vornehmen Wohnhäuser zu beiden Seiten der Champs-Élysées sollten eher vernichtet werden als zuzulassen, sie den Händen der Regierung zu übergeben.

Um 19 Uhr schleppten die Mitglieder der Kommune Teer, Asphalt und Terpentin herbei und legten an verschiedenen Orten in Paris Brände. Der prächtige Tuilerien-Palast ging in Flammen auf. Die Versuche der Brandstifter, den nahen Louvre niederzubrennen, wurden glücklicherweise durch die Ankunft von Adolphe Thiers' Truppen vereitelt, die das Feuer löschten. [29]

Nach der Pariser Kommune aktualisierte Marx seine Theorie. Die einzige Änderung, die er am Kommunistischen Manifest vornahm, war, dass die Arbeiterklasse die Staatsmechanismen zerstören und nicht einfach nur übernehmen sollte.

5. Erst Europa, dann die ganze Welt

Marx' aktualisiertes Manifest machte den Kommunismus noch zerstörerischer und einflussreicher. Am 14. Juli 1889, sechs Jahre nach Marx' Tod und 13 Jahre nach der Auflösung der „Ersten Internationale" sowie dem 100. Jahrestag der Französischen Revolution, wurde der Internationale Arbeiterkongress wiederbelebt. Marxisten versammelten und schlossen sich zu einem Bündnis zusammen, das Historiker die „Zweite Internationale" nennen.

Die europäische Arbeiterbewegung etablierte sich rasch – geleitet vom Kommunismus und mit Slogans wie „Befreit die Menschheit" und „Schafft die sozialen Klassen ab". Lenin sagte: „Die Verdienste von Marx und Engels für die Arbeiterklasse lassen sich in wenigen Worten ausdrücken: Sie lehrten die Arbeiterklasse, sich selbst zu kennen und sich ihrer selbst bewusst zu sein, und sie ersetzten die Träumereien durch Wissenschaft." [30]

Lügen und Indoktrination wurden benutzt, um populäre Bewegungen mit der kommunistischen Ideologie zu infizieren. Immer mehr Menschen akzeptierten deren Ideologie. Bis 1914 gab es fast 30 globale und lokale sozialistische Parteien und unzählige weitere Gewerkschaften und Genossenschaften. Bei Ausbruch des Ersten Weltkriegs gab es mehr als zehn Millionen Gewerkschaftsmitglieder und mehr als sieben Millionen Genossenschaftsmitglieder.

In „How to Change the World: Studien/Überlegungen über Marx und den Marxismus" von Eric Hobsbawm schreibt der Autor: „In diesen europäischen Ländern werden fast alle sozialen Gedanken, ob sie nun politische Verbindungen wie die sozialistische Bewegung oder die Arbeiterbewegung haben oder nicht, eindeutig von Marx beeinflusst." [31]

Gleichzeitig begann sich der Kommunismus über Europa nach Russland und in den Osten auszubreiten. Von 1886 bis

1890 studierte Lenin „Das Kapital" von Karl Marx, bevor er begann, das „Kommunistische Manifest" ins Russische zu übersetzen. Lenin wurde inhaftiert und später ins Exil geschickt. Zu Beginn des Ersten Weltkriegs lebte er in Westeuropa.

Der Erste Weltkrieg führte zum Triumph des Kommunismus in Russland. Als Zar Nikolaus II. in der Februarrevolution 1917 gestürzt wurde, war Lenin in der Schweiz. Ein halbes Jahr später kehrte er nach Russland zurück und übernahm mit der Oktoberrevolution die Macht. Russland, das Land mit der größten Landfläche der Welt, mit alten Traditionen, einer großen Bevölkerung und reichlich natürlichen Ressourcen, wurde ein kommunistisches Land.

So wie der Erste Weltkrieg den Aufstieg der russischen Kommunisten förderte, verhalf der Zweite Weltkrieg der kommunistischen Bewegung dazu, sich in ganz Eurasien auszubreiten und sich ganz China einzuverleiben.

Nach dem Zweiten Weltkrieg wurde die Sowjetunion eine Supermacht mit Atomwaffen und manipulierte das Weltgeschehen, um den Kommunismus auf der ganzen Welt zu fördern. Josef Stalin sagte: „Dieser Krieg ist nicht wie die vergangenen; wer das Territorium besetzt, setzt ihm auch sein eigenes Sozialsystem dort auf, wo seine Truppen hingehen." [32]

Winston Churchill sagte: „Ein Schatten ist auf die Erde gefallen, die erst vor kurzem durch den Sieg der Alliierten hell erleuchtet worden ist. Niemand weiß, was Sowjetrussland und die kommunistische internationale Organisation in der nächsten Zukunft zu tun gedenken oder welche Grenzen ihren Expansions- und Bekehrungstendenzen gesetzt sind – wenn sie überhaupt Grenzen haben." [33]

Während des Kalten Krieges breiteten sich die kommunistischen Länder auf vier Kontinenten aus. Die freie Welt befand sich in scharfer Konfrontation mit dem kommunistischen Lager. Die ganze Welt war wie ein Taiji-Symbol – die eine Hälfte „kalter" Kommunismus, die andere Hälfte

„heißer" Kommunismus. Die Nationen der freien Welt sind zwar in ihrer Form demokratisch, wurden jedoch im Kern langsam sozialistisch; sie erreichten also die erste Stufe des Kommunismus.

Quellen und Anmerkungen zu Kapitel 2

[1] „A Magnificent Time — These Days in Prophecy", (伟大的时代一预言中的今天) http://www.pureinsight.org/node/1089

[2] Karl Marx, Early Works of Karl Marx: Book of Verse (Marxists Internet Archive).

[3] Karl Marx, „Letter From Marx to His Father in Trier", The First writings of Karl Marx (Marxists Internet Archive). Auch: Saul K. Padover (Hrsg.), Marx, „Karl Marx in seinen Briefen", (Verlag C.H. Beck, 1985), abgerufen am 28.08.2018

[4] Karl Marx, Early Works of Karl Marx: Book of Verse

[5] Wurmbrand, Marx & Satan. / Marx, Engels, Historisch-kritische Gesamtausgabe, hrsg. von David Rjazanov, Marx-Engels-Verlagsgesellschaft, Berlin. 1929, Abt. 1, Band I, Halbband 2, Seiten 186, 202-203, 218-219

[6] Eric Voegelin, The Collected Works of Eric Voegelin, Vol. 26, History of Political Ideas, Vol. 8, Crisis and the Apocalypse of Man (Baton Rouge: Louisiana State University Press, 1989)

[7] Karl Marx, Early Works of Karl Marx: Book of Verse.

[8] Robert Payne, Marx (New York: Simon and Schuster, 1968).

[9] Eric Voegelin, The Collected Works of Eric Voegelin, Vol. 26.

[10] Karl Marx, Early Works of Karl Marx: Book of Verse.

[11] Wurmbrand, Marx & Satan.

[12] Ebd.

[13] Karl Marx, Early Works of Karl Marx: Book of Verse.

[14] Ludwig Feuerbach, The Essence of Christianity (1841).

[15] I. Bernard Cohen, Revolution in Science (The Belknap Press of Harvard University Press).

[16] Ebd.

[17] Friedrich Engels, „On Authority", Marx-Engels Reader (W. W. Norton and Co.).
[18] Anonymous, „Robespierre's Epitaph", https://www.rc.umd.edu/editions/warpoetry/1796/1796_2.html
[19] The New Cambridge Modern History, Vol. IX (Cambridge: Cambridge University Press, 1965), 280–281.
[20] Miguel A. Faria Jr., The Economic Terror of the French Revolution, Hacienda Publishing.
[21] Gregory Fremont-Barnes, Encyclopedia of the Age of Political Revolutions and New Ideologies, 1760–1815 (Greenwood, 2007).
[22] William Henley Jervis, The Gallican Church and the Revolution (Kegan Paul, Trench, & Co.).
[23] W. Cleon Skousen, The Naked Communist (Izzard Ink Publishing).
[24] John M. Merriman, Massacre: The Life and Death of the Paris Commune (Basic Books).
[25] Ebd.
[26] Louis Auguste Blanqui, „Speech Before the Society of the Friends of the People", Selected Works of Louis-Auguste Blanqui.
[27] Karl Marx, The Civil War in France (Marxists Internet Archive).
[28] Zhang Deyi, The Third Diary of Chinese Diplomat Zhang Deyi (Shanghai Guji Chubanshe) [上海古籍出版社] . [In Chinese]
[29] Merriman, Massacre: The Life and Death of the Paris Commune.
[30] Vladimir Ilyich Lenin, „Frederick Engels", Lenin Collected Works.
[31] Eric Hobsbawm, How to Change the World: Reflections on Marx and Marxism (New Haven & London: Yale University, 2011).
[32] Milovan Djilas, Conversations with Stalin, https://www.amindatplay.eu/2008/04/24/conversations-with-stalin/
[33] Winston Churchill, „The Sinews of Peace", a speech (BBC Archive).

Anmerkung 1: Weitere Forschungen könnten hier ansetzen: http://www.icr.org/home/resources/resources_tracts_scientificcaseagainstevolution/ Film: http://www.atheistmovie.com/ , http://www.icr.org/aaf/ , http://www.icr.org/article/dna-science-disproves-human-evolution/ , http://www.creationscience.com/onlinebook/PartI.html

Kapitel 3

Massenmord im Osten

Einleitung

Es ist bereits über ein Jahrhundert vergangen, seitdem die Kommunistische Partei die Macht in der Sowjetunion übernommen hat. Nach Berichten des US-Kongresses sind die Kommunistischen Regime weltweit für über 100 Millionen Tote verantwortlich [1]. Detaillierte Beschreibungen über die Morde finden sich im „Schwarzbuch des Kommunismus" [2].

Aus nunmehr freigegebenen Dokumenten der ehemaligen Sowjetunion und der osteuropäischen Staaten sowie aus offiziellen Dokumenten über die Opfer der politischen Kampagnen in China und Nordkorea hat die Öffentlichkeit ein klares Bild über die Mordlust der Kommunistischen Partei bekommen.

Der Totalitarismus des Kommunismus wird oft mit jenem des Nationalsozialismus verglichen. Obwohl es tatsächlich viele Parallelen gibt, wird oft ein wichtiger Unterschied übersehen: Die Nationalsozialisten töteten, um die physischen Körper der jüdischen Bevölkerung zu eliminieren, doch das bloße physische Töten ist noch lange nicht das endgültige Ziel des Kommunismus.

Für gläubige Menschen ist das physische Ableben nicht der wahre Tod, da die Seele in den Himmel kommt oder im Kreislauf der Reinkarnation wiedergeboren wird. Die Kommunistische Partei verwendet Mord als ein Instrument, um den Samen des Terrors in die Köpfe der Menschen zu säen und sie zu zwingen, ihre böse Ideologie zu akzeptieren. Durch die Zerstörung der Moral werden die Seelen der Menschen zur Verdammnis bestimmt. Der Kommunistischen Partei geht es nicht nur um die Zerstörung der physischen Körper der Menschen, sondern auch um die Zerstörung ihrer Seelen.

Ein weiteres Merkmal der Kommunistischen Partei ist die Intensität, mit der interne Säuberungen durchgeführt und die brutalsten Personen zur Führung ausgewählt werden. Für viele ist es schwierig, den Gedankengang hinter der Grausamkeit der Kommunistischen Partei gegenüber ihren eigenen Reihen nachzuvollziehen. Denn auch diejenigen, die der Partei und der Parteiführung gegenüber ansonsten völlig loyal waren, konnten zu Opfern werden, nur weil sie einzelne Punkte der Partei kritisierten.

Ein Grund ist, dass die Kommunistische Partei in ihrer Rebellion gegen Gottheiten und die Menschheit eine innere Angst davor hat, jederzeit unterzugehen. Um sich selbst zu stärken, muss die Partei jene Individuen rekrutieren, die keine moralischen Maßstäbe für Recht und Unrecht besitzen. Diese Individuen taten sich bei den Massenmorden hervor, und ihre Beförderung in Führungspositionen sichert die irdische Gewaltherrschaft des kommunistischen Gespensts.

1989 wurden alle Kader der Kommunistischen Partei Chinas, die sich geweigert hatten, am 4. Juni beim Massaker auf dem Platz des Himmlischen Friedens mitzumachen, eliminiert. Jiang Zemin hingegen zeigte eine besondere Grausamkeit und wurde daher zum Führer der Kommunistischen Partei Chinas befördert. Als Jiang 1999 mit der Verfolgung von Falun Gong begann, beförderte er Beamte wie Luo Gan und Zhou Yongkang in hohe Positionen, da diese während der Verfolgung ihre Bereitschaft zu den brutalsten Verbrechen zeigten.

Ein weiteres Motiv für das Töten ist die Rekrutierung von Teilnehmern aus der allgemeinen Gesellschaft, ähnlich wie zur Zeit der Kulturrevolution. Dadurch, dass sie morden und andere Verbrechen verübten, machten sich die Massen zu Komplizen der KP Chinas und ihrer Grausamkeiten, und die brutalsten Täter wurden zu den treuesten Verbündeten der Partei. Sogar heute noch fühlen die ehemaligen Angehörigen der Roten Garden, die Überfälle und Morde während der Kulturrevolution verübten, keine Reue für ihre Verbrechen. Sie betonen ausdrücklich, dass sie kein schlechtes Gewissen wegen der Taten in ihrer Jugend haben. Darüber hinaus erreicht die Kommunistische Partei durch diese offenen und vorsätzlichen Ermordungen einen generellen Gehorsam in der Bevölkerung.

All dies legt nahe, ein allgemeines Prinzip zu erläutern: In der Geschichte wurde durch tyrannische Regierungen oder in Kriegszeiten getötet, weil es Feinde zu besiegen gab. Beim Kommunismus funktioniert es andersherum – um zu töten, werden Feinde gesucht. Es ist die Eigenschaft der Kommunistischen Partei, dass sie einen Feind braucht, und wenn es keine Feinde gibt, dann muss sie einen erfinden, der dann getötet werden kann.

In einem Land wie China mit seiner langen und reichen Kultur konnte die Kommunistische Partei ihre Ziele nicht ohne pausenloses Töten erreichen. Traditionell glaubten und verehrten die Chinesen das Göttliche. Mit ihrem 5.000 Jahre alten Kulturerbe hätten die Chinesen ansonsten nicht die Existenz einer barbarischen und gottlosen Kraft wie der Kommunistischen Partei toleriert. Das einzige Mittel der KP Chinas, um ihre Herrschaft zu erhalten, ist die Anwendung von Massenmord wie er von der Sowjetunion vorgemacht wurde.

1. Die brutalen Fundamente der kommunistischen Herrschaft

Da er ein bösartiges Gespenst verkörpert, kann der Ausgangspunkt des Kommunismus nur ein ehrloser sein. Nachdem Marx verkündet hatte: „Ein Gespenst geht um in Europa – das Gespenst des Kommunismus" gründeten Banditen und Lumpen die Pariser Kommune. Sie verwüsteten die französische Hauptstadt und deren unvergleichliche Kunst- und Kulturschätze. In Russland und China ergriffen später die Kommunistischen Parteien der Sowjetunion (KPdSU) und die Kommunistische Partei Chinas (KPCh) mittels niederträchtiger Taten der Verschwörung und des Blutvergießens die Macht.

a) Der Aufstieg der sowjetischen Kommunisten

Im Februar 1917 traten russische Industriearbeiter wegen Problemen bei der Nahrungsversorgung und einer Verschlechterung der Arbeitsbedingungen in einen Streik. Als sich die Unruhen über das ganze Land ausbreiteten, dankte der russische Zar Nikolaus II. ab und die russische provisorische Regierung wurde gebildet. Als Wladimir Lenin davon erfuhr, kehrte er unverzüglich aus seinem Exil in der Schweiz nach Russland zurück.

Ende 2007 enthüllte das deutsche Magazin *Der Spiegel* ein 90 Jahre altes Geheimnis. [3] Der deutsche Kaiser Wilhelm II., der Russland als große Bedrohung ansah, verstand, dass Lenin eine Katastrophe über sein Heimatland bringen konnte – und so erlaubte er Lenin, durch Deutschland nach Schweden, dann nach Finnland und schlussendlich zurück nach Russland zu reisen. Kaiser Wilhelm II. gab Lenin auch Geld und Waffen. Bis zum Ende des Jahres 1917 hatte Lenin 2,6 Millionen Mark von Deutschland erhalten.

Churchill sagte Folgendes über Deutschlands Rolle bei Lenins Rückkehr: „Sie wendeten die tödlichste Waffe Russlands an. Sie brachten Lenin in einem dicht verschlossenen Lkw zurück, als würden sie eine Art Seuchenvirus transportieren." [4]

Lenin organisierte am 7. November 1917, oder nach dem julianischen Kalender am 25. Oktober, einen Putsch. Während dieser Oktoberrevolution stürzte Lenin die provisorische Regierung und errichtete das weltweit erste kommunistische Regime.

Doch bei der demokratischen Wahl der Konstituierenden Versammlung am 5. Januar 1918 gewann die Partei der Sozialrevolutionäre (SR) die Mehrheit der Stimmen vor Lenins Bolschewiken, welche die Staatsverwaltung kontrollierten. Von 44,4 Millionen Wahlberechtigten wählten 40 Prozent die Sozialrevolutionäre, womit sie die Bolschewiken um 20 Prozent hinter sich ließen.

Nach diesem Rückschlag trat Lenin seine Versprechen mit Füßen und erklärte die Konstituierende Versammlung zum „Staatsfeind". Am Tag der Zusammenkunft der Versammlung in der russischen Hauptstadt Petrograd rief Lenin das bereits vorbereitete Kriegsrecht aus und löste mit den von den Bolschewiken mobilisierten Truppen die Konstituierende Versammlung gewaltsam auf, womit der demokratische Prozess in Russland zerstört war.

Die Oktoberrevolution und die nachfolgende leninistische Übernahme waren der Ursprung aller gewalttätigen kommunistischen Bewegungen in der ganzen Welt im 20. Jahrhundert. Sie leiteten den internationalen Aufstieg des Kommunismus ein und die zahlreichen Katastrophen, die mit diesem einhergingen.

b) Die Kommunistische Partei Chinas ergreift die Macht

Die Sowjetunion war 1917 gerade erst gegründet worden, als sie die Idee der Revolution bereits nach China exportierte. Dabei nutzte sie die Tatsache aus, dass die Republik China der Dritten Kommunistischen Internationale, der Komintern, beigetreten war.

Die Bolschewiken entsandten Grigori Woitinski nach China, um dort eine lokale kommunistische Organisation aufzubauen. Dann schickten sie Michail Borodin, um eine Allianz zwischen der Nationalen Volkspartei Chinas (Kuomintang) und der Sowjetunion zu schmieden. Diese Vereinbarung gab der aufkommenden Kommunistischen Partei Chinas die Möglichkeit zu schnellem Wachstum, indem sie die Kuomintang unterwanderte.

Während des Zweiten Weltkrieges, in dem die Kuomintang acht Jahre lang einen totalen Krieg gegen die angreifende japanische Armee führte, nutzte die KP Chinas den Konflikt aus, um ihre Macht auszudehnen. Als die Japaner in China einmarschierten, war die Rote Armee am Rande der Niederlage. Zur Zeit des Sieges Chinas rühmte sie sich dann jedoch einer Truppenstärke von 1,32 Millionen regulären Truppen und 2,6 Millionen Milizsoldaten. Nach dem Sieg über Japan führte die KP Chinas Friedensgespräche mit der Kuomintang, während sie insgeheim ihre Truppen aufstockte. Gleichzeitig führten die diplomatischen Bemühungen dazu, dass die USA und die Sowjetunion ihre Unterstützung gegenüber der Kuomintang aufgaben. 1949 schließlich besiegte die KP Chinas die Kuomintang und begründete das bösartigste kommunistische Regime der Welt.

Auf diesem Höhepunkt in der Geschichte der internationalen kommunistischen Bewegung kontrollierte diese ein Drittel der Menschheit und der Landfläche weltweit, da sie Russland und China umfasste, die nach Einwohnern und Fläche größten Staaten der Welt. Kommunistische Regierungen breiteten sich in großen Teilen Europas und Asiens aus; viele Länder in Afrika, Südamerika und Südostasien kamen unter den Einfluss der KPdSU oder der KP Chinas oder wurden zu ihren Verbündeten.

Viele Menschen opferten auf den Schlachtfeldern des Zweiten Weltkrieges ihr Leben. Die unerwartete Folge war jedoch die kometenhafte Ausbreitung des totalitären Kommunismus.

2. Massenmord an der Arbeiterklasse

Durch die Theorien von Marx und durch die totalitäre kommunistische Rhetorik zieht sich das Prinzip, von den Arbeitern und Bauern abhängig zu sein und das Versprechen, deren Interessen zu repräsentieren. In Wirklichkeit aber muss die Arbeiterklasse den allergrößten Missbrauch durch das kommunistische System erdulden.

a) Die Unterdrückung der sowjetischen Arbeiter und Bauern

Nachdem Lenin 1918 die Konstituierende Versammlung illegal aufgelöst hatte, waren es die Arbeiter, die sich als Erste der kommunistischen Diktatur widersetzten. Zehntausende protestierten in Moskau und Petrograd gegen die Auflösung und hielten Paraden ab. Bolschewistische Soldaten beendeten die Proteste mit tödlicher Gewalt, indem sie auf die Demonstranten schossen und die Petrograder und Moskauer Straßen mit dem Blut der Arbeiter tränkten.

Die größte Arbeitergewerkschaft des Landes, die der Russischen Eisenbahnen, kündigte einen politischen Streik gegen den bolschewistischen Putsch an, was auf große Unterstützung seitens vieler anderer Gewerkschaften stieß. Die Kommunistische Partei der Sowjetunion (KPdSU) ging hier genauso vor wie bei den Arbeitern in Petrograd und Moskau. Sie schlug die Streiks mit bewaffneten Truppen nieder und anschließend wurden die Gewerkschaft der Russischen Eisenbahnen und andere unabhängige Gewerkschaften verboten.

Die übrig gebliebenen Gewerkschaften wurden nach und nach mit Gewalt unter die Kontrolle der KPdSU gebracht. Im Frühling 1919 legten hungrige Arbeiter in verschiedenen Städten Russlands mehrmals die Arbeit nieder und forderten die gleichen Essensrationen wie die, welche die Soldaten der Roten Armee bekamen, die Abschaffung der politischen Privilegien für die Kommunisten und einige grundlegende Rechte wie Meinungsfreiheit und demokratische Wahlen. Die Tscheka-Geheimpolizei nahm sich all diese Bewegungen vor und verhaftete oder erschoss die Streikenden.

Im Sommer 1918 gab es in Russland wegen des Bürgerkrieges eine große Knappheit an Nahrungsmitteln. Im Juni, als das Land am Rande einer Hungersnot war, sandte Lenin Josef Stalin nach Zarizyn, dem heutigen Wolgograd, um Getreide aus dem Wolgabecken zu holen, das traditionell als die Kornkammer Russlands galt.

Lenin befahl Stalin, dort einen Massenmord zu begehen. Nachdem Stalin angekommen war, begann er mit Massenexekutionen von Bauern. In einem Telegramm schrieb Stalin an Lenin: „Sei beruhigt, unsere Hände werden nicht zittern." Bald danach wurde eine große Menge Getreide nach Moskau geliefert.

Die Tyrannei der KPdSU führte zum Widerstand der Bauern. Im August 1918 erhoben sich die Bauern in Pensa zur bewaffneten Revolte. Der Aufstand breitete sich schnell auf die benachbarten Gegenden aus. Die KPdSU entsandte Truppen, um die Aufstände zu ersticken, und Lenin schickte ein Telegramm an die Bolschewiken von Pensa. Die Übersetzung von Robert Service (britischer Historiker) des russischen Original-Telegramms lautet wie folgt:

1. „Hängt (und stellt sicher, dass die Hinrichtungen unter dem Blick der Bevölkerung stattfinden) nicht weniger als 100 bekannte Grundbesitzer, Geldadlige und Blutsauger.

2. Veröffentlicht ihre Namen.
3. Nehmt ihr gesamtes Getreide.
4. Nehmt Geiseln in Übereinstimmung mit dem gestrigen Telegramm.

Macht es so, dass, innerhalb von hunderten Kilometern, die Menschen das sehen, zittern, wissen, schreien ..." [5].

Vor der Oktoberrevolution war Tambow eine der reichsten Provinzen Russlands. Um das dortige Getreide zu beschlagnahmen, organisierte und entsandte die Regierung der Sowjetunion viele Kommandos zur „Zwangsrequirierung" von Getreide. Mehr als 50.000 Landwirte in Tambow formierten sich zu örtlichen Milizen, um diese ebenfalls bewaffneten KPdSU-Requirierungskommandos abzuwehren.

Um den Bauernaufstand von Tambow niederzuschlagen, empfahl das Sowjetregime im Juni 1921 dem militärischen Oberbefehlshaber Michail Tuchatschewski, die „Banditen" mit Giftgas zu bekämpfen. Tuchatschewskis Einsatz von chemischen Waffen, kombiniert mit Feuern, die im gesamten Einsatzgebiet gelegt wurden, verwüsteten große Teile Tambows. Geschätzte 100.000 Bauern, die beim Aufstand mitwirkten, wurden mit ihren Verwandten verhaftet oder verbannt. Um die 15.000 Menschen wurden bei dieser Rebellion getötet.

Die großflächigen Massenmorde in der Sowjetunion dienten als ein umfassendes Vorbild für die kommende Verfolgung der chinesischen Arbeiter und Bauern durch die KP Chinas.

b) Die KP Chinas folgt dem sowjetischen Modell

China hat eine breite und tiefgehende Kultur mit einer Geschichte von 5.000 Jahren. Die Chinesen stehen in einer Tradition der Anbetung von Gottheiten und der Verehrung des Himmels. Der bösartige Geist des Kommunismus konnte 5.000 Jahre Tradition nicht allein mit verbrecherischen

Komplotten besiegen, also musste die traditionelle chinesische Kultur mit Gewalt systematisch ausgeschaltet werden.

Die KP Chinas zielte direkt auf die Eliten der Gesellschaft, die als Träger der traditionellen Kultur fungierten. Sie zerstörte die erhaltenen Artefakte der chinesischen Zivilisation und durchtrennte die Verbindung zwischen dem chinesischen Volk und seinen Gottheiten. Chinas traditionelles Erbe wurde von der „Parteikultur" ersetzt, damit diese unter den Überlebenden der Massenmorde durch die KP Chinas verbreitet werden konnte. Dadurch wurden junge Menschen zu heimtückischen „Wolfskindern" erzogen, die dem bösartigen Gespenst als Bauernopfer bei der kontinuierlichen Zerstörung der Menschheit dienen.

Gleich nach ihrer Machtübernahme begann die KP Chinas, Feinde zu erfinden – die Ermordung der Eliten machte dabei den Anfang. Auf dem Land schlachtete sie Großgrundbesitzer und den Landadel ab. In den Städten tötete sie Geschäftsleute, erschuf eine Atmosphäre des Terrors und plünderte das Vermögen der Zivilgesellschaft.

Um die Bauern zur Ermordung von Großgrundbesitzern und „reichen Bauern" anzustacheln und damit sie das neue kommunistische Regime unterstützten, führte die KP Chinas die sogenannte „Landreform" durch, die den Bauern ihr eigenes Land versprach. Doch nachdem die Bauern die Grundbesitzer ermordet hatten, behielt die KP Chinas das Land und verlieh es an die Bauern in Form von „Kollektiven". In der Praxis bedeutete das, dass das Land weiterhin nicht den Bauern gehörte.

Im März 1950 erließ die KP Chinas die „Richtlinie zur strengen Unterdrückung von konterrevolutionären Elementen", auch bekannt als Kampagne zur Unterdrückung von Konterrevolutionären, die auf die Ermordung von Grundbesitzern und Großbauern ausgerichtet war. Die KP Chinas verkündete, dass bis 1952 mehr als 2,4 Millionen „Konterrevolutionäre" eliminiert worden waren. In Wirklichkeit waren es über fünf Millionen Menschen, es wurde also beinahe ein Prozent der chinesischen Gesamtbevölkerung ermordet.

Nachdem sie die Grundbesitzer und Großbauern auf dem Land ermordet hatte, lancierte die KP Chinas die „Drei-Anti" und „Fünf-Anti"-Kampagnen, um wohlhabende Stadtbewohner abzuschlachten. Allein in Shanghai begingen unvollständigen Statistiken zufolge 876 Menschen während dieser vom 25. Januar bis zum 1. April 1951 dauernden Bewegung Selbstmord. Darunter waren viele Kapitalbesitzer, die mit ihrer gesamten Familie Selbstmord begingen.

Die KP Chinas hörte bei der Ausrottung von Grund- und Kapitalbesitzern nicht auf, sondern raubte auch die Besitztümer der Bauern, der kleinen Händler und der Handwerker. Nach den Massenmorden war der Großteil der Arbeiterklasse immer noch arm.

3. Die Brutalität der Kommunistischen Partei

a) Grausamkeiten des sowjetischen Kommunismus

Der Gulag, Inspiration für Hitlers Todeslager

Am 5. September 1918 befahl Lenin die Errichtung des ersten sowjetischen Konzentrationslagers auf den Solowezki-Inseln – für die Inhaftierung, Folter und Ermordung von politischen Gefangenen und Dissidenten. Die KPdSU weitete diese Einrichtung zügig auf die gesamte Sowjetunion aus, bald bekannt als die Gulags (der Ausdruck „Gulag" ist die russische Abkürzung für „Hauptverwaltung der Besserungsarbeitslager und -kolonien") der stalinistischen Ära.

Das Kürzel Gulag bezeichnet das Netz von Straf- und Arbeitslagern in der Sowjetunion, das unter Josef Stalin monströse Ausmaße annahm, während die KPdSU den politischen

Terror ausweitete und immer intensivere „Säuberungen" vollzog. Zur Zeit von Stalins Tod 1953 existierten 170 Gulag-Verwaltungen, denen über 30.000 über die gesamte Sowjetunion verteilte einzelne Camps unterstellt waren.

Alexander Solschenizyn prägte hierfür in seinem gleichnamigen Buch die Bezeichnung „Archipel Gulag". Solschenizyn listete 31 Methoden auf, mit denen ein Geständnis der Gefangenen durch die sowjetische Geheimpolizei erreicht werden konnte. [6]

Im Gulag litt man beständig an Hunger und Mangel an ausreichender Kleidung, während man 12 bis 16 Stunden lang harte Arbeit in der klirrenden russischen Winterkälte verrichten musste. Die Todesrate war enorm hoch. Viele Menschen wurden mitsamt ihrer Familie eingesperrt, der Ehemann eingekerkert und die Frau verbannt. Sogar die Älteren, bis hin zu 80-Jährigen, blieben nicht verschont. Unter den Verurteilten waren Menschen aus hohen Rängen der Partei, Staatsführer, militärische Befehlshaber bis hin zu normalen Bürgern aus allen Lebensbereichen, darunter Popen und religiöse Menschen, Ingenieure, Techniker, Doktoren, Studenten, Professoren, Fabrikarbeiter und Bauern.

Viele Leute glauben, dass die Konzentrationslager eine Erfindung der Nazis sind, aber in Wirklichkeit dienten die sowjetischen Gulags als Vorbild für kommunistische und nichtkommunistische Unterdrückungsanstalten in der ganzen Welt. Vor dem Zweiten Weltkrieg entsandte Hitler Gestapo-Offiziere nach Russland, um die Erfahrungen und Bauweisen der Gulags zu studieren.

Nach konservativen Schätzungen starben von 1930 bis 1940 über 500.000 Gefangene in den Gulags der Zeit von Stalins Vorkriegsterror. 1960 wurde das Gulag-System aufgelöst. 2013 berichtete eine Webseite der russischen Staatsmedien, dass mehr als 15 Millionen Menschen im Gulag-System interniert waren und mehr als 1,5 Millionen starben. Experten gehen heute davon aus, dass insgesamt rund 28,7 bis 32 Millionen Menschen in der Sowjetunion Zwangsarbeit zu verrichten hatten. [7]

Töten durch Hunger

Oft töteten kommunistische Regime durch Hungersnöte. Zwischen 1932 und 1933 litt die Ukraine unter einer durch die Sowjets verursachten tödlichen Hungersnot, die unter dem Namen Holodomor bekannt wurde.

Wie kam es dazu? Nach dem Bürgerkrieg stieß das von der KPdSU aufgedrängte kollektive Landwirtschaftssystem auf massiven Widerstand durch die ukrainische Bauernschaft. Das Sowjetregime reagierte darauf, indem es die fähigsten Bauern als „Kulaken" bezeichnete und sie nach Westsibirien oder nach Zentralasien brachte. Diese Verbannung der „Kulaken" nach Westsibirien war ein großer Verlust für die ukrainische Landwirtschaft, was zum totalen Zusammenbruch im Jahr 1932 führte.

Im Winter 1932/33 stoppte die Sowjetregierung alle Nahrungseinfuhren in die Ukraine und errichtete Zäune um das Staatsgebiet. Zuerst konnten die Ukrainer aufgrund ihrer gehamsterten Gemüse- und Kartoffelreserven in ihren Häusern überleben, doch diese wurden alsbald von den Parteibehörden beschlagnahmt. Ein Großteil der Bauern verhungerte. In dieser extremen Verzweiflungslage kam es zu Kannibalismus, andernorts wurden sogar begrabene Hunde, Katzen und Vieh exhumiert, um sie zu essen.

Die Behörden hinderten die Dorfbevölkerung daran, infolge der Hungersnot in die Städte zu fliehen. Viele Menschen starben am Weg entlang den Eisenbahngleisen.

Die Holodomor-Hungersnot hinterließ mehr als eine Million ukrainischer Waisenkinder. Viele wurden heimatlos und mussten in die Städte zum Betteln gehen. Um diese „Peinlichkeit" zu beseitigen, ordnete Stalin an, Kinder ab dem Alter von 12 Jahren zu erschießen. Schätzungen über die Todeszahl während des Holodomors reichen von 2,5 Millionen bis zu 14,5 Millionen. Während der Hungersnot konnte man überall Leichen in den Straßen der damaligen ukrainischen Hauptstadt Charkiw sehen.

Der Große Terror wendet sich gegen die sowjetische Elite

Das Ziel des kommunistischen Gespenstes ist die Zerstörung der Menschheit, und damit auch die der eigenen Anhänger. Das zeigte sich während der stalinistischen Ära, als die KPdSU blutige Säuberungen in den eigenen Reihen durchführte. Der Große Terror, den Stalin 1938 begann, zielte auf die oberen Reihen der kommunistischen Führung ab.

Von den 1.966 Delegierten des 17. Kongresses der KPdSU im Jahr 1934 wurden 1.108 wegen konterrevolutionärer Aktivitäten verhaftet. Von den 139 Mitgliedern des Zentralkomitees, das beim 17. Kongress gewählt wurde, wurden 80 Prozent (vier von fünf) erschossen.

Zwischen 1919 und 1935 wurden 31 Mitglieder in das sowjetische Politbüro gewählt, 20 davon wurden während der stalinistischen Säuberungen getötet. Der Geheimpolizeichef Stalins, Lawrenti Beria, sagte einmal: „Zeig mir den Mann, ich finde sein Verbrechen." Mit Ausnahme Stalins wurden alle Politbüromitglieder, die den Tod Lenins 1924 miterlebten, bis 1940 hingerichtet oder ermordet: Lew Kamenew, Grigori Zinowjew, Alexej Rykow, Michail Tomski und Leo Trotzki.

Kein Bereich der Gesellschaft blieb vom Großen Terror verschont – Repressionen in den religiösen, wissenschaftlichen, schulischen, akademischen und künstlerischen Bereichen gingen denen der militärischen und politischen Morde voraus. Die Hauptopfer des Stalin-Terrors waren die normalen sowjetischen Bürger.

Wie viele wurden von Stalin im Großen Terror verhaftet, getötet, eingesperrt oder ausgewiesen? Bis heute gibt es keine exakten Antworten auf diese Fragen. Zur Zeit der Auflösung der Sowjetunion im Juni 1991 sagte der KGB-Chef Wladimir Krjutschkow, dass von 1920 bis 1953 ungefähr 4,2 Millionen Menschen „unterdrückt" wurden, über zwei Millionen davon zur Zeit des Großen Terrors.

Alexander Jakowlew, ein Reformpolitiker in den Zeiten der Sowjetunion und der Ära Boris Jelzin, sagte in einem Interview im Jahr 2000, dass die Zahl der Opfer in der stalinistischen Zeit mindestens 20 Millionen ausmachte. [8]

b) Grausamkeiten der KP Chinas

Von der Gründung des Regimes der KP Chinas 1949 bis zum Jahr 1966 verloren Millionen von Chinesen ihre Leben in den Kampagnen zur Unterdrückung der Konterrevolutionäre, der Anti-Drei- und Anti-Fünf-Kampagne, der Anti-Rechts-Kampagne und der großen Hungersnot aufgrund des Großen Sprunges nach vorn.

Danach folgte ein blutiger Kampf innerhalb der KP Chinas. Als eine neue Generation von Chinesen, die als atheistische „Wolfskinder" indoktriniert wurden, herangewachsen war, startete das kommunistische Gespenst eine noch schrecklichere Kampagne zur Zerstörung der 5.000 Jahre alten traditionellen chinesischen Kultur.

Die große chinesische Hungersnot

Von 1959 bis 1962 erlebte China die tödlichste Hungersnot der Welt. Um die Welt zu täuschen, behauptete die KP Chinas, die Ursache wären „drei Jahre Naturkatastrophen" gewesen. In Wirklichkeit begann die KP Chinas 1958 voreilig die Bewegung der Volkskommunen und den Großen Sprung nach vorn.

Diese grausamen Pläne erschöpften nicht nur die Getreidevorräte und drosselten die chinesische landwirtschaftliche Produktion, sondern erzeugten auch eine Flut von falschen Berichten quer durch alle Führungsebenen, von ländlichen Regionen bis zu den Städten. Die KP Chinas nutzte diese Berichte als Grundlage, um den Bauern ihr Getreide abzunehmen. Sie wurden dazu gezwungen, ihre Nahrung, Saatgut und Tierfutter an das Regime abzugeben.

Die Verwaltungsorgane der KP Chinas schickten Teams aller Führungsebenen aufs Land. Sie nutzten Folter und Verhöre, um das letzte Stückchen Essen aus den Bauern herauszupressen. Nach dem Vorbild der sowjetischen Kommunisten hinderte die KP Chinas die Dorfbewohner daran, auf der Suche nach Nahrung die Städte zu betreten, was zum Massensterben von Familien und sogar ganzen Dörfern führte.

Das von der Regierung beschlagnahmte Getreide wurde gegen große Mengen sowjetischer Waffen oder gegen Gold eingetauscht, das die KP Chinas zur Schuldentilgung verwendete, weil ihr das Leben der Chinesen gleichgültig war. In nur drei Jahren hatte die große chinesische Hungersnot zehn Millionen Menschen ausgelöscht.

Das Gemetzel der Kulturrevolution und der kulturelle Völkermord

Am 16. Mai 1966 veröffentlichte die KP Chinas die „Mitteilung des Zentralkomitees der Kommunistischen Partei Chinas", die die Kulturrevolution in Gang setzte. Im August 1966 bildeten die Schüler der Sekundarschulen in Peking eine Gruppe von Roten Garden, wobei die Kinder von hochrangigen Kadern der KPCh an ihrer Spitze standen. Der Mob tobte in einem Rausch von Plünderungen, Angriffen und Morden durch Peking. Bis zum Ende des Monats, bekannt als „Roter August", wurden tausende Menschen in Peking ermordet.

Im Pekinger Stadtteil Daxing wurden vom 27. August bis zum 1. September 325 Menschen in 48 Produktionsbrigaden von 13 Volkskommunen getötet. Das Alter der Toten lag bei den Jüngsten bei nur 38 Tagen und die Ältesten waren 80 Jahre alt; 22 Familien wurden komplett ausgelöscht. Die Roten Garden haben ihre Opfer erschlagen, erstochen oder erdrosselt. Sie töteten Säuglinge und Kleinkinder, indem sie auf ein Bein traten und das Kind in zwei Teile zerrissen.

Als das bösartige Gespenst des Kommunismus die Menschen dazu verleitet hatte, zu schlagen und zu töten, löschte es ihr menschliches Mitgefühl aus, indem es sie mit dem Slogan „den Feind mit der tauben Grausamkeit des harten Winters" zu behandeln einer Gehirnwäsche unterzog. Mit jedem Verbrechen gegen die Menschlichkeit verdrängt die KP Chinas die traditionelle Kultur und moralische Tugend der Chinesen. Von der Parteikultur geleitet wurden viele Menschen zu Mordwerkzeugen.

Wenn die meisten Menschen die blutrünstigen Taten des kommunistischen totalitären Staates sehen, sind sie völlig ratlos, wie Menschen zu solch unmenschlicher Barbarei hinabsteigen können. Die Wahrheit dahinter ist, dass sie von verfaulten Dämonen und degenerierten Geistern besessen waren, die vom kommunistischen Gespenst kontrolliert wurden. Die Verwüstungen der Kulturrevolution abzuschätzen ist eine gewaltige Aufgabe. Die meisten Studien deuten auf eine Zahl von mindestens zwei Millionen Todesopfern hin. R. J. Rummel, ein amerikanischer Professor, der den Massenmord erforschte, schrieb in „China's Bloody Century", dass die Kulturrevolution 7,73 Millionen Menschen das Leben gekostet hatte. [9]

Dong Baoxun, ein außerordentlicher Professor der chinesischen Shandong-Universität, und Ding Longjia, stellvertretender Direktor des parteigeschichtlichen Forschungsinstitutes in Shandong, haben 1997 ein Buch mit dem Titel „Entlastet die Unschuldigen – Rehabilitiert die fälschlich Angeklagten und

Verurteilten" verfasst. Sie zitieren Ye Jianying, den damaligen stellvertretenden Vorsitzenden des Zentralkomitees der KP Chinas, als dieser während der Abschlusszeremonie der Zentralen Arbeitskonferenz am 13. Dezember 1978 die folgende Erklärung abgab: „Zwei Jahre und sieben Monate umfassender Untersuchungen des Zentralkomitees haben ergeben, dass in der Kulturrevolution 20 Millionen Menschen getötet und über 100 Millionen politisch verfolgt [...] und 800 Milliarden Yuan verschwendet wurden."

Den „Ausgewählten Werken von Deng Xiaoping" zufolge gab der Chef der KP Chinas, Deng Xiaoping, vom 21. bis 23. August 1980 der italienischen Journalistin Oriana Fallaci in der Großen Halle des Volkes zwei Interviews.

Fallaci fragte: „Wie viele Menschen starben in der Kulturrevolution?" Deng erwiderte: „Wie viele Menschen wirklich in der Kulturrevolution starben? Die Zahl ist astronomisch und kann nie geschätzt werden."

Deng Xiaoping beschrieb einen typischen Fall: Kang Sheng, der Geheimpolizeichef der Kommunistischen Partei, beschuldigte den Parteisekretär der Provinz Yunnan, Zhao Jianmin, des Verrats und der Agentenschaft der Kuomintang. Nicht nur Zhao wurde inhaftiert, sein Untergang traf auch 1,38 Millionen Menschen in der ganzen Provinz, von denen 17.000 ermordet und 60.000 bis zur Invalidität gefoltert wurden.

Unübertroffene Bösartigkeit: die Verfolgung von Falun Gong

Jahrzehnte der mörderischen Gewalt und der atheistischen Indoktrination durch die Kommunistische Partei haben das moralische Gefüge der Gesellschaft massiv belastet und es weit unter das von den Gottheiten für die Menschheit geforderte Niveau sinken lassen. Sogar viele von denen, die noch an Götter glauben, kennen keinen echten Glauben, da sie in den von der KP Chinas kontrollierten religiösen Scheinorganisationen gefangen sind. Sollte sich die Situation weiter verschlechtern, wird die Menschheit vor der Aussortierung stehen, wie es in den heiligen Texten jeder antiken Zivilisation prophezeit wird.

Im Frühjahr 1992 lehrte Herr Li Hongzhi in China Falun Gong, auch als Falun Dafa bekannt, eine spirituelle Praxis, die auf dem Glauben an die Prinzipien Wahrhaftigkeit, Güte und Nachsicht beruht, um die menschliche Moral wiederherzustellen und den Menschen auf der Welt einen Weg zu ihrer Errettung zu zeigen.

Unkompliziert zu lernen, verbreitete sich Falun Gong in wenigen Jahren in ganz China. Als Praktizierende zusammen mit ihren Verwandten und Freunden gesundheitliche Wunder und eine Verbesserung des Charakters erlebten, begannen Millionen von Menschen in China und auf der ganzen Welt Falun Gong zu praktizieren. Wenn sich so viele Menschen durch Falun Gong kultivieren und sich an höhere Standards halten, beginnt die Gesellschaft, ihre moralische Orientierung wiederzuentdecken.

Der Teufel ist jedoch darauf aus, den Menschen daran zu hindern, vom Schöpfer gerettet zu werden. Aus diesem Grund zerstört er traditionelle Kulturen und korrumpiert menschliche moralische Werte. Natürlich sieht er Falun Gong deshalb als seinen größten Gegner an.

Im Juli 1999 ordnete der damalige Führer der KP Chinas, Jiang Zemin, eine systematische Verfolgung von Falun Gong und dessen Praktizierenden an. In einer brutalen Kampagne, die sich über alle Gebiete Chinas erstreckte, wandte die KP Chinas jede erdenkliche Methode an, um Jiangs Anweisung zu erfüllen: „Vernichtet sie physisch, ruiniert sie finanziell und zerstört ihren Ruf!"

Parteikader setzten das chinesische Volk einer ständigen Propaganda voller Hass und Verleumdung gegen Falun Gong aus. Sie ersetzten die Prinzipien Wahrhaftigkeit, Güte und Nachsicht durch Falschheit, Bosheit und Kampf.

Der Teufel führte die Gesellschaft zu neuen Tiefstständen der moralischen Degeneration. Die Atmosphäre von Hass und Unterdrückung, die erneut zum Leben erweckt wurde, machte die Chinesen blind für die Verfolgung, die um sie herum stattfand, und ließ sie Buddhas und Gottheiten verraten. Einige opferten ihr Gewissen und nahmen an der Kampagne gegen Falun Gong teil, weil sie nicht wussten, dass sie sich selbst damit zur Verdammnis verurteilten.

Das kommunistische Gespenst beschränkte die Verfolgung nicht nur auf China. Es brachte die Nationen der freien Welt zum Schweigen, während das chinesische Regime die Falun-Gong-Praktizierenden völlig uneingeschränkt inhaftierte, ermordete und folterte. Verführt durch wirtschaftliche Anreize nahm die freie Welt die Lügen der Partei in sich auf und ließ den Verfolgern freie Hand, die schlimmsten Verbrechen zu begehen.

Bei der Verfolgung von Falun Gong führte die KP Chinas ein noch nie da gewesenes Übel ein: den Organraub an Lebenden. Als größte Gruppe von Menschen, die wegen ihres Glaubens in China inhaftiert sind, werden Falun-Gong-Praktizierende auf Bestellung auf den Operationstischen von staatlichen und militärischen Krankenhäusern getötet und ihre Organe für Zehntausende oder Hunderttausende von US-Dollar verkauft.

Am 7. Juli 2006 veröffentlichten kanadische Rechtsanwälte einen Bericht mit dem Titel „Blutige Ernte: Das Töten von Falun Gong für ihre Organe". Sie zeigten 18 Beweise auf, beleuchteten die Monstrosität der KP Chinas und nannten sie „eine ekelhafte Form des Bösen [...] neu auf diesem Planeten".

In Zusammenarbeit mit internationalen Ermittlern wurde im Juni 2016 eine Aktualisierung zu „The Slaughter" und „Bloody Harvest" veröffentlicht. Mit über 680 Seiten und mehr als 2.400 Referenzen bewiesen sie zweifelsfrei die tatsächliche Existenz und den Umfang des Organraubs an Lebenden durch das chinesische kommunistische Regime.

Am 13. Juni 2016 verabschiedete das US-Repräsentantenhaus einstimmig die Resolution 343, mit der die KP Chinas aufgefordert wurde, die erzwungene Organentnahme an Falun-Gong-Praktizierenden und anderen Glaubensgefangenen unverzüglich zu beenden.

Das lukrative Geschäft der Organtransplantationen hält die Unterstützung der Verfolgung von Falun Gong aufrecht und zieht Kunden aus China und der ganzen Welt an.

Seit ihrer Machtergreifung hat die KP Chinas die Verfolgung von religiösen Glaubensformen nie gelockert. Auf dieses Thema werden wir in Kapitel 6 zurückkommen.

4. Export des Roten Terrors

Die Einleitung des „Schwarzbuchs des Kommunismus" liefert eine grobe Schätzung, wie viele Menschen den kommunistischen Regimen auf der ganzen Welt zum Opfer gefallen sind. Eine Zahl von über 94 Millionen ist nachgewiesen, in der die folgenden Opferzahlen beinhaltet sind:

- 20 Millionen in der Sowjetunion
- 65 Millionen in China
- eine Million in Vietnam
- zwei Millionen in Nordkorea
- zwei Millionen in Kambodscha
- eine Million in Osteuropa
- 0,15 Millionen in Lateinamerika (hauptsächlich Kuba)
- 1,7 Millionen in Äthiopien
- 1,5 Millionen in Afghanistan
- 10.000 durch „die internationale kommunistische Bewegung und nicht an der Macht befindliche kommunistische Parteien" [10]

Der kambodschanische Völkermord ist der extremste Massenmord eines kommunistischen Regimes. Verschiedenen Schätzungen zufolge liegt die Zahl der Kambodschaner, die durch das Regime der Roten Khmer von Pol Pot von 1975 bis 1979 getötet wurden, bei rund 1,4 bis 2,2 Millionen – das war fast ein Drittel der damaligen Bevölkerung Kambodschas.

Von 1948 bis 1987 töteten die nordkoreanischen Kommunisten über eine Million Menschen der eigenen Bevölkerung durch Zwangsarbeit, Exekutionen und Konzentrationslager. In den 1990er Jahren starben zwischen 240.000 und 420.000 Menschen durch Hungersnöte. Es wird vermutet, dass von 1993 bis 2008 insgesamt 600.000 bis 850.000 Nordkoreaner eines unnatürlichen Todes gestorben sind. Nachdem Kim Jong-un an die Macht gekommen war, beging er weitere abscheuliche Morde, zu deren Opfern auch hochrangige Beamte und seine eigenen Verwandten gehörten. Kim hat der Welt zudem mit einem Atomkrieg gedroht.

In nur einem Jahrhundert seit dem Aufstieg des ersten kommunistischen Regimes in Russland hat das bösartige Gespenst des Kommunismus mehr Menschen in den unter seiner Herrschaft stehenden Nationen ermordet als beide Weltkriege zusammen. Die Geschichte des Kommunismus ist eine Geschichte des Mordes, und jede Seite ist mit dem Blut seiner Opfer geschrieben.

Quellen zu Kapitel 3

[1] „Remembering the Victims of Communism", https://www.congress.gov/congressional-record/2017/11/13/extensions-of-remarks-section/article/E1557-2.

[2] Stéphane Courtois, Das Schwarzbuch des Kommunismus (Verlag Piper, 2004)

[3] „Revolutionär Seiner Majestät", http://www.spiegel.de/spiegel/print/d-54230885.html.
[4] Winston S. Churchill, The World Crisis, Volume 5.
[5] Robert Service, translation of „the hanging order", Lenin, a Biography (London: Macmillan, 2000), 365.
[6] Alexander Solschenizyn, Der Archipel Gulag: 1918-1956.
[7] Interview mit Alexander Jakowlew (1992-2005), übersetzt von der Chinesischen Akademie der Sozialwissenschaften.
[8] Zahlen nach Gestwa: Aufbruch aus dem GULag?, S. 481 f.; Suslov: Das Spezkontingent. S. 92; Zahl der Gulag-Toten bei Applebaum: Der Gulag. S. 619.
[9] R. J. Rummel, China's Bloody Century (New Brunswick, N.J., Transaction Publishers, 1991)
[10] Stéphane Courtois, Das Schwarzbuch des Kommunismus (Verlag Piper, 2004)

Kapitel 4

Export der Revolution

Einführung

Die Ausbreitung des Kommunismus wird auf der ganzen Welt von Gewalt und Betrug angetrieben. Wenn der Kommunismus von einem mächtigen Land in ein schwächeres Land exportiert wird, ist Gewalt der schnellste und effektivste Weg. Das Unvermögen der freien Welt, den Sekten-Charakter des Kommunismus zu erkennen, führt dazu, dass sie den Export der kommunistischen Ideologie, zu der auch das „große externe Propagandaprogramm" [1] des chinesischen Regimes und die Konfuzius-Institute gehören, auf die leichte Schulter nimmt.

Dieses Kapitel wird sich auf Asien, Afrika, Südamerika und Osteuropa konzentrieren und wie der Kommunismus seine Macht in diesen Gebieten erweitert. Die Art und Weise, wie Westeuropa und Nordamerika infiltriert werden, ist weitaus komplexer – darauf soll im nächsten Kapitel eingegangen werden.

1. Export der Revolution nach Asien

Der Export der Revolution durch die Sowjetunion war der eigentliche Grund dafür, dass die Kommunistische Partei Chinas (KP Chinas) die Macht an sich reißen konnte. 1919 gründete die Sowjetunion die Dritte Kommunistische Internationale mit dem Ziel, die Revolution in die ganze Welt hinauszutragen. Im April 1920 reiste Grigori Woitinski, der Vertreter der Dritten Kommunistischen Internationale, nach China. Im Mai wurde in Shanghai ein Büro eingerichtet, um die Gründung der KP Chinas vorzubereiten.

In den nächsten 30 Jahren war die KP Chinas lediglich ein Organ der Kommunistischen Partei der Sowjetunion (KPdSU). Mao Tse-tung erhielt von den Russen ein monatliches Gehalt in Höhe von 160 bis 170 Yuan. [2] (Das durchschnittliche Monatsgehalt eines Arbeiters in Shanghai lag damals bei etwa 20 Yuan).

Die Machtergreifung der KP Chinas war zum Teil mit der Infiltration der Vereinigten Staaten durch die Kommunistische Partei verbunden. Das war einer der Gründe, warum US-Präsident Truman die Unterstützung für Chiang Kai-shek beendete, wohingegen die Sowjets die KP Chinas weiterhin unterstützten. Truman traf auch die Entscheidung, sich nach dem Zweiten Weltkrieg aus Asien zurückzuziehen. 1948 verließ die US-Armee Südkorea. Am 5. Januar 1950 verkündete Truman, dass sich die Vereinigten Staaten nicht mehr in die Angelegenheiten Asiens einmischen würden. So sollte auch die militärische Unterstützung für Chiang Kai-sheks Taiwan eingestellt werden, selbst für den Fall eines Krieges zwischen der Volksrepublik China und der Republik China (Taiwan).

Eine Woche später wiederholte Außenminister Dean Acheson Trumans Politik [3] und sagte, dass die Vereinigten Staaten im Falle eines Krieges auf der koreanischen Halbinsel nicht eingreifen würden. [4] Obwohl die Vereinten Nationen Truppen entsandten, als Nordkorea in den Süden einmarschierte, und die Vereinigten Staaten ihre Politik änderten, bot diese Anti-Interventionspolitik der Kommunistischen Partei die Möglichkeit, ihren Einfluss in Asien auszuweiten.

KAPITEL 4 ◆ EXPORT DER REVOLUTION

Die KP Chinas ging beim Versuch, die Revolution zu exportieren, aufs Ganze. Zusätzlich zur Ausbildung von Guerillakämpfern in verschiedenen Ländern sowie zur Bereitstellung von Waffen und Entsendung von Truppen zur Bekämpfung rechtmäßiger Regierungen leistete sie auch erhebliche finanzielle Unterstützung für Aufstände. Während der heißesten Phase der Kulturrevolution 1973 erreichte die „Auslandshilfe" der KP Chinas mit sieben Prozent der nationalen Staatsausgaben ihren Höhepunkt.

Laut Qian Yaping, einem chinesischen Gelehrten mit Zugang zu geheimen Dokumenten des Außenministeriums [5], „wurden 1960 nicht weniger als 10.000 Tonnen Reis nach Guinea und 15.000 Tonnen Weizen" nach Albanien verschifft. Weiter schreibt er: „Von 1950 bis Ende 1964 betrugen die Gesamtausgaben für Auslandshilfe 10,8 Milliarden Yuan, wobei die meisten Ausgaben von 1960 bis 1964 getätigt wurden, als in China die große Hungersnot herrschte."

Während der Hungersnot von 1958 bis 1962 verhungerten Dutzende Millionen Menschen. Dennoch beliefen sich die Ausgaben für Auslandshilfe auf 2,36 Milliarden Yuan. [6] Wäre dieses Geld für Lebensmittel ausgegeben worden, hätte man 30 Millionen Menschen vor dem Hungertod bewahren können. Alle diese Menschen starben wegen des „Großen Sprungs nach vorn" der KP Chinas. Gleichzeitig waren sie Opfer der Versuche der Partei, die Revolution zu exportieren.

a) Der Koreakrieg

Das bösartige Gespenst des Kommunismus will die Welt erobern, um die Menschheit zu zerstören. Es nutzt das menschliche Streben nach Ruhm und Reichtum aus, um die Menschen zur Verbreitung seiner bösartigen Ideologie zu verleiten. Stalin, Mao, Kim Il-sung und Ho Chi Minh wurden alle von diesem Verlangen angetrieben und vom Teufel benutzt.

Als Mao 1949 mit Stalin zusammentraf, versprach er, über eine Million Soldaten und über zehn Millionen Arbeiter zu entsenden, um Stalins Expansion nach Europa zu unterstützen – als Gegenleistung für Maos Kontrolle über Nordkorea. [7] Am 25. Juni 1950 fiel Nordkorea nach umfangreichen Planungen in den Süden ein. Innerhalb von drei Tagen wurde Seoul eingenommen, und nach eineinhalb Monaten war die gesamte koreanische Halbinsel durch den Norden besetzt.

Vor Kriegsausbruch im März 1950 sammelte Mao nahe der koreanischen Grenze eine große Anzahl von Truppen und hielt sie für den Krieg bereit. Die Details dieses Krieges würden den Rahmen dieses Kapitels sprengen. Kurz zusammengefasst: Der Krieg zog sich aufgrund der Beschwichtigungspolitik von Truman in die Länge. Die KP Chinas schickte eine „freiwillige Armee" mit einem weiteren geheimen Ziel auf die Halbinsel: Sie wollte die über eine Million Kuomintang-Soldaten loswerden, die sich im Bürgerkrieg ergeben hatten. [8] Nach Ende des Koreakrieges gab es auf chinesischer Seite über eine Million Tote.

Die Folge des Koreakrieges war die Spaltung der Halbinsel. Da die KP Chinas und die KPdSU um die Kontrolle über Nordkorea kämpften, profitierte der Norden von beiden Seiten. Als Kim Il-sung beispielsweise 1966 China besuchte, sah er, dass in Peking eine U-Bahn gebaut wurde. Dann verlangte er, dass auch in Pjöngjang eine solche U-Bahn gebaut werde – kostenlos.

Mao entschied, den Bau in Peking sofort zu stoppen. Er schickte Ausrüstung und insgesamt mehrere zehntausend Personen, darunter zwei Einheiten des Eisenbahnkorps der chinesischen Streitkräfte (PLA) und zahlreiche Ingenieure, nach Pjöngjang. Nordkorea gab für den Bau keinen Cent aus und setzte auch kein eigenes Personal ein, verlangte aber, dass die KP Chinas die Sicherheit der U-Bahn in Kriegszeiten gewährleistete. Letztendlich wurde das U-Bahn-System von

Pjöngjang mit einer durchschnittlichen Tiefe von 90 Metern und einer maximalen Tiefe von 150 Metern eines der tiefsten U-Bahn-Systeme der Welt.

Als der Bau abgeschlossen war, sagte Kim Il-sung der Öffentlichkeit, dass die U-Bahn von Koreanern entworfen und gebaut worden sei. Außerdem umging Kim oft die KP Chinas und wandte sich für Geld und Materialien direkt an die Sowjetunion. Nach dem Koreakrieg ließ die KP Chinas absichtlich einige ihrer Leute in Nordkorea zurück, um Moskau die Kontrolle über den Norden zu entreißen und das Land näher an Peking zu bringen. Sie wurden entweder von Kim getötet oder inhaftiert. Die KP Chinas verlor am Ende an allen Fronten. [9]

Nach dem Zusammenbruch der KPdSU reduzierte die KP Chinas ihre Hilfe für Nordkorea. In den 1990er Jahren hungerte das nordkoreanische Volk. 2007 berichtete die NGO „Nordkoreanische Überläufervereinigung", dass in den 60 Jahren unter Kims Herrschaft mindestens 3,5 Millionen Menschen an Hunger und damit verbundenen Krankheiten gestorben seien. [10] Das ist eine weitere blutige Schuld des kommunistischen Exports der Revolution.

b) Der Vietnamkrieg

Vor dem Vietnamkrieg unterstützte die KP Chinas die Kommunistische Partei Vietnams (KPV), um 1954 Frankreich zu besiegen. Das führte zur Genfer Konferenz von 1954 und zur Konfrontation zwischen Nord- und Südvietnam. Frankreich zog sich später aus Vietnam zurück. Der Einmarsch Nordvietnams in den Süden und die Intervention der Vereinigten Staaten verstärkten den Vietnamkrieg noch. Es war der größte Krieg nach dem Zweiten Weltkrieg, der in einem einzigen Einsatzgebiet stattfand. Von 1964 bis 1973 beteiligte sich das US-Militär an dem Krieg.

Bereits 1952 schickte Mao Tse-tung der KPV Beratungsgruppen. Leiter der militärischen Beratergruppe war Wei Guoqing, General der chinesischen Streitkräfte. Die von der KP Chinas entsandte Landreform-Beratungsgruppe nahm Zehntausende von Gutsherren und reichen Bauern in Vietnam fest und richtete sie hin, was im Norden zu Hungersnöten und Bauernaufständen führte. Gemeinsam unterdrückten die KP Chinas und die KPV diese Aufstände und initiierten Säuberungsaktionen der Partei und der Armee, die jener von Yan'an ähnelten. Die Säuberungsaktion in Yan'an von 1942 bis 1944 war die erste ideologische Massenbewegung der KP Chinas, die mit Propaganda, Inhaftierung, Gehirnwäsche und dergleichen einherging.

Um in Asien zum Anführer der Kommunisten aufzusteigen, unterstützte Mao Vietnam in großem Umfang, obwohl in China Dutzende Millionen von Menschen verhungerten. 1962 machte Liu Shaoqi der wahnsinnigen Politik Maos auf der „Versammlung der 7.000 Kader" ein Ende. Er bereitete sich darauf vor, die Wirtschaft wiederherzustellen und Mao effektiv ins Abseits zu drängen. Doch Mao weigerte sich, seine Macht abzutreten. Dreist verwickelte er China in den Vietnamkrieg, sodass Liu, der im Militär keine Machtbasis hatte, seine Pläne zum Wirtschaftsaufbau beiseitelegen musste.

Mao entsandte 1963 Luo Ruiqing und Lin Biao nacheinander nach Vietnam. Liu versprach Ho Chi Minh, dass die KP Chinas die Kosten des Vietnamkrieges tragen würde. Er sagte: „Du kannst China als deine Heimatfront betrachten, wenn es Krieg gibt."

Angestiftet von der KP Chinas und mit ihrer Hilfe griff die KPV im Juli 1964 ein US-Kriegsschiff mit Torpedos im Golf von Tonkin an und schuf so den Tonkin-Zwischenfall. Daraufhin beteiligten sich die Vereinigten Staaten am Krieg. Im Wettstreit mit der KPdSU um den Einfluss auf Vietnam verschwendete die KP Chinas in der Folge viel Geld, Waffen und Blut.

In „Die Wahrheit über die Revolution – Chinas Chronik

des 20. Jahrhunderts" des Historikers Chen Xianhui heißt es: „Maos Unterstützung von Vietnam führte zu einer Katastrophe. Sie verursachte den Tod von fünf Millionen Zivilisten, führte überall zu Landminen und Ruinen sowie zum Zusammenbruch der Wirtschaft. Die Unterstützung der KP Chinas gegenüber der KP Vietnams umfasste:

- Waffen, Munition und weitere militärische Ausrüstung, die für mehr als zwei Millionen Soldaten in Armee, Marine und Luftwaffe reichte
- mehr als 100 Produktionsfirmen und Reparaturfabriken
- über 300 Millionen Meter Stoff
- über 30.000 Autos
- hunderte Kilometer von Schienenwegen
- über fünf Millionen Tonnen Nahrungsmittel
- über zwei Millionen Tonnen Benzin
- über 3.000 Kilometer Ölpipelines und Hunderte Millionen von US-Dollar

Neben diesen Waren und Geldmengen entsandte die KP Chinas heimlich über 300.000 Soldaten der Volksbefreiungsarmee, die dann die Kampfanzüge der Nordvietnamesen anlegten, um gegen die südvietnamesischen und US-Soldaten zu kämpfen. Um dieses Geheimnis zu wahren, wurden zahlreiche chinesische Soldaten, die im Krieg fielen, in Vietnam begraben." [11]

Bis 1978 betrug die Hilfe der KP Chinas für Vietnam insgesamt 20 Milliarden US-Dollar, wobei das Bruttoinlandsprodukt Chinas 1965 insgesamt nur bei 70,4 Milliarden Yuan lag (etwa 28,6 Milliarden US-Dollar zum damaligen offiziellen Wechselkurs).

1973 schlossen die Vereinigten Staaten mit der inländischen Antikriegsbewegung, die eigentlich von Kommunisten initiiert wurde, einen Kompromiss und zogen ihre Truppen aus Vietnam ab. Am 30. April 1975 besetzte Nordvietnam Saigon und nahm Südvietnam ein. Unter der Führung der KP Chinas begann die KPV mit Verfolgungen ähnlich der Kampagne der KP Chinas zur Unterdrückung von Konterrevolutionären. Über zwei Millionen Menschen in Südvietnam riskierten ihr Leben, um aus dem Land zu fliehen. Das war die größte Flüchtlingswelle in Asien während des Kalten Krieges. 1976 fiel ganz Vietnam dem Kommunismus zum Opfer.

c) Die Roten Khmer

Während des Vietnamkrieges bat die KP Vietnams die KP Chinas um umfassende Unterstützung für Vietnam. Später sollte das jedoch einer der Gründe werden, weshalb China und Vietnam einander feindlich gegenüberstanden. Um die Revolution zu exportieren half die KP Chinas Vietnam in erheblichem Ausmaß, damit Vietnam weiterhin gegen die Vereinigten Staaten kämpfen konnte. Da Vietnam aber nicht wollte, dass sich der Krieg so lange hinzog, schloss sich das Land den von den USA geführten Vier-Nationen-Gesprächen von 1969 an – von denen China ausgeschlossen war.

Nach dem Lin-Biao-Vorfall in den 1970er Jahren musste Mao sein Ansehen in China dringend wieder verbessern. Darüber hinaus hatten sich die chinesisch-sowjetischen Beziehungen nach dem Zwischenfall auf der Insel Zhenbao, einem lokal begrenzten militärischen Konflikt zwischen den beiden Mächten, verschlechtert. Mao kooperierte daher mit den Vereinigten Staaten, um der Sowjetunion entgegenzuwirken, und lud Richard Nixon dazu ein, China zu besuchen.

Angesichts der heimischen Opposition gegen den Vietnamkrieg war es den Vereinigten Staaten ein Gräuel, weiterzukämpfen. Vietnam und die Vereinigten Staaten unterzeichneten ein Friedensabkommen. So entfernte sich Vietnam von der KP Chinas und geriet unter den Einfluss der Sowjetunion.

Mao war damit unzufrieden und beschloss, mithilfe von Kambodscha, Druck auf Vietnam auszuüben. Die Beziehungen zwischen Vietnam und Kambodscha verschlechterten sich, was schließlich in einem Krieg endete.

Die Unterstützung der KP Chinas für die Kommunistische Partei Kambodschas (allgemein bekannt als die Roten Khmer) begann 1955, wobei die Führer der Khmer in China ausgebildet wurden. Pol Pot, der höchste Führer des Khmer-Regimes, wurde 1965 von Mao ernannt. Mao stellte den Khmer Geld und Waffen zur Verfügung. Allein 1970 versorgte er Pol Pot mit Waffen und Ausrüstung für 30.000 Menschen.

Nach dem Rückzug der Vereinigten Staaten aus Französisch-Indochina (Vietnam, Kambodscha und Laos) gelang es den lokalen Regierungen nicht, sich gegen die von der KP Chinas unterstützten Kommunisten zur Wehr zu setzen. So fielen das laotische und das kambodschanische Regime 1975 in ihre Hände.

Laos fiel Vietnam zu und Kambodscha wurde durch die von der KP Chinas unterstützten Roten Khmer kontrolliert. Um die Politik der KP Chinas umzusetzen und Vietnam eine Lehre zu erteilen, drangen die Roten Khmer wiederholt in den Süden Vietnams ein, jenes Landes, das 1975 von der KPV vereint worden war. Sie schlachteten Bewohner an der kambodschanisch-vietnamesischen Grenze ab und versuchten, das Mekongdelta in Vietnam zu besetzen. Derweil war Vietnams Verhältnis zur KP Chinas schlecht, das zur Sowjetunion hingegen war gut. Mithilfe der Sowjets begann Vietnam im Dezember 1978, Kambodscha anzugreifen.

Nachdem Pol Pot die Macht übernommen hatte, regierte er mit äußerstem Terror. Er kündigte die Abschaffung der Währung an, befahl allen Stadtbewohnern, sich in den Vororten kollektiven Zwangsarbeitsteams anzuschließen, und schlachtete Intellektuelle ab. In etwas über drei Jahren waren mehr als ein Viertel der Bevölkerung des Landes getötet worden oder eines unnatürlichen Todes gestorben. Dennoch wurde Pol Pot von den Führern der KP Chinas, Zhang Chunqiao und Deng Yingchao, angepriesen.

Nach Beginn des Krieges zwischen Vietnam und Kambodscha fing das kambodschanische Volk an, die vietnamesische Armee zu unterstützen. In nur einem Monat brachen die Roten Khmer zusammen, verloren die Hauptstadt Phnom Penh und mussten in die Berge fliehen und als Guerillas weiterkämpfen.

1997 führte Pol Pots unberechenbares Verhalten zu internen Ausschreitungen in seinem eigenen Lager. Der Khmer-Kommandant Ta Mok verhaftete ihn und verurteilte ihn in einem öffentlichen Prozess zu lebenslanger Haft. 1998 starb Pol Pot an einem Herzinfarkt. Im Jahr 2014 verurteilte das Rote-Khmer-Tribunal die beiden Khmer-Führer Khieu Samphan und Nuon Chea trotz wiederholter Blockierungsversuche der KP Chinas zu lebenslanger Haft.

Vietnams Krieg mit Kambodscha machte Deng Xiaoping wütend. Aus diesem und anderen Gründen brach Deng 1979 einen Krieg gegen Vietnam vom Zaun, den er „Gegenangriff aus Notwehr" nannte.

d) Andere Teile Asiens

Der Export der Revolution durch die KP Chinas hatte schmerzhafte Auswirkungen auf die chinesische Diaspora. Zahlreiche antichinesische Vorfälle ereigneten sich, und mehrere hunderttausend Chinesen wurden in anderen asiatischen Ländern und Übersee ermordet. Ihr Recht auf Bildung und darauf, Geschäfte zu machen, wurde eingeschränkt.

Ein typisches Beispiel war Indonesien. In den 1950er und 1960er Jahren griff die KP Chinas Indonesien finanziell und militärisch erheblich unter die Arme, um die Kommunistische Partei Indonesiens (Partai Komunis Indonesia, PKI) zu unterstützen. Die PKI war mit drei Millionen direkten Mitgliedern zu der Zeit die größte politische Gruppe des Landes. Einschließlich der Mitglieder ihrer angeschlossenen Organisationen brachte sie es auf eine Gesamtmitgliederzahl von 22 Millionen, die auf die indonesische Regierung, das politische System und das Militär verstreut waren. Viele darunter standen dem indonesischen Präsidenten Sukarno nahe. Indonesien hatte 1955 rund 77,3 Millionen Einwohner. [12]

Mao kritisierte die Sowjetunion für die Unterstützung des „Revisionismus" und ermutigte die PKI nachdrücklich, den Weg der gewaltsamen Revolution einzuschlagen. Der PKI-Führer Aidit war ein Bewunderer von Mao Tse-tung und bereitete einen Militärputsch vor.

Am 30. September 1965 machte der rechte Militärführer Suharto diesen Putschversuch zunichte, brach die Verbindungen zu China ab und eliminierte eine große Anzahl von PKI-Mitgliedern. Die Ursache dieser Säuberung ging auf Zhou Enlai (KP Chinas) zurück. Dieser hatte bei einem internationalen Treffen der kommunistischen Länder der Sowjetunion und den Vertretern weiterer kommunistischer Länder versprochen: „Es gibt in Südostasien so viele Auslandschinesen, dass die chinesische Regierung die Möglichkeit hat, den Kommunismus mithilfe dieser Chinesen ins Ausland zu exportieren, und Südostasien über Nacht die Farbe wechseln zu lassen." Ab diesem Zeitpunkt begannen in Indonesien große antichinesische Bewegungen. [13]

Die antichinesische Bewegung in Myanmar war ähnlich. 1967, kurz nach dem Beginn der Kulturrevolution, begannen das chinesische Konsulat in Myanmar sowie die lokale Zweigstelle der chinesischen Nachrichtenagentur *Xinhua*, die Kulturrevolution unter den Auslandschinesen stark zu propagieren. Sie ermutigten Studenten, Mao-Abzeichen zu tragen, sein „Kleines rotes Buch" zu lesen und sich der Regierung Myanmars entgegenzustellen.

Die Militärregierung unter der Herrschaft von General Ne Win gab den Befehl, das Tragen von Abzeichen mit Maos Bild und das Studium seiner Schriften zu verbieten. Auch ordnete sie an, chinesische Schulen in Übersee zu schließen.

Am 26. Juni 1967 ereignete sich in der Hauptstadt Yangon ein gewalttätiger antichinesischer Zwischenfall, bei dem Dutzende totgeschlagen und Hunderte Menschen verletzt wurden. Im Juli 1967 riefen die offiziellen chinesischen Medien dazu auf, „die Bevölkerung Myanmars unter der Führung der Kommunistischen Partei Burmas (KPB) nachdrücklich zu unterstützen, um bewaffnete Konflikte und eine große Revolte gegen die Regierung Ne Win auszulösen".

Kurz darauf schickte die KP Chinas ein Militärberatungsteam zur Unterstützung der KPB sowie über 200 aktive Soldaten, um sich ihnen anzuschließen. Auch befahl sie großen Gruppen von KPB-Mitgliedern, die viele Jahre in China gelebt hatten, nach Myanmar zurückzukehren und sich dem Kampf anzuschließen. Danach griffen zahlreiche chinesische Rotgardisten und KPB-Truppen Myanmar von Yunnan aus an, besiegten die Regierungstruppen Myanmars und übernahmen die Kontrolle über die Region Kokang. Über 1.000 chinesische Jugendliche aus Yunnan starben auf dem Schlachtfeld. [14]

Zur Zeit der Kulturrevolution waren die Versuche der KP Chinas, die Revolution zu exportieren, mit der Förderung von Gewalt und der Bereitstellung von militärischer Ausbildung, Waffen und finanzieller Unterstützung verbunden. Als die KP Chinas mit dem Export der Revolutionen aufhörte, zerfielen die Kommunistischen Parteien in verschiedenen Ländern und erholten sich nicht mehr. Die Kommunistische Partei Malaysias (KPM) war ein typischer Fall.

1961 beschloss die KPM, den bewaffneten Konflikt aufzugeben und stattdessen durch legale Wahlen politische Macht zu erlangen. Deng Xiaoping rief den KPM-Führer Chin Peng und andere nach Peking und forderte sie auf, ihre Bemühungen um einen gewalttätigen Aufstand fortzusetzen. Denn die KP Chinas glaubte zu der Zeit, dass die revolutionäre Flut um das vietnamesische Schlachtfeld herum bald auch Südostasien erfassen würde.

So setzte die KPM den bewaffneten Kampf fort und bemühte sich weitere 20 Jahre lang um eine Revolution. [15] Die KP Chinas finanzierte die KPM, beschaffte für sie Waffen auf dem Schwarzmarkt in Thailand und gründete im Januar 1969 in der Stadt Yiyang, Provinz Hunan, den malaysischen Radiosender „Sound of Revolution", der auf Malaysisch, Thai, Englisch und weiteren Sprachen sendete. [16]

Nach der Kulturrevolution forderte Singapurs Präsident Lee Kuan Yew bei einem Treffen mit Deng Xiaoping, dass Deng die Radiosender der KPM und der PKI in China abschaffe. Damals war die KP Chinas von Feinden umgeben und isoliert, Deng hatte gerade die Macht wiedererlangt und brauchte internationale Unterstützung, also kam er Lees Aufforderung nach. Deng traf sich mit KPM-Führer Chin Peng und setzte diesem eine Frist, um die für die kommunistische Revolution agitierenden Sender abzuschalten. [17]

Zusätzlich zu den oben genannten Ländern versuchte die KP Chinas auch, die Revolution auf die Philippinen, nach Nepal, Indien, Sri Lanka, Japan und in weitere Länder zu exportieren, in einigen Fällen mittels militärischer Ausbildung und in anderen Fällen mittels Propaganda. Einige dieser kommunistischen Organisationen wurden später international bekannte terroristische Gruppen: Darunter ist beispielsweise die Japanische Rote Armee, die für ihre antimonarchistischen und gewalttätigen revolutionären Akte berüchtigt war. Sie war unter anderem für eine Flugzeugentführung, für ein Massaker an Zivilisten in einem Flughafen und eine Reihe weiterer terroristischer Vorfälle verantwortlich.

2. Export der Revolution nach Lateinamerika und Afrika

Der Slogan von Marx, den die KP Chinas während der Kulturrevolution oft zitierte, lautete: „Das Proletariat kann sich selbst nur befreien, wenn es die ganze Menschheit befreit." Die KP Chinas predigt die Weltrevolution. In den 1960er Jahren durchlief die ehemalige Sowjetunion eine Phase des Rückgangs und sah sich gezwungen, eine neue ideologische Linie zu fahren, und zwar: friedliche Koexistenz, friedlicher Wandel und friedlicher Wettbewerb mit den westlichen kapitalistischen Ländern und weniger Unterstützung für die revolutionären Bewegungen in den Ländern der Dritten Welt.

Diese Politik nannte die KP Chinas „Revisionismus". Anfang der 1960er Jahre machte Wang Jiaxiang den gleichen Vorschlag und wurde von Mao kritisiert, er sei zu den Imperialisten, Revisionisten und Reaktionären zu freundlich und würde die Bewegung der Weltrevolution nicht hinreichend unterstützen. Aus diesem Grund exportierte Mao Tse-tung die Revolution nicht nur nach Asien, sondern konkurrierte mit der Sowjetunion auch um Lateinamerika und Afrika.

Im August 1965 hieß es in Lin Biaos langem Artikel „Lang lebe der Sieg des Volkskrieges!", dass die Weltrevolution auf dem Vormarsch sei. Er verglich, nach Maos Theorie des „Einkreisens der Städte von ländlichen Gebieten aus" (so hatte die KP Chinas in China die Macht ergriffen), Nordamerika und Westeuropa mit Städten und stellte sich Asien, Lateinamerika und Afrika als ländliche Gebiete vor. So wurde der Export der Revolution nach Asien, Lateinamerika und Afrika zu einer wichtigen politischen und ideologischen Aufgabe für die KP Chinas.

a) Lateinamerika

Professor Cheng Yinghong von der Universität Delaware schreibt in seinem Artikel „Revolutionsexport in die Welt – Eine Analyse des Einflusses der Kulturrevolution in Asien, Afrika und Lateinamerika":

„Mitte der 1960er Jahre gründeten maoistische Kommunisten in Brasilien, Peru, Bolivien, Kolumbien, Chile, Venezuela und Ecuador Organisationen, deren Hauptmitglieder junge Menschen und Studenten waren. Mit der Hilfe Chinas gründeten Maoisten 1967 in Lateinamerika zwei Guerillagruppen: Die Volksbefreiungsarmee von Kolumbien, darunter eine weibliche Kompanie, die der Modelloper ‚The Red Detachment of Women' nacheiferte und María-Cano-Einheit genannt wurde, sowie die Ñancahuazú Guerilla Boliviens, auch Nationale Befreiungsarmee Boliviens genannt. Zur gleichen Zeit setzten auch Kommunisten in Venezuela bewaffnete Gewaltaktionen in Gang. Zudem wurde der linke Führer der Kommunistischen Partei Perus, Abimael Guzmán, Ende der 1960er Jahre in Peking ausgebildet. Neben dem Studium von Sprengstoff und Schusswaffen nahm er das Gedankengut von Mao Tse-tung auf, insbesondere die Vorstellung vom ‚Geist, der sich in Materie verwandelt' und dass man es mit dem richtigen Kurs – ‚von keinem Personal zu Personal; von keinen Waffen zu Waffen' bringen könne, sowie weitere Mantras der Kulturrevolution."

Guzmán war der Führer der Kommunistischen Partei Perus (KPP, auch bekannt als der „Leuchtende Pfad"), die von den Vereinigten Staaten, Kanada, der Europäischen Union und den peruanischen Regierungen als terroristische Organisation eingestuft wurde.

Als Mexiko und die KP Chinas 1972 diplomatische Beziehungen aufnahmen, wurde Xiong Xianghui der erste chinesische Botschafter in Mexiko. Xiong war Geheimagent der KP Chinas, den man während des chinesischen Bürgerkriegs zur Überwachung von Hu Zongnan, einem General der Armee der Republik China, entsandt hatte. Hinter dem Vorhaben, ihn zum Botschafter zu machen, steckte die Absicht, Informationen zu sammeln (auch über die Vereinigten Staaten) und in die mexikanische Regierung einzugreifen. Nur eine Woche vor Xiongs Amtsantritt gab Mexiko die Verhaftung einer Gruppe von „in China ausgebildeten Guerillas" bekannt. Das ist ein weiterer Beweis für den Versuch des Exports der Revolution durch die KP Chinas. [18]

Kuba war das erste Land in Lateinamerika, das diplomatische Beziehungen zur KP Chinas aufnahm. Um Kuba für sich zu gewinnen und gleichzeitig mit der Sowjetunion um die Führung der internationalen kommunistischen Bewegung zu konkurrieren, gewährte die KP Chinas Che Guevara im November 1960 bei dessen Besuch in China ein Darlehen in Höhe von 60 Millionen US-Dollar. Und das zu einer Zeit, als während der Kampagne des „Großen Sprungs nach vorn" Millionen Chinesen an Hunger starben. Zhou Enlai sagte Guevara auch, dass ihm die Schulden durch Verhandlungen erlassen werden könnten. Als Fidel Castro nach dem Zusammenbruch der chinesisch-sowjetischen Beziehungen zur Sowjetunion tendierte, schickte die KP Chinas durch die Botschaft in Havanna eine große Anzahl von Propagandaflugblättern an kubanische Beamte und Zivilisten, um einen Putsch gegen das Castro-Regime zu initiieren. [19]

b) Afrika

Professor Cheng Yinghong beschreibt in seinem Artikel „Revolutionsexport in die Welt – Eine Analyse des Einflusses der Kulturrevolution in Asien, Afrika und Lateinamerika", wie die KP Chinas die Unabhängigkeit der afrikanischen Länder beeinflusst hat und welche Richtung diese anschließend eingeschlagen haben: „Laut westlichen Medienberichten wurden bis Mitte der 1960er Jahre afrikanische revolutionäre Jugendliche aus Algerien, Angola, Mosambik, Guinea, Kamerun und dem Kongo in Harbin, Nanjing und weiteren chinesischen Städten ausgebildet. Ein Mitglied der ‚Zimbabwe African National Union' (ZANU) beschrieb seine einjährige Ausbildung in Shanghai so: Neben dem militärischen Training habe die Ausbildung hauptsächlich aus politischen Studien darüber bestanden, wie man die Landbevölkerung mobilisiert und Guerillakriege in Gang setzt mit dem Ziel eines Volkskrieges. Ein omanischer Guerilla beschrieb seine Ausbildung in China im Jahr 1968. Die Organisation brachte ihn zunächst nach Pakistan, dann mit einem ‚Pakistan Airlines'-Flieger nach Shanghai, und schließlich weiter nach Peking.

Nach dem Besuch von Musterschulen und Kommunen in China schickte man ihn in ein Trainingslager zur militärischen und ideologischen Ausbildung. [...] Die Werke von Mao Tse-tung waren das Wichtigste auf dem Stundenplan. Die Auszubildenden mussten sich viele Zitate von Mao merken. Der Teil über Disziplin und den Umgang mit der ländlichen Bevölkerung war den ‚drei Regeln der Disziplin und acht Punkten der Aufmerksamkeit' der chinesischen Volksbefreiungsarmee sehr ähnlich. Die afrikanischen Auszubildenden erlebten China auch während der Kulturrevolution. Als zum Beispiel während eines Schulbesuchs ein Lehrer die Schüler fragte, ‚wie man kriminelle Elemente behandelt', antworteten sie wiederholt im Chor: ‚Töten. Töten. Töten.' [...] Am Ende der Ausbildung erhielt jeder omanische Auszubildende ein Mao-Buch auf Arabisch." [20]

Die Hilfe für Tansania und Sambia war in den 1960er Jahren das größte externe Revolutionsprojekt der KP Chinas in Afrika. Die KP Chinas entsandte eine große Anzahl von Experten des „Shanghai Textile Industry Bureau" zum Aufbau der „Tanzanian Friendship Textile Factory". Der Verantwortliche brachte einen starken ideologischen Ton in dieses Hilfsprojekt ein. Nach seiner Ankunft in Tansania gründete er ein Rebellenteam, hängte auf der Baustelle die rote Fünf-Sterne-Flagge Chinas auf, stellte eine Statue von Mao und seinen Zitaten auf, spielte die Lieder der Kulturrevolution und sang Maos Zitate. Diese Baustelle wurde zum Vorbild für die Kulturrevolution im Ausland. Außerdem organisierte er ein Propagandateam für Maos Gedankengut und verbreitete unter den tansanischen Arbeitern rebellische Ansichten. [21]

Tansania war über die Versuche des Revolutionsexports der KP Chinas nicht erfreut. Mao beschloss, zwischen Tansania und Sambia eine Eisenbahnstrecke zu bauen, um Ost-, Zentral- und Südafrika miteinander zu verbinden. Die Bahnstrecke führte durch Berge, Täler, wilde Flüsse und üppige Urwälder. Viele Gebiete entlang der Route waren menschenleer und nur von einheimischen Tieren bewohnt. Einige der Gleisbette, Brücken und Tunnel wurden auf Fundamenten aus Lehm und Sand gebaut, was die Arbeit extrem erschwerte. 320 Brücken und 22 Tunnel wurden gebaut. China schickte 50.000 Arbeiter, von denen 66 starben, und gab etwa zehn Milliarden Yuan aus. Es dauerte sechs Jahre, von 1970 bis 1976, um das Werk zu vollenden. Doch wegen der schlechten und korrupten Verwaltung in Tansania und Sambia ging die Eisenbahn bankrott. Die damaligen Kosten für den Eisenbahnbau würden heute Hunderte von Milliarden chinesischer Yuan beziehungsweise Milliarden bis Dutzende von Milliarden US-Dollar betragen.

3. Export der Revolution nach Osteuropa

a) Albanien

Die Kommunistische Partei Chinas exportierte Revolutionen nicht nur nach Afrika und Lateinamerika, sondern hat auch enorm viel Mühe darauf verwendet, Einfluss in Albanien zu gewinnen, einem Land, das ebenfalls auf dem Weg zum Kommunismus war. Schon zu der Zeit, als Chruschtschow in seiner geheimen Rede die Ära der Entstalinisierung einleitete, hatte sich Albanien bereits insgeheim mit der KP Chinas verbündet. Dies freute Mao sehr, und er begann ein „Hilfs"-Programm für Albanien. Kosten spielten dabei keine Rolle.

Der Reporter Wang Hongqi von der Nachrichtenagentur *Xinhua* erinnerte sich: „Zwischen 1954 und 1978 erhielt Albaniens Partei der Arbeit 75 Mal finanzielle Zuwendungen aus China. Die in den Verträgen festgehaltene Summe beträgt mehr als zehn Milliarden chinesische Yuan."

Zu dieser Zeit lebten in Albanien nur etwa zwei Millionen Menschen. Auf jede Person kamen also umgerechnet 4000 chinesische Yuan. Auf der anderen Seite lag das durchschnittliche Jahreseinkommen eines Chinesen bei höchstens 200 Yuan. Zu dieser Zeit erlebte China gerade den „Großen Sprung nach vorne" und die daraus resultierende Hungersnot sowie den ökonomischen Zusammenbruch wegen Maos Kulturrevolution.

Während der Großen Hungersnot nahm China seine extrem knappen Fremdwährungsreserven, um die für die Versorgung nötigen Nahrungsmittel zu importieren. 1962 bat Rez Millie, der albanische Botschafter in China, um Hilfe bei der Nahrungsversorgung. Daher änderte auf Befehl von Liú Shàoqí ein chinesisches Schiff mit Weizen aus Kanada, der für China gedacht war, seinen Kurs Richtung Albanien und entlud den ganzen Weizen in einem albanischen Hafen. [22]

Unter diesen Umständen hielt Albanien die Hilfe der KP Chinas für selbstverständlich und verschwendete sie. Die riesigen Mengen an Stahl, Maschinen und Präzisionsgeräten aus China wurden ungeschützt der Witterung ausgesetzt. Die albanischen Beamten äußerten sich herablassend: „Das macht doch nichts. Wenn etwas kaputtgeht oder wegkommt, wird uns China einfach mehr geben."

China half Albanien, eine Textilfabrik zu errichten. Nur besaß Albanien keine Baumwolle, daher musste China seine Auslandsreserven einsetzen, um Baumwolle für Albanien zu kaufen. Einmal bat der albanische Vizepräsident Adil Çarçani den chinesischen Botschafter in Albanien um die Erneuerung eines Großteils der Maschinen einer Düngemittelfabrik und bestand zudem darauf, dass diese aus Italien kommen sollten, nicht aus China. Daraufhin kaufte China die Maschinen in Italien und installierte sie für Albanien.

Eine solche Hilfe führt beim Empfänger nur zu Gier und Faulheit. Im Oktober 1974 verlangte Albanien von China einen Kredit in Höhe von fünf Milliarden Yuan. Zu dieser Zeit befand sich die Kulturrevolution in ihrer Endphase und Chinas Wirtschaft stand kurz vor dem Zusammenbruch. Dennoch entschied sich China dafür, Albanien eine Milliarde Yuan zu leihen. Albanien war damit jedoch sehr unzufrieden und begann eine gegen China gerichtete Bewegung im Land, die von Parolen begleitet wurde wie: „Wir werden im Angesicht von wirtschaftlichem Druck aus dem Ausland niemals unser Haupt neigen." Zudem lehnte Albanien es ab, China mit Erdöl und Asphalt zu unterstützen.

b) Die sowjetische Unterdrückung in Osteuropa

Das sozialistische System in Osteuropa war voll und ganz ein Produkt der Sowjetunion. Nach dem Zweiten Weltkrieg wurde auf der Konferenz von Jalta die Aufteilung der Macht beschlossen, wodurch Osteuropa in die Hände der Sowjetunion gelangte.

Im östlichen Teil Deutschlands übernahm die Sozialistische Einheitspartei Deutschlands (SED) die Macht mit dem erklärten Staatsziel, einen Sozialismus nach sowjetischem Vorbild aufzubauen. In den ersten Jahren nach 1945 herrschte die Macht der Gewehre; über Nacht wurden beliebig Menschen abgeholt und deportiert. Die SED sicherte ihre Parteidiktatur und Alleinherrschaft später durch die Gründung des Ministeriums für Staatssicherheit (Stasi) im Jahr 1950 ab.

Die Stasi war kein gewöhnlicher Geheimdienst, sondern eine Geheimpolizei mit eigenen Untersuchungshaftanstalten, eigenem Ermittlungsapparat, mit Vollzugsanstalten und ihr zuarbeitenden Richtern und Staatsanwälten. Sie war eine politische Geheimpolizei als Terror-Instrument einer totalitären Diktatur. [23]

Die industrielle und landwirtschaftliche Produktion wurde von der SED und dem Staat geplant, es gab keinen freien Wettbewerb. Ausschließlich der Staat entschied, was wann wo mit welchen Rohstoffen und Arbeitskräften produziert werden durfte und sollte. Löhne, Arbeitszeiten, alle Wirtschaftsbereiche bis hin zu Gesundheit, Bildung, Versicherungen und Sport wurden zentral vom Staat verwaltet. Private Firmen, kleine und mittlere Betriebe aller Bereiche wurden nach und nach – auch unter Anwendung von Zwang – verstaatlicht. [24]

Am 17. Juni 1953 kam es in der DDR zu Protesten gegen das sozialistische Regime. Bei Massenprotesten der Arbeiter gingen über eine Million Menschen auf die Straße. Sie forderten unter anderem freie Wahlen. In Berlin und weiteren Städten, darunter auch in Leipzig, fuhren russische Panzer auf. 25.000 sowjetische Soldaten übernahmen Berlin, das Regierungsviertel wurde abgeriegelt und der Ausnahmezustand verhängt.

Die Sozialistische Einheitspartei Deutschlands (SED) der DDR hatte nichts mehr zu sagen, die sowjetischen Streitkräfte übernahmen. Es gab über 100 Tote (die Zahl ist umstritten, manche Quellen sprechen von bis zu 260 Toten unter den Demonstranten), 19.000 Menschen wurden verhaftet. Anschließend wurden über 1.600 Menschen verurteilt.

Sowjetische Militärtribunale verhängten im Durchschnitt höhere Strafen als die DDR-Gerichte. Häufig wurden Angeklagte zu langjähriger Zwangsarbeit in sowjetischen Straflagern, beispielsweise in Workuta, verurteilt. Von Instanzen der sowjetischen Besatzungstruppen wurden mindestens fünf Todesurteile gefällt, die genaue Zahl der Verurteilungen ist nicht bekannt. [25]

Nach Chruschtschows Geheimrede 1956 war Polen das erste Land, in dem Proteste ausbrachen. Fabrikarbeiter organisierten Streiks, die niedergeschlagen wurden, wofür sich die Regierung entschuldigte. Danach wählte Polen Władysław Gomułka zum Parteichef, der der Sowjetunion argwöhnisch gegenüberstand und bereit war, Chruschtschow die Stirn zu bieten.

Am 23. Oktober 1956 forderten Studenten der Universitäten in Budapest mit einer Großdemonstration demokratische Veränderungen und brachten die Statue von Stalin zu Fall. Die Polizei eröffnete das Feuer und tötete mindestens 150 Demonstranten. [26]

Es bildete sich eine neue Regierung unter Imre Nagy. Nagy verkündete am 1. November 1956 die Neutralität Ungarns und den Austritt Ungarns aus dem Warschauer Pakt (ein militärischer Vertrag zur gegenseitigen Unterstützung unter Führung der Sowjetunion von 1955 bis 1991, vergleichbar mit der NATO).

Drei Tage später setzte die Sowjetunion Panzerverbände zur Niederschlagung des Aufstandes ein und installierte eine pro-sowjetische Regierung unter János Kádár. Bei den Kämpfen, die in Budapest bis zum 15. November dauerten, kamen bis zu 3.000 Menschen ums Leben, auf sowjetischer Seite nach offiziellen Angaben rund 700. Imre Nagy wurde wegen des Volksaufstands von 1956 am 16. Juni 1958 hingerichtet und gilt im heutigen Ungarn als Volksheld. [27]

Den Aufständischen wurde über Radio Free Europe militärische Unterstützung durch den Westen versprochen, was die Aufständischen zu neuem Widerstand anspornte. Die militärische Unterstützung blieb jedoch aus. [28]

Dem Ereignis in Ungarn folgte der Prager Frühling 1968 in der Tschechoslowakei. Nach Chruschtschows Geheimrede begannen sich die Einschränkungen in der Tschechoslowakei zu lockern. In den Folgejahren hatte sich eine relativ unabhängige Zivilgesellschaft gebildet. Eine Verkörperung für diesen Zeitgeist war Václav Havel, der später zum Präsidenten der 1993 ausgerufenen Tschechischen Republik wurde.

Vor diesem sozialen Hintergrund übernahm der Reformer Alexander Dubček am 5. Januar 1968 das Amt des Generalsekretärs der Kommunistischen Partei der Tschechoslowakei. Er verstärkte die Reformen und verbreitete die Parole des „humanen Sozialismus". Kurz darauf begann Dubček, im großen Stil Menschen zu rehabilitieren, die in der Stalin-Ära schwer verfolgt worden waren. Dissidenten kamen frei, die Kontrolle über die Medien ging zurück, akademische Freiheit wurde großgeschrieben, die Bürger konnten problemlos ins Ausland reisen, die Religionsüberwachung wurde zurückgeschraubt, begrenzte innerparteiliche Demokratie wurde erlaubt und so weiter.

Die Sowjetunion verstand solche Reformen nicht nur als Betrug am Prinzip des Sozialismus, sondern fürchtete auch, dass andere Länder folgen könnten. Von März bis August 1968 hielten die Führer der Sowjetunion, einschließlich Breschnew, fünf Gipfelkonferenzen mit Dubček ab und versuchten Druck auf ihn auszuüben, damit er die demokratischen Reformen aufgibt. Dubček wies die Bemühungen zurück. In der Folge rollten im August 1968 etwa 6300 sowjetische Panzer in der Tschechoslowakei ein. Der Prager Frühling, der acht Monate gedauert hatte, wurde niedergeschlagen. [29]

Wenn wir das Ereignis in Ungarn und die Niederschlagung des Prager Frühlings beurteilen, können wir sehen, dass der Sozialismus in Osteuropa den Menschen aufgezwungen und von der Sowjetunion gewaltsam aufrechterhalten wurde. Als die Sowjetunion nur ein wenig lockerließ, begann der Sozialismus in Osteuropa sofort zu verschwinden.

Das Paradebeispiel ist der Fall der Berliner Mauer. Am 6. Oktober 1989 hielten viele Städte in Ostdeutschland massive Proteste und Märsche ab und stießen mit der Polizei zusammen. Zu der Zeit war gerade der sowjetische Staats- und Parteichef Michail Gorbatschow zu Besuch in Berlin und erklärte dem Generalsekretär der Sozialistischen Einheitspartei Deutschlands, Erich Honecker: „Der einzige Ausweg besteht darin, die Chance zu ergreifen und zu reformieren."

Sofort im Anschluss lockerte Ostdeutschland die Reisebedingungen nach Ungarn und in die Tschechoslowakei sowie nach Polen. So konnten sehr viele Menschen über die Tschechoslowakei nach Westdeutschland überlaufen. Selbst die Berliner Mauer konnte die Welle von fliehenden Staatsbürgern nicht mehr länger aufhalten. Am 9. November gab der Osten die Teilung auf, sodass Zehntausende über die Mauer kletterten und damit nach West-Berlin gelangten, wobei sie die Mauer zertrümmerten. Das Symbol des kommunistischen Eisernen Vorhangs, das über Jahrzehnte gestanden hatte, verschwand in der Geschichte. [30]

Das Jahr 1989, in dem die Berliner Mauer fiel, war voller Unruhen. Im selben Jahr erhielten die Länder Polen, Rumänien, Bulgarien, die Tschechoslowakei wie auch Ostdeutschland ihre Freiheit zurück und befreiten sich von der sozialistischen Herrschaft. Das war auch das Resultat der Änderung der Einmischungspolitik der Sowjetunion. 1991 konnte man das Ende der Sowjetunion erleben, das gleichzeitig das Ende des Kalten Krieges markierte.

In den vergangenen Jahrzehnten unterstützte die Kommunistische Partei Chinas 110 Länder. Eine der wichtigsten Überlegungen der Partei, wenn sie Hilfe anbietet, ist der Export von Ideologie. Der sowjetische Einfluss im Nahen Osten,

Südasien, Afrika und Lateinamerika beschränkte sich nicht auf die oben beschriebenen Beispiele.

Das Ziel dieses Kapitels ist daher, einfach nur zu zeigen, dass die Verbreitung von Gewalt eine grundlegende Methode des Kommunismus ist, um international zu expandieren. Je mehr Bevölkerung und Land er kontrolliert, umso leichter ist es, die Menschheit zu zerstören.

4. Das Ende des Kalten Krieges

Das Ende des Kalten Krieges war für viele eine große Erleichterung. Sie dachten, dass Sozialismus, Kommunismus und ähnliche Gewaltherrschaften endlich besiegt worden seien. Doch das war einfach ein weiterer Trick des Teufels. Die verfahrene Situation zwischen den USA und der Sowjetunion lenkte die Aufmerksamkeit der Menschen von der Kommunistischen Partei Chinas ab und gab ihr Zeit, noch heimtückischere und raffiniertere Pläne in die Tat umzusetzen.

Das Massaker am Platz des Himmlischen Friedens am 4. Juni 1989 markierte den Aufstieg des früheren Parteichefs Jiang Zemin. Mithilfe der schon recht ausgereiften Unterdrückungs- und Propagandamaschinerie fuhr Jiang damit fort, die traditionelle Kultur systematisch zu zerstören und die Parteikultur verstärkt zu installieren. Indem er die Moral zerstörte, züchtete er „Wolfskinder", also Jugendliche, die sich antitraditionell und unmoralisch verhielten, was den Weg für die flächendeckende Verfolgung von Falun Gong und letztendlich die Zerstörung der Menschheit ebnete.

Obwohl die Kommunisten ihre Macht in den früheren kommunistisch regierten Ländern verloren hatten, wurde der Kommunismus nie global für die Verbrechen verurteilt, die er begangen hat. Ganz ähnlich in Russland: Das Land hat sich nie von seinem sowjetischen Einfluss reingewaschen oder den Apparat der Geheimpolizei abgeschafft. Der frühere

Führungskader des KGB regiert nun das Land. Kommunistische Ideologien und ihre Anhänger existieren nicht nur weiterhin, sondern weiten ihren Einfluss auch auf den Westen und die Welt aus.

Die Anti-Kommunismus-Aktivisten im Westen – die ältere Generation mit einem tieferen Verständnis des Kommunismus – sterben langsam aus, während es der jüngeren Generation an Verständnis fehlt und am Willen, das teuflische, mörderische und falsche Gesicht des Kommunismus zu sehen. Sie denken, dass der Kommunismus der Vergangenheit angehört. Als Folge davon können die Kommunisten weiterhin ihre radikalen oder progressiven Bewegungen vorantreiben, um die existierenden Ideologien und sozialen Strukturen zu zerstören – und sogar durch Gewalt an die Macht kommen.

a) Der Rote Platz ist immer noch rot

Als andere ehemals kommunistische Länder eines nach dem anderen nach Unabhängigkeit riefen, sehnten sich auch die Menschen in der Sowjetunion nach einem Wandel. Die Politik war in Chaos versunken, die Wirtschaft zusammengebrochen und Russland in Auslandsangelegenheiten isoliert. Da erklärte der russische Präsident Boris Jelzin, dass die Kommunistische Partei der Sowjetunion illegal sei, und schränkte ihre Aktivitäten ein. Die Menschen machten ihrer lange aufgestauten Verachtung der Partei kräftig Luft. Am 26. Dezember 1991 verabschiedete der Oberste Sowjet ein Gesetz, das die Auflösung der Sowjetunion bewirkte. Das Ende ihrer 69-jährigen Herrschaft war gekommen.

Doch wie hätte die tief verwurzelte kommunistische Ideologie in den Köpfen der Menschen so einfach verschwinden können? Nach der Gründung der Russischen Föderation startete Jelzin eine Entkommunisierungs-Kampagne. Lenin-Statuen wurden niedergerissen, sowjetische Bücher verbrannt, frühere sowjetische Regierungsbeamte entlassen und viele auf die Sowjetunion bezogene Gegenstände zertrümmert oder verbrannt – doch all dies drang nicht zum Kern des Kommunismus vor.

Die Entnazifizierung nach dem Zweiten Weltkrieg war viel gründlicher. Angefangen bei öffentlichen Prozessen gegen NS-Kriegsverbrecher bis zur Säuberung von faschistischer Ideologie: Das Unwort „Nazi" ist nun mit einem Gefühl von Scham verbunden. Bis zum heutigen Tag werden frühere Nazis weiterhin gejagt, um sie vor Gericht zu bringen.

In Russland, wo die kommunistischen Kräfte noch stark waren, führte die unzureichende Säuberung vom Kommunismus leider dazu, dass diese Kräfte wiedererstarkten. Im Oktober 1993 marschierten Zehntausende Moskauer Bürger über den Roten Platz, wobei sie Lenins und Stalins Namen riefen und die ehemalige Sowjetfahne schwangen. Zwei Jahre zuvor waren Moskauer Bürger für Unabhängigkeit und Demokratie auf die Straße gegangen.

Bei der Demonstration 1993 hingegen forderten Kommunisten die Wiedereinführung des Sowjetsystems. Die Anwesenheit von Militär und Polizei verschärfte die Konfrontation umso mehr. Im kritischen Moment entschieden sich die Sicherheitskräfte und Militärführer, Jelzin zu unterstützen, der daraufhin Militärpanzer entsandte, um die Situation unter Kontrolle zu bringen. Die kommunistischen Kräfte waren aber weiterhin vorhanden und gründeten die Kommunistische Partei der Russischen Föderation, die zur stärksten politischen Partei wurde, bis sie von der jetzigen Regierungspartei, Putins Vereintem Russland, in dieser Rolle abgelöst wurde.

In den vergangenen Jahren gab es in einigen Umfragen (wie etwa einer Umfrageserie des *RBK Fernsehens* aus Moskau) viele Befragte (rund 60 Prozent), die immer noch meinten, die Sowjetunion solle wiedergeboren werden. Anlässlich des 1. Mai 2017 feierten viele Russen das 100. Jubiläum des Revolutionsjahres.

Der Sowjetische Kommunistische Jugendverband (Komsomol), der zur Zeit der Sowjetunion entstanden war, ließ Jugendliche auf dem Roten Platz in Moskau vor dem Lenin-Mausoleum einen Treueschwur leisten. Während der Veranstaltung betonte Gennadi Sjuganow, der Vorsitzende der Kommunistischen Partei der Russischen Föderation, dass erst vor Kurzem 60.000 neue Mitglieder der Partei beigetreten seien und dass die kommunistische Partei weiterhin überlebe und expandiere.

Allein in Moskau gibt es fast 80 Lenin-Denkmäler. Lenins toter Körper auf dem Roten Platz zieht immer noch Touristen und Anhänger an. Der Rote Platz ist immer noch rot. Die Machenschaften des KGB sind von der Welt nie ausgiebig aufgedeckt und verurteilt worden. Der Kommunismus ist in Russland noch immer gegenwärtig und die Anzahl seiner Anhänger ist groß.

b) Das rote Unheil geht weiter

Im Moment gibt es vier Länder unter selbsternannten kommunistischen Regierungen: China, Vietnam, Kuba und Laos. Obwohl Nordkorea den marxistisch-leninistischen Kommunismus an der Oberfläche abgelegt hat, ist das Land immer noch ein kommunistischer totalitärer Staat. Vor dem Kalten Krieg gab es 27 kommunistische Länder. Es gibt 13 Länder, in denen kommunistische Parteien politisch aktiv sein dürfen, und 120 Länder, in denen kommunistische Parteien registriert sind. Aber im Laufe des letzten Jahrhunderts hat der Einfluss der kommunistischen Kräfte auf die Regierungen in den meisten Länder nachgelassen.

In den 1980er Jahren gab es mehr als 50 kommunistische Parteien in Lateinamerika mit einer Gesamtmitgliederzahl von einer Million Menschen (wobei die Kommunistische Partei Kubas ungefähr die Hälfte davon ausmachte). In den frühen 1980ern befanden sich die Vereinigten Staaten und die Sowjetunion in den Krisenherden in Lateinamerika, Afrika und Asien in einem harten Kampf.

Mit dem Zusammenbruch des Ostblocks und der Sowjetunion wurde der Kommunismus offiziell nach und nach schwächer.

Kommunistische Länder oder Parteien, die auf Gewalt setzten, um ihre kommunistische Herrschaft durchzusetzen, wie die Kommunistische Partei Perus (allgemein bekannt als der „Leuchtende Pfad") wurden immer seltener.

Die Mehrheit dieser Länder vollzog einen Wandel in Richtung verschiedener Varianten des Sozialismus. Anstatt sich kommunistisch zu nennen, verliehen sich die politischen Parteien solche Namen wie „Demokratische Sozialistische Partei", „Sozialistische Volkspartei" und dergleichen. Über zehn kommunistische Parteien in Zentralamerika strichen den Begriff „Kommunistische Partei" aus ihren Namen, machten aber damit weiter, kommunistische und sozialistische Ideologien zu verbreiten. In ihrer Arbeitsweise wurden sie dadurch nur noch hinterhältiger.

In 33 unabhängigen Ländern Lateinamerikas und der Karibik, mit Ausnahme des kommunistisch regierten Kubas, sind kommunistische Parteien offiziell zugelassene politische Parteien. In Venezuela, Chile, Uruguay und weiteren Ländern bilden die kommunistische Partei und die Regierungspartei oft Koalitionen, während kommunistische Parteien in anderen Ländern die Rolle der Opposition innehaben.

Im Westen und in einigen Ländern in anderen Regionen bediente sich das kommunistische Gespenst keiner gewaltsamen Mittel wie Mord – wie im Osten geschehen – sondern hat durch Unterwanderung und Subversion ganz subtil die Gesellschaft durchdrungen und sein Ziel erreicht: Die moralischen Werte der Menschen und ihre gottgegebene Kultur zu zerstören und kommunistische und sozialistische Ideologien zu verbreiten.

Der Teufel hat tatsächlich die Kontrolle über die ganze Welt erlangt. Das endgültige Ziel, die Zerstörung der Menschheit, ist nur noch einen Schritt entfernt.

Quellen zu Kapitel 4

[1] Chongyi Feng, „How the Chinese Communist Party Exerts Its Influence in Australia", abgerufen am 12. September 2018

[2] Jung Chang, Jon Halliday, „Mao: The Unknown Story" (Anchor Books, 2006)

[3] Harry S. Truman, „Statement on Formosa" vom 5. Januar 1950, abgerufen am 12. September 2018

[4] „US Enters the Korean Conflict", abgerufen am 12. September 2018

[5] Qian Yaping, „60 Years of China's Foreign Aid: Up to 7 Percent of the National Fiscal Expenditure", abgerufen am 12. September 2018

[6] Ebd., Extracted from the Annual National Expenditure Reports.

[7] Chen Xianhui, „The Truth of the Revolution: 20th Century Chronology of China", Kapitel 38,

[8] Ebd.

[9] Ebd., Chapter 52.

[10] „Leaking Moment: Escaping North Korea, Dying in China", Voice of America

[11] Chen Xianhui, „The Truth of the Revolution — The 20th Century Chronicle of China"

[12] Song Zheng, „The 9.30 Coup in Indonesia in 1965", China In Perspective, abgerufen am 12. September 2018

[13] Ebd.

[14] „Talking History Discussing Present: China's Shock Wave in Myanmar", Voice of America Chinese, abgerufen am 12. September 2018

[15] Cheng Yinghong, „Exporting Revolution to the World – An Early Exploration of the Impact of the Cultural Revolution in Asia, Africa and Latin

America", Modern China Studies, 2006, vol.3. , abgerufen am 12. September 2018

[16] Chen Yinan, „MCP Radio Station in China", Magazin Yan Huang Era, 2015, Vol.8.

[17] Cheng Yinghong, „Exporting Revolution to the World – An Early Exploration of the Impact of the Cultural Revolution in Asia, Africa and Latin America", Modern China Studies, 2006, Vol.3., , abgerufen am 12. September 2018

[18] Hanshan, „Xiong Xianghui and the CCP's history of exporting revolution to Latin America", Radio Free Asia. abgerufen am 12. September 2018

[19] Chen Xianhui, The Truth of the Revolution — 20th Century Chronology of China, Chapter 52,

[20] Cheng Yinghong, „Exporting Revolution to the World: An Exploratory Analysis of the Influence of the Cultural Revolution in Asia, Africa, and Latin America", 向世界输出革命——文革在亚非拉的影响初探.html, abgerufen am 12. September 2018

[21] Cheng Yinghong, „Exporting Revolution to the World: An Exploratory Analysis of the Influence of the Cultural Revolution in Asia, Africa, and Latin America", 向世界输出革命——文革在亚非拉的影响初探.html, abgerufen am 12. September 2018

[22] Wang Hongqi, „China's Aid to Albania", Magazin Yan Huang Era

[23] Siegfried Reiprich, „Eroberung und Konsolidierung der Macht – zwei Phasen in der Geschichte der Stasi", S. 15., abgerufen am 12. September 2018

[24] Hubertus Knabe, „Zersetzungsmassnahmen", In: „Was war die Stasi? Einblicke in das Ministerium für Staatssicherheit der DDR", Karsten Dümmel / Melanie Piepenschneider (Hrsg), 2014, Konrad-Adenauer-Stiftung, https://www.kas.de/o/webfriend-to-liferay-url-rest-endpoint/urlredirect/url/wf/doc/kas_17246-544-1-30.pdf%5d

[25] Bundeszentrale für politische Bildung, „Die Folgen des Aufstands", abgerufen am 12. September 2018

[26] Zeitgeschichte Online, Zeitzeugen des Ungarn-Aufstands https://ungarn1956.zeitgeschichte-online.de/sites/default/files/filme/borsanyi_v02.mp4

[27] Chen Quide, „The Evolution of Contemporary Constitutionalism", Ka-

pitel 60, The Observer, 2007

[28] Paul Lendvai, „Der Ungarnaufstand 1956 – eine Revolution und ihre Folgen", (Verlag C. Bertelsmann, München, 2006)

[29] Chen Quide, „The Evolution of Contemporary Constitutionalism", Kapitel 67, The Observer, 2007

[30] Ebd., Chapter 77.

Kapitel 5

Den Westen unterwandern

Einleitung

Die amerikanischen Präsidentschaftswahlen 2016 gehörten zu den dramatischsten seit Jahrzehnten. Obwohl die Wahlbeteiligung nur bei 58 Prozent lag, war der Wahlkampf voller unvorhergesehener Wendungen, die auch nach der Wahl weitergingen. Nach der Wahl ging auch ein anderer Kampf weiter. Der Sieger, der Kandidat der Republikanischen Partei, Donald Trump, wurde von negativen Medienberichten und Protesten in Städten im ganzen Land überschüttet. Die Demonstranten hielten Schilder hoch mit Slogans wie „Nicht mein Präsident" und bezeichneten Trump als „Rassisten", „Sexisten", „fremdenfeindlich" oder „Nazi". Forderungen nach einer Neuauszählung wurden ebenso laut wie die Androhung eines Amtsenthebungsverfahrens.

Investigativjournalisten enthüllten, dass viele dieser Proteste von bestimmten Interessengruppen initiiert wurden. Wie in „America Under Siege: Civil War 2017" (auf Deutsch: „Amerika unter Belagerung: Bürgerkrieg 2017") zu sehen ist – einem Dokumentarfilm des neuseeländischen Polit-Aktivisten Trevor Loudon – gehörte ein bedeutender Teil der Demonstranten zu den „professionellen Revolutionären", die Verbindungen zu kommunistischen Regimen und anderen autoritären Staaten wie Nordkorea, Iran, Venezuela oder Kuba hatten. Loudons Werk hob auch die Rolle zweier prominenter sozialistischer Organisationen in den USA hervor: der stalinistischen „Workers World Party" und der maoistischen „Freedom Road Socialist Organization". [1]

Loudon erforscht die kommunistische Bewegung seit den 1980er Jahren, dabei stellte er fest, dass linke Organisationen die Vereinigten Staaten zu ihrem Hauptziel für Infiltration und Subversion gemacht haben. Unter dem Einfluss gut positionierter Einzelpersonen verlagerten sich Bereiche wie Politik, Bildung, Medien und Wirtschaft in den USA zunehmend nach links. Während die Menschen auf der ganzen Welt den Triumph der freien Welt nach dem Kalten Krieg feierten, übernahm der Kommunismus heimlich die öffentlichen Institutionen der westlichen Gesellschaft, um sich auf den letzten Kampf vorzubereiten.

Die USA sind die Vorreiter der freien Welt und erfüllen die vom Himmel verliehene Mission einer Weltpolizei. Die Beteiligung der Vereinigten Staaten bestimmte den Ausgang der beiden Weltkriege. Während des Kalten Krieges hielten die USA im Angesicht der Bedrohung durch einen nuklearen Holocaust den Ostblock bis zum Zerfall der kommunistischen Regime in der Sowjetunion und in Osteuropa erfolgreich in Schach.

Die Gründerväter der USA haben ihre Kenntnisse der westlichen religiösen und philosophischen Traditionen genutzt, um die Unabhängigkeitserklärung und die Verfassung der Vereinigten Staaten niederzuschreiben. Diese Dokumente erkennen die den Menschen von Gott verliehenen Rechte – angefangen bei der Glaubens- und Redefreiheit – als selbstverständlich an und legten die Basis für das republikanische Regierungssystem mit seiner Gewaltenteilung. Die Vereinigten Staaten führten ihren Bürgerkrieg, um die Gründungsprinzipien Amerikas zur Gänze umzusetzen, indem sie die Sklaverei abschafften. Für mehr als 200 Jahre haben diese Prinzipien, ebenso wie die gläubigen Menschen, maßgeblich zur Freiheit und dem allgemeinen Wohlergehen in den USA beigetragen, so wie es die Präambel der Verfassung verspricht.

Die Freiheit der westlichen Hemisphäre läuft dem Ziel des Teufels, die Menschheit zu versklaven und zu zerstören, direkt zuwider. Das Gespenst des Kommunismus versteckt sich hinter der schönen Maske einer kollektiven, egalitären Gesellschaft, während es gleichzeitig seine Gesandten in der menschlichen Gesellschaft anweist, sein Komplott auf der ganzen Welt zu verwirklichen.

Während sich der Kommunismus in östlichen Ländern wie der Sowjetunion und China als totalitäre Regierung mit Massenmord und Zerstörung der traditionellen Kultur manifestiert, hat er ebenso durch stille und ständige Subversion sowie Desinformation die Kontrolle über den Westen erlangt. Er zerfrisst die Wirtschaft, die politischen Prozesse, die sozialen Strukturen und das moralische Gefüge der Menschheit, um Degeneration und Zerstörung herbeizuführen.

Da die Kommunistische Partei in den westlichen Ländern nicht an der Macht ist, tarnen sich die Agenten des Gespenstes, indem sie alle möglichen Organisationen und Institutionen unterwandern. Es gibt mindestens vier große Kräfte, die die kommunistische Subversion im Westen vorantreiben.

- Die erste subversive Kraft war die Sowjetunion selbst, die die kommunistische Dritte Internationale (Komintern) gründete, um weltweit die Revolution zu verbreiten. Die chinesischen Kommunisten öffneten in den 1980er Jahren ihre Wirtschaft. Der daraus resultierende politische, wirtschaftliche und kulturelle Austausch gab der Kommunistischen Partei Chinas Gelegenheit, den Westen zu unterwandern.

- Die zweite subversive Kraft waren die lokalen kommunistischen Parteien, die mit der Sowjetischen Kommunistischen Partei und der Komintern zusammenarbeiteten.

- Als dritte subversive Kraft haben Wirtschaftskrisen und soziale Umwälzungen in den vergangenen Jahrzehnten viele westliche Regierungen dazu bewogen, in verschiedenen abgewandelten Formen sozialistische Politik zu betreiben, die zu einem stetigen Linksruck geführt hat.

- Die vierte subversive Kraft kommt von denen, die mit der Kommunistischen Partei und dem Sozialismus sympathisieren und sie unterstützen. Diese Mitläufer dienen dem Kommunismus als fünfte Kolonne von „nützlichen Idioten" innerhalb der westlichen Gesellschaft. Sie tragen dazu bei, die Kultur zu zerstören, moralische Degeneration zu säen und legitime Regierungen zu untergraben.

Es würde den Rahmen dieses Kapitels sprengen, eine umfassende Darstellung der kommunistischen Infiltration im Westen zu liefern. Sie ist in ihrem Wesen schwer zu durchschauen und recht komplex. Wenn sie in groben Zügen verstanden wird, kann sich der geschätzte Leser jedoch zumindest ein Bild davon machen, wie das bösartige Gespenst vorgeht, und lernen, seine Schichten der Täuschung zu durchschauen. Aus Gründen der Knappheit bietet dieses Kapitel nur einen allgemeinen Überblick über die Ausbreitung des Kommunismus in den Vereinigten Staaten und Westeuropa.

1. Zwei Strategien des Kommunismus: Offene und verborgene Gewalt

Die meisten Menschen setzen die Kommunistische Partei mit Gewalt gleich, und das aus gutem Grund. Marx und Engels schrieben im „Kommunistischen Manifest": „Die Kommunisten verschmähen es, ihre Ansichten und Absichten zu verheimlichen. Sie erklären offen, dass ihre Zwecke nur erreicht werden können durch den gewaltsamen Umsturz aller bisherigen Gesellschaftsordnung." [2]

Die kommunistischen Regime in Russland und China kamen durch eine gewaltsame Revolution an die Macht und setzten Gewalt als Mittel der Unterdrückung ein. Dies lenkte die Aufmerksamkeit von den weniger sichtbaren Formen des Kommunismus ab.

Jener Zweig des Marxismus, der sich für eine gewaltsame Revolution einsetzt, wird durch den Leninismus repräsentiert, der die Theorie in zweierlei Hinsicht angepasst hat. Laut Marx sollte die kommunistische Revolution in fortgeschrittenen kapitalistischen Staaten beginnen, aber Lenin glaubte, dass der Sozialismus auch in Russland aufgebaut werden könnte, das in seiner wirtschaftlichen Entwicklung vergleichsweise rückständig war.

Lenins zweiter und wichtigerer Beitrag zum Marxismus waren seine Grundsätze zum Aufbau der Partei. Lenin zufolge ist die Arbeiterklasse nicht in der Lage, ein Klassenbewusstsein zu entwickeln oder selbst eine Revolution zu initiieren. Sie müsse deshalb durch externes Eingreifen zum Handeln gebracht werden. Die Vertreter der Revolution müssen deshalb in einer sehr disziplinierten proletarischen „Avantgarde" organisiert werden – der Kommunistischen Partei. Der Aufbau der Partei durch Lenin bestand im Wesentlichen darin, die Techniken des Zwangs, der Täuschung und der Gewalt von kriminellen Organisationen zu übernehmen und sie mit marxistischer sozioökonomischer Theorie zu beleben.

1884, ein Jahr nach Marx' Tod, wurde die britische „Fabian Society" gegründet, die einen anderen Weg zur Durchsetzung des Sozialismus anstrebte. Ihr Logo zeigt einen Wolf im Schafspelz, und ihr Name ist eine Anspielung auf Quintus Fabius Maximus Verrucosus, den römischen Feldherrn und Diktator, der für seine Verzögerungstaktiken bekannt ist.

In *Fabian Review,* der ersten von der Gesellschaft produzierten Schrift, heißt es auf der Titelseite: „Man muss den richtigen Augenblick abwarten, wie Fabius, der höchst geduldig verfuhr, als er gegen Hannibal Krieg führte, obwohl viele sein Zaudern verurteilten. Doch wenn die Zeit kommt, muss man, wie Fabius es tat, hart zuschlagen, oder alles Warten bleibt vergebens und erfolglos." [3]

Um den Sozialismus schrittweise zu verwirklichen, erfand die „Fabian Society" die „Durchdringungs"-Taktik („Permeation"), um die vorhandenen Möglichkeiten in Politik, Wirtschaft und Zivilgesellschaft zu nutzen. Die „Fabian Society" schränkt die Aktivitäten ihrer Mitglieder nicht ein, sondern ermutigt sie, sozialistische Ziele voranzutreiben – indem sie sich geeigneten Organisationen anschließen und sich bei wichtigen Persönlichkeiten wie Kabinettsmitgliedern, hohen Verwaltungsbeamten, Industriellen, Universitätsdekanen oder Kirchenführern beliebt machen. Auf diese Weise versuchen die Mitglieder, ihre Ideen an wichtige Persönlichkeiten weiterzugeben. Sidney Webb, Vorsitzender der „Fabian Society", schrieb: „Als Gesellschaft begrüßten wir den Beitritt von Männern und Frauen jeder Glaubensrichtung oder keiner und betonten nachdrücklich, dass der Sozialismus kein Säkularismus war; das Ziel und der Zweck jeder vernünftigen kollektiven Aktion war die Entwicklung der individuellen Seele oder des individuellen Gewissens oder Charakters. [...] Wir haben unsere Propaganda auch nicht auf die sich langsam entwickelnde Labour-Partei oder auf diejenigen beschränkt, die bereit waren, sich Sozialisten zu nennen, oder auf die Arbeiter, oder auf eine bestimmte Klasse. Wir legen unsere Vorschläge, einen nach dem anderen, so überzeugend wie möglich, jedem vor, der ihnen zuhört: Konservativen, wann immer wir sie erreichen, zu jeder Zeit den Kirchen und Gotteshäusern aller Konfessionen, den verschiedenen Universitäten, und den Liberalen und Radikalen, zusammen mit anderen sozialistischen Gesellschaften. Das nennen wir ‚Permeation' – eine wichtige Entdeckung." [4]

Viele Mitglieder der „Fabian Society" waren junge Intellektuelle. Sie hielten Reden und veröffentlichten Bücher, Zeitschriften und Broschüren. Sie übten einen großen Einfluss in der Gesellschaft aus. Ab dem 20. Jahrhundert begannen die Mitglieder der „Fabian Society" an politischen Aktivitäten teilzunehmen. Sidney Webb wurde der Vertreter der „Fabian Society" im neu gegründeten Arbeitervertretungsausschuss der Labour-Party.

Webb entwarf die Parteiverfassung und das Parteiprogramm der Labour-Party. Er übernahm eine führende Rolle in der Politikgestaltung und war bestrebt, den Fabian-Sozialismus zur Leitideologie der Partei zu machen. Später erlangte die „Fabian Society" auch großen Einfluss in den Vereinigten Staaten, wo es eine Vielzahl von Gruppen an den meisten Universitäten in den Fakultäten für freie Künste gab.

Ob Lenins durch Gewalt installierter Kommunismus oder die Machtübernahme des Kommunismus ohne Gewaltanwendung der „Fabian Society": Beide werden vom bösen Gespenst des Kommunismus manipuliert und haben das gleiche Ziel. Lenins gewalttätiger Kommunismus lehnt gewaltfreie Mittel nicht ab. In seinem Buch „Der ‚linke Radikalismus', die Kinderkrankheit im Kommunismus" kritisierte Lenin die kommunistischen Parteien Westeuropas, die sich weigerten, mit den sogenannten „reaktionären" Gewerkschaften zusammenzuarbeiten oder dem „kapitalistischen" nationalen Parlament beizutreten.

Lenin schrieb in seinem Buch: „Die Kunst des Politikers (und das richtige Verständnis des Kommunisten für seine Aufgaben) besteht eben darin, die Bedingungen und den Zeitpunkt richtig einzuschätzen, wann die Avantgarde des Proletariats die Macht mit Erfolg ergreifen kann, damit sie während und nach der Machtergreifung auf eine ausreichende Unterstützung breiter Schichten der Arbeiterklasse und der nichtproletarischen werktätigen Massen rechnen kann; wo sie nach der Machtergreifung ihre Herrschaft dadurch festigen und erweitern kann, dass sie immer breitere Massen der Werktätigen erzieht, schult und mitreißt." [5]

Lenin betonte immer wieder, dass die Kommunisten ihre wahren Absichten verbergen müssten. Um die Macht zu ergreifen, kann jedes Versprechen und jeder Kompromiss gemacht werden. Mit anderen Worten, um ihre Ziele zu erreichen, ist es ihnen erlaubt, völlig skrupellos vorzugehen. Auf dem Weg zur Macht nutzten sowohl die Bolschewiki Russlands als auch die Kommunistische Partei Chinas Gewalt und Täuschung bis zum Äußersten aus.

Die Brutalität der kommunistischen Regime in der Sowjetunion und in China hat die Aufmerksamkeit vom verborgenen Kommunismus im Westen abgelenkt. George Bernard Shaw, ein irischer Dramatiker und Vertreter der britischen „Fabian Society", schrieb einmal: „Ich habe auch deutlich gemacht, dass ohne Einkommensgleichheit kein Sozialismus existiert. Unter dem sozialistischen System ist Armut verboten. Man wird gewaltsam ernährt, eingekleidet, untergebracht, ausgebildet und angestellt werden, ob es einem gefällt oder nicht. Wenn man herausfindet, dass bei jemandem das Verhalten nicht ausreichend oder er nicht fleißig genug ist, um all dieser Mühe wert zu sein, wird er vielleicht auf freundliche Weise hingerichtet." [6]

Die Spezialität der „Fabian Society", die sich heute als ältesten Think Tank der Welt bezeichnet, ist die Täuschung. Der Literat George Bernard Shaw sollte die wahren Ziele des verborgenen Sozialismus hinter schönen Worten verstecken. Dessen Brutalität liegt jedoch dicht unter der Oberfläche. Westliche kommunistische Parteien und ihre verschiedenen Frontorganisationen stacheln junge Menschen an, eine Atmosphäre des Chaos zu erschaffen. Sie nehmen an Überfällen, Vandalismus,

Raub, Brandstiftung, Bombenanschlägen und Attentaten teil, um ihre Feinde zu schikanieren und einzuschüchtern.

2. Kommunistische Internationale, Spionagekrieg und Desinformation

Der Kommunismus hält den Nationalstaat für eine Konstruktion der Klassengesellschaft zur Unterdrückung der Menschen. Deshalb strebt er die Abschaffung der Nationen an. Im „Kommunistischen Manifest" verkünden Marx und Engels, dass „Arbeiter [...] kein Vaterland haben". Das Manifest endet mit den Worten: „Proletarier aller Länder, vereinigt euch!"

Unter Lenins Führung errichteten die Bolschewiki in Russland den ersten sozialistischen Staat und gründeten direkt die Kommunistische Internationale (Komintern), um die sozialistische Revolution auf der ganzen Welt anzuzetteln und zu verbreiten. Das Ziel der Sowjetunion und der Komintern war es, die rechtmäßigen Regierungen in allen Ländern der Welt zu stürzen und ein weltweites totalitäres sozialistisches Regime des Proletariats zu errichten. Die 1921 gegründete Kommunistische Partei Chinas unterstand der Leitung der Komintern-Fernost-Niederlassung.

Neben der Kommunistischen Partei Chinas (KPCh) suchten die kommunistischen Parteien der ganzen Welt Rat bei der Komintern und wurden von ihr finanziert und ausgebildet. Die Kommunistische Partei der Sowjetunion (KPdSU) hat mit den zur Verfügung stehenden Mitteln ihres riesigen Imperiums weltweit Aktivisten rekrutiert und sie für umstürzlerische Operationen in ihren eigenen Ländern trainiert.

Die 1919 gegründete Kommunistische Partei der USA (KPUSA) war eine solche Organisation, die der Komintern und der KPdSU folgte. Obwohl die KP der USA selbst nie zu einer wichtigen politischen Kraft wurde, war ihr Einfluss auf die Vereinigten Staaten dennoch erheblich. Die KP der USA hat mit Aktivisten und Aktivistenorganisationen zusammengearbeitet, um Arbeiter- und Studentenbewegungen, die Kirche und auch die Regierung zu infiltrieren.

Dr. Fred Schwartz, ein Pionier des US-amerikanischen antikommunistischen Denkens, sagte 1961: „Jeglicher Versuch, den Einfluss der Kommunisten an ihrer Anzahl zu ermessen, ist wie der Versuch, die Tauglichkeit eines Schiffsrumpfs zu bestimmen, indem man die Stelle mit den Löchern mit der Stelle ohne Löcher vergleicht. Ein einziges Loch kann das Schiff versenken. Der Kommunismus ist die Theorie der disziplinierten Wenigen, die den Rest kontrollieren und lenken. Eine Person in einer wichtigen Position kann tausende andere kontrollieren und manipulieren." [7]

Heute weiß man, dass sowjetische Agenten während des Zweiten Weltkriegs innerhalb der US-Regierung tätig waren. Trotz dieses Wissens und der antikommunistischen Bemühungen von Senator Joseph McCarthy wurden die Fakten durch linksgerichtete Politiker, Akademiker und die linksorientierten Medien vor der Öffentlichkeit verheimlicht oder verschleiert.

In den 1990er Jahren veröffentlichte die US-Regierung die vom US-Geheimdienst von 1938 bis zum Ende des Zweiten Weltkriegs aufgezeichneten „Venona Files". Diese Dokumente zeigen, dass mindestens 300 sowjetische Spione in der US-Regierung arbeiteten, darunter hochrangige Beamte der Roosevelt-Administration, die Zugang zu streng geheimen Informationen hatten. Andere Agenten nutzten ihre Positionen, um die US-Politik und die Regierung zu beeinflussen.

Unter denen, die als sowjetische Spione überführt wurden, waren der Berater des US-Finanzministeriums, Harry Dexter White, der Regierungsbeamte Alger Hiss sowie Julius und Ethel Rosenberg, das Paar, das für die Weitergabe von Geheimnissen der nuklearen und anderen Militärtechniken an die Sowjetunion auf dem elektrischen Stuhl hingerichtet wurde.

Die vom „Venona-Projekt" abgefangenen und entschlüsselten Kommunikationen sind nur die Spitze des Eisbergs – das volle Ausmaß der sowjetischen Infiltration der US-Regierung bleibt unbekannt. Als hochrangige US-Beamte hatten einige der sowjetischen Agenten Gelegenheit, wichtige politische Entscheidungen zu beeinflussen.

Alger Hiss, ein sowjetischer Spion im US-Außenministerium, spielte während der Jalta-Konferenz am Ende des Zweiten Weltkriegs als Berater von Präsident Roosevelt eine Schlüsselrolle. Er beteiligte sich an der Festlegung der territorialen Grenzen der Nachkriegszeit, am Entwurf der UN-Charta, an den Entscheidungen zum Gefangenenaustausch und Ähnlichem.

Harry Dexter White, ein Vertrauter des US-Finanzministers Henry Morgenthau Jr., beteiligte sich an der Gestaltung des internationalen Finanzabkommens von Bretton Woods und war eine der wichtigsten Personen hinter der Gründung des Internationalen Währungsfonds und der Weltbank.

White ermutigte auch die Nationale Volkspartei Chinas (Kuomintang), das Mitglied der KP Chinas, Yi Zhaoding, in das chinesische Finanzministerium aufzunehmen. Yi übernahm sein Amt im Jahr 1941 und war der Architekt katastrophaler Währungsreformen, die dem Ruf der Kuomintang schadeten und dem Aufstieg der KP Chinas zugutekamen.

Einige Historiker argumentieren, dass der Einfluss sowjetischer Spione und ihrer linken Sympathisanten in der US-Außenpolitik die Vereinigten Staaten dazu veranlasste, die militärische Hilfe für die Kuomintang während des chinesischen Bürgerkriegs nach dem Zweiten Weltkrieg einzustellen. Dies ist einer der wichtigen Gründe, die dazu führten, dass das chinesische Festland in späterer Folge an die Kommunistische Partei Chinas verloren ging.

Einige Wissenschaftler wie M. Stanton Evans sind der Meinung, dass sowjetische Spione sehr erfolgreich die Politik beeinflussten. [8] Whittaker Chambers, ein sowjetischer Informant und KPUSA-Mitarbeiter, der später gegen andere Spione aussagte, meinte: „Die Agenten eines feindlichen Staates waren in der Lage, viel mehr als nur Dokumente zu stehlen. Sie waren in der Lage, die Außenpolitik eines Landes im Interesse des Hauptfeindes des Landes zu beeinflussen, und das nicht nur bei außergewöhnlichen Ereignissen, [...] sondern auch in der unglaublich großen Summe der täglichen Entscheidungen." [9]

Juri Bezmenow, ein KGB-Agent, der 1970 in den Westen überlief und auch unter dem Alias Thomas Schumann bekannt war, analysierte in seinen Schriften und Interviews sowjetische Methoden der Subversion. Laut Bezmenow ist das, was die James-Bond-Spione in der Populärkultur zeigen, wie Brücken zu sprengen oder geheime Dokumente zu stehlen, sehr weit von der Realität der Spionagearbeit entfernt. Nur 10 bis 15 Prozent des Personals und der Ressourcen des KGB wurden für traditionelle Spionageoperationen eingesetzt – der Rest für ideologische Subversion.

Bezmenow zufolge läuft die Unterwanderung in vier Phasen ab: Die erste Phase besteht darin, die kulturelle Dekadenz und Demoralisierung im feindlichen Land zu fördern; die zweite besteht darin, ein soziales Chaos zu erzeugen; die dritte besteht darin, eine Krise auszulösen, die entweder zu einem Bürgerkrieg, einer Revolution oder einer Invasion von außen führt, was in der vierten und letzten Phase gipfelt: der Kontrolle des Landes durch die Kommunistische Partei. Das wird dann „Normalisierung" genannt.

Bezmenow listete drei Zielbereiche der Subversion auf, darunter das Denken, die politische Macht und das gesellschaftliche Leben. Das Denken umfasst die Religion, Bildung, die Medien und die Kultur. Die politische Macht umfasst die Regierungsverwaltung, das Rechtssystem, die Strafverfolgung, die Streitkräfte und die Diplomatie. Das gesellschaftliche Leben umfasst Familien und Gemeinschaften, die Gesundheit und Beziehungen zwischen Menschen verschiedener Rassen und sozialer Schichten.

Als Beispiel dafür erklärte Bezmenow, wie das Konzept der Gleichheit manipuliert wurde, um Unruhe zu stiften. Agenten fördern den Egalitarismus; dadurch fühlen sich Menschen mit ihrer politischen und wirtschaftlichen Lage unzufrieden. Aktivismus und zivile Unruhen führen zu einem wirtschaftlichen Rückgang, der die Arbeits- und Finanzbeziehungen in einem sich verschärfenden Zyklus der Destabilisierung weiter verschlimmert. Dies gipfelt in einer Krise, durch die dann eine Revolution oder Invasion durch kommunistische Kräfte stattfinden kann. [10]

Ion Mihai Pacepa, der ranghöchste Geheimdienstler im kommunistischen Rumänien, lief 1978 in die Vereinigten Staaten über. Er enthüllte tiefgehend, wie die ehemalige Sowjetunion und die kommunistischen Regime Osteuropas Strategien der psychologischen Kriegsführung und Desinformation gegen westliche Länder einsetzten. Laut Pacepa bestand der Zweck der Desinformation darin, den Bezugsrahmen der Menschen zu verändern. Mit manipulierten ideologischen Werten seien Menschen nicht in der Lage, die Wahrheit zu verstehen oder zu akzeptieren, selbst wenn ihnen direkte Beweise vorgelegt würden. Solche Menschen wären die sogenannten „nützlichen Idioten". [11]

Bezmenow erklärte, dass die erste Stufe der ideologischen Subversion in der Regel 15 bis 20 Jahre dauert, also die Zeit, die für die Ausbildung einer neuen Generation benötigt wird. Die zweite Stufe dauert zwei bis fünf Jahre, und die dritte Stufe nur drei bis sechs Monate. In einer Rede von 1984 sagte Bezmenow, dass die erste Stufe bereits verwirklicht worden sei – in einem größeren Ausmaß, als die sowjetische Führung es ursprünglich erwartet hatte.

Die Berichte vieler sowjetischer Spione und Geheimdienstler sowie freigegebene Dokumente aus dem Kalten Krieg deuten darauf hin, dass Unterwanderungstaktiken die treibende Kraft hinter der Gegenkultur der 1960er Jahre waren.

Im Jahr 1950 begann Senator Joseph McCarthy, das Ausmaß der kommunistischen Infiltration in der US-Regierung und -Gesellschaft aufzudecken. Vier Jahre später stimmte der Senat für seine Verurteilung und die Maßnahmen der Regierung, sich vom kommunistischen Einfluss zu befreien, wurden gestoppt. Dies ist einer der Hauptgründe für den Niedergang der Vereinigten Staaten.

Seit dem Zusammenbruch der Sowjetunion und dem Ende des Kalten Krieges ist die Gefahr der kommunistischen Infiltration nicht geringer geworden. Joseph McCarthy wird seit Langem von linken Politikern und Medien verteufelt. Heute ist die McCarthy-Ära gleichbedeutend mit politischer Verfolgung – ein Zeichen dafür, dass die politische Linke im ideologischen Kampf erfolgreich Dominanz erlangt hat.

Die jahrzehntelange Unterdrückung und Verleumdung von antikommunistischen US-Helden wie McCarthy deutet auf einen allgemeinen Trend hin. Wie ein konservativer politischer Kommentator in den USA bemerkte, ist Antiamerikanismus ein natürlicher Bestandteil der globalen Linksbewegung. Mit Händen und Füßen kämpft die Links-Bewegung darum, Ehebrecher, Befürworter von Abtreibung, Kriminelle und Kommunisten zu schützen. Gleichzeitig fördert er Anarchie und lehnt die Zivilisation ab.

3. Von Roosevelts „New Deal" zum Progressivismus

Am Donnerstag, dem 24. Oktober 1929, brach die New Yorker Börse ein. Der Crash breitete sich vom Finanzsektor auf die gesamte Wirtschaft aus und verschonte keine der großen Industrienationen des Westens. Die Arbeitslosigkeit in den USA stieg auf über ein Viertel der Bevölkerung. Die Gesamtzahl der Arbeitslosen lag bei über 30 Millionen. Außer in der Sowjetunion ging die Industrieproduktion in den großen Industrieländern um durchschnittlich 27 Prozent zurück. [12]

Anfang 1933, innerhalb der ersten 100 Tage nach Präsident Roosevelts Amtsantritt, wurden viele Gesetzesvorlagen rund um die Themen „Entlastung, Erholung und Reform" zur Lösung der Krise eingebracht. Die Maßnahmen vergrößerten die direkte oder indirekte staatliche Intervention in die Wirtschaft und sorgten für weitgreifende Reformen. Der Kongress verabschiedete die folgenden Verordnungen: „Emergency Banking Act", „Agricultural Adjustment Act", „National Industrial Recovery Act" und „Social Security Act". Obwohl Roosevelts „New Deal"-Politik im Wesentlichen durch den Ausbruch des Zweiten Weltkriegs beendet wurde, prägen viele der Gesetze, Institutionen und Organisationen, die in dieser Zeit entstanden sind, die US-Gesellschaft bis heute.

Roosevelt erließ mehr Dekrete als alle Präsidenten des 20. Jahrhunderts bis dahin zusammengenommen. Dennoch fiel die Arbeitslosenquote in den USA bis zum Krieg nicht unter den zweistelligen Bereich. Mit Roosevelts „New Deal" begann die US-Regierung einen Weg der hohen Besteuerung, des „Big Government" und der Interventionspolitik.

In seinem Buch „The Big Lie: Exposing the Nazi Roots of the American Left" (auf Deutsch: Die große Lüge: Die Enthüllung der nationalsozialistischen Wurzeln der amerikanischen Linken) schreibt der konservative Denker Dinesh D'Souza, dass der „National Recovery Act", der das Herzstück von Roosevelts „New Deal" bildete, im Wesentlichen das Ende des freien US-Marktes bedeutete. [13]

Der Historiker Jim Powell beschreibt in seinem Buch „FDR's Folly" (auf Deutsch: Die Dummheit von Franklin D. Roosevelt) von 2003, dass Roosevelts „New Deal" kontraproduktiv war und die Große Depression verlängerte, anstatt sie zu beenden: Die Sozialversicherung („Social Security

Act") und die Arbeitsgesetze förderten weitere Arbeitslosigkeit, während hohe Steuern gut laufende Unternehmen untergruben. [14] Der Ökonom und Nobelpreisträger Milton Friedman lobte Powells Arbeit und sagte: „Wie Powell zweifelsfrei beweist, behinderte der ‚New Deal' die Erholung vom Abschwung [der Wirtschaft], verlängerte und erhöhte die Arbeitslosigkeit, und schuf die Voraussetzungen für eine immer stärker intervenierende und immer kostspieligere Regierung." [15]

US-Präsident Lyndon Johnson, der das Amt nach der Ermordung von Präsident Kennedy 1963 übernahm, erklärte in seiner Rede zur Lage der Nation 1964 der Armut den Krieg und startete die nationalen Pläne der „Great Society". In kurzer Zeit erließ Johnson eine Reihe von Dekreten, gründete neue Regierungsbehörden, verstärkte den Sozialstaat, erhöhte die Steuern und erweiterte die Befugnisse der Regierung dramatisch.

Interessanterweise sind die politischen Maßnahmen von Präsident Johnson fast identisch mit dem „Neuen Programm der Kommunistischen Partei von 1966 in den USA" („A New Program of the American Communist Party's New Agenda"). Gus Hall, Generalsekretär der KP der USA, erklärte zum Programm: „Die Haltung der Kommunistischen Partei gegenüber der ‚Great Society' lässt sich mit einem alten Sprichwort zusammenfassen: ‚Menschen, die im gleichen Bett schlafen, können unterschiedliche Träume haben.' Wir Kommunisten unterstützen jede Maßnahme des Konzepts der ‚Great Society', denn unser Traum ist der Sozialismus."

Halls sogenanntes „gleiches Bett" bezieht sich auf die Politik der „Great Society". [16] Obwohl die Initiative der „Great Society" kommunistische Unterstützung fand, bestand die ursprüngliche Absicht der Johnson-Regierung darin, die Vereinigten Staaten unter dem demokratischen System zu verbessern. Die Absicht der Kommunistischen Partei jedoch war es, die Vereinigten Staaten Schritt für Schritt in den Sozialismus zu führen.

Die „Great Society" und der Kampf gegen die Armut führten zu drei gravierenden Konsequenzen: Sie erhöhten die Abhängigkeit der Bürger von Sozialhilfe; mehr und mehr junge Menschen weigerten sich zu arbeiten; und die Sozialpolitik beschleunigte den Zerfall der Familie.

Die Sozialpolitik begünstigte Alleinerziehende, was wiederum zu mehr Scheidungen und vorehelichen und außerehelichen Kindern führte. Laut Statistik lag die Zahl der unehelich geborenen Kinder im Jahr 1940 bei 3,8 Prozent aller Neugeborenen, 1965 waren es 7,7 Prozent. Im Jahr 1990, 25 Jahre nach der Reform der „Great Society", waren es bereits 28 Prozent und im Jahr 2012 wuchs die Zahl auf 40 Prozent an. [17]

Der Zerfall der Familie führt zu einer Reihe weitreichender Konsequenzen. Es kommt zu einer erhöhten finanziellen Belastung für den Staat, einer steigenden Kriminalitätsrate, einem Rückgang der Erziehung in der Familie, zu Familien, die seit Generationen in Armut leben sowie der Entwicklung einer verstärkten Anspruchshaltung – Geld zu erhalten, ohne zu arbeiten. Das führt in weiterer Folge zu einer höheren Rate freiwilliger Arbeitslosigkeit.

Dem französischen Historiker und Politiker Alexis de Tocqueville wird folgendes Zitat zugeordnet: „Eine Demokratie kann nicht als dauerhaftes politisches System existieren. Sie kann nur so lange existieren, bis die Wähler feststellen, dass sie für sich selbst großzügige Geschenke aus der Staatskasse wählen können. Die meisten Wähler werden die Kandidaten wählen, die für immer die größten Vorteile aus den Staatsfinanzen versprechen, wobei die Demokratie wegen der lockeren Haushaltspolitik zusammenbricht. Sie wird schließlich durch die Diktatur ersetzt." [18]

Wie das chinesische Sprichwort besagt: „Vom kargen Leben zum Luxus ist es einfach, aber zurück ist es schwierig." Nachdem die Menschen von der Wohlfahrt abhängig geworden sind, wird es für die Regierung schwierig, die Anzahl und die Art der Sozialleistungen zu reduzieren. Der westliche Sozialstaat ist zu einer politischen Krankheit geworden, für den Politiker und Beamte keine Lösung finden.

In den 1970er Jahren verabschiedete sich die extreme Linke von der Revolutions-Rhetorik, die das US-amerikanische Volk in Alarmbereitschaft versetzte, und ersetzte sie durch eher neutrale Begriffe wie „Liberalismus" und „Progressivismus". Der zweite Begriff ist für Leser, die in kommunistischen Ländern gelebt haben, nicht fremd, denn „Progress" oder „Fortschritt" wurde von der Kommunistischen Partei als Synonym für „Kommunismus" verwendet. So bezog sich der Begriff „progressive Bewegung" stets auf die „kommunistische Bewegung". „Progressive Intellektuelle" bezog sich auf „Pro-Kommunisten" oder Parteimitglieder im Untergrund.

Ob es sich nun um „Liberalismus" oder „Progressivismus" handelt: Im Kern sind sie gleichbedeutend mit hohen Steuern, hohen Sozialleistungen, „Big Government", der Ablehnung von Religion, Moral und Tradition, der Verwendung von „sozialer Gerechtigkeit" als politischer Waffe, „politischer Korrektheit" sowie der militanten Förderung von Feminismus, Homosexualität, sexueller Perversion und Ähnlichem.

Es liegt nicht in unserer Absicht, Politiker oder Einzelpersonen zu beschuldigen. Es ist in der Tat schwierig, inmitten komplexer historischer Entwicklungen korrekte Analysen und Beurteilungen vorzunehmen. Es ist klar, dass das Gespenst des Kommunismus sowohl im Osten als auch im Westen seit Beginn des 20. Jahrhunderts aktiv war. Mit dem Erfolg der gewaltsamen Revolution im Osten wurden die westlichen Regierungen und die gesamte Gesellschaft vom Kommunismus beeinflusst und rückten nach links.

Was die Vereinigten Staaten angeht, so hat die Regierung

nach dem Ersten Weltkrieg, insbesondere nach der Wirtschaftskrise, eine immer stärkere sozialistische Richtung angenommen. Der „Sozialstaat" fördert die Faulheit eines Volkes und die Abhängigkeit von der Regierung. Gleichzeitig höhlten Atheismus und Materialismus die moralische Substanz der Gesellschaft aus. Die Menschen entfernten sich von Gott und der traditionellen Moral und verloren die Fähigkeit, der Vielzahl der kommunistischen Täuschungen zu widerstehen.

4. Die Kulturrevolution im Westen

Die 1960er Jahre – ein Wendepunkt der modernen Geschichte – brachten eine beispiellose kulturelle Gegenbewegung von Ost nach West. Im Gegensatz zur Kulturrevolution der chinesischen Kommunisten schien die westliche Gegenkultur mehrere Schwerpunkte gleichzeitig – oder, besser gesagt, gar keinen Fokus zu haben.

Während des Jahrzehnts von den 1960er bis zu den 1970er Jahren hatten die zumeist jungen Teilnehmer der Gegenbewegung unterschiedliche Motive. Einige lehnten den Vietnamkrieg ab, andere kämpften für Bürgerrechte, einige setzten sich für den Feminismus ein und verurteilten das Patriarchat, manche rangen um Rechte für Homosexuelle. Abgerundet wurde dies durch ein schillerndes Spektakel von Bewegungen gegen Tradition und Autorität, die sich für „sexuelle Freiheit", Genusssucht, Drogen und Rockmusik einsetzten.

Das Ziel dieser westlichen Kulturrevolution war und ist es, die aufrichtige christliche Zivilisation und ihre traditionelle Kultur zu zerstören. Während alles scheinbar ungeordnet und chaotisch erscheint, ist dieser internationale kulturelle Wandel tatsächlich auf den Kommunismus zurückzuführen.

Jugendliche Teilnehmer der Gegenkultur verehrten drei Idole als „die Drei M" – Marx, Marcuse und Mao Tse-tung.

Herbert Marcuse war eines der wichtigsten Mitglieder der Frankfurter Schule, einer 1923 gegründeten Gruppe marxistischer Intellektueller am Institut für Sozialforschung der Goethe-Universität in Frankfurt. Ihre Gründer nutzten das Konzept der kritischen Theorie, um die westliche Zivilisation anzugreifen und den Marxismus auf den Kultursektor anzuwenden. [19]

Einer der Gründer der Schule war der ungarische Marxist György Lukács. 1919 stellte er die berühmte Frage: „Wer wird uns vor der westlichen Zivilisation retten?" [20] Er sagte, der Westen habe sich mit Völkermorden an jeder Zivilisation und Kultur schuldig gemacht, der er begegnet sei. Die amerikanische und westliche Zivilisation, so Lukács, seien die weltweit größten Quellen von Rassismus, Sexismus, Nativismus, Fremdenfeindlichkeit, Antisemitismus, Faschismus und Narzissmus. Es ist offensichtlich, dass die Frankfurter Schule der traditionellen Kultur des Westens feindselig gegenüberstand. Sie wollte durch die Zerstörung der Kultur die Meinungsführerschaft übernehmen und politische Macht erlangen.

1935 siedelten die Marxisten der Frankfurter Schule in die Vereinigten Staaten über und wurden an der Columbia University in New York aufgenommen. Dies gab ihnen die Möglichkeit, ihre Theorien auf amerikanischem Boden zu verbreiten. Mithilfe anderer linker Gelehrter korrumpierten sie mehrere Generationen amerikanischer Jugendlicher.

In seinen Theorien kombinierte Marcuse den Marxismus mit dem Freud'schen Pansexualismus und führte dadurch die sexuelle Befreiungsbewegung herbei. Marcuse glaubte, dass die Unterdrückung der eigenen Natur in der kapitalistischen Gesellschaft die Befreiung und Freiheit behindere. Daher wäre es notwendig, sich allen traditionellen Religionen, traditioneller Moral, Ordnung und Autorität zu widersetzen, um die Gesellschaft in eine Utopie des grenzenlosen und mühelosen Vergnügens zu verwandeln.

Marcuses berühmtes Werk „Triebkultur und Gesellschaft" nimmt aus zwei Gründen einen wichtigen Platz unter den zahlreichen Werken der Frankfurter Wissenschaftler ein: Erstens verbindet das Buch die Gedanken von Marx und Freud und macht aus Marx' Kritik an Politik und Wirtschaft eine Kritik an Kultur und Psychologie. Das Buch schlägt auch Brücken zwischen den Frankfurter Theoretikern und den jungen Lesern und ermöglichte den kulturellen Aufstand der 1960er Jahre.

Marcuse schrieb: „Die Gegenkulturbewegung kann als Kulturrevolution bezeichnet werden, da der Protest gegen das gesamte kulturelle Establishment, einschließlich der Moral der bestehenden Gesellschaft, gerichtet ist. [...] Eines können wir mit absoluter Sicherheit sagen: Die traditionelle Idee der Revolution und die traditionelle Strategie der Revolution ist beendet. Diese Ideen sind altmodisch. [...] Was wir bewirken müssen, ist eine Art diffusen und verstreuten Zerfall des Systems." [21]

Nur wenige der rebellischen Jugendlichen konnten die obskuren Theorien der Frankfurter Schule verstehen, aber Marcuses Ideen waren einfach: Anti-Tradition, Anti-Autorität und Anti-Moral. Gönn' dir Sex, Drogen und Rock'n'Roll ohne Hemmungen. „Make love, not war." Solange du „Nein" zu aller Autorität und allen gesellschaftlichen Normen sagst, nimmst du an der „edlen revolutionären Sache" teil. Es war so einfach und leicht, ein Revolutionär zu werden – kein Wunder, dass damals so viele junge Leute davon angezogen wurden.

Es muss betont werden, dass viele rebellische Jugendliche aus eigenem Antrieb handelten, doch viele der radikalsten Studentenführer an der Spitze der Bewegung waren von ausländischen Kommunisten ausgebildet und manipuliert worden. So wurden beispielsweise die Leiter der „Students for a Democratic Society" (SDS, Studenten für eine demokratische Gesellschaft) in Kuba ausgebildet.

Die Studentenproteste waren direkt von kommunistischen Gruppen organisiert und initiiert. Die extrem linke „Weathermen"-Fraktion spaltete sich von den „Students for a Democratic Society" ab und kündigte in einer Erklärung von 1969 an: „Die Konflikte zwischen den revolutionären Völkern Asiens, Afrikas und Lateinamerikas und den von den Vereinigten Staaten angeführten Imperialisten sind die größten Gegensätze in der heutigen Welt. Die Entwicklung dieser Konflikte fördert den Kampf der Menschen auf der ganzen Welt gegen den USA-Imperialismus und seine Lakaien." Diese Worte wurden von Lin Biao, dem damals zweitmächtigsten Führer des kommunistischen Chinas, geschrieben. Sie stammen aus seiner Artikelserie „Es lebe der Sieg im Volkskrieg!" [22]

So wie die Kulturrevolution der traditionellen chinesischen Kultur einen nicht wieder gut zu machenden Schaden zugefügt hatte, verursachte auch die Gegenkulturbewegung in der westlichen Gesellschaft einen gewaltigen Umbruch.

Erstens wurden viele Subkulturen zur Normalität, die zuvor am untersten Rande der Gesellschaft zu finden waren oder als anormale Variationen der Mainstream-Kultur galten. Sexuelle Befreiung, Drogen und Rock 'n' Roll erodierten schnell die moralischen Werte der Jugend und machten diese jungen Menschen zu einer passiven, zerstörerischen Kraft, die sich gegen Gott, die Tradition und die Gesellschaft stellte.

Zweitens schaffte die Gegenkulturbewegung einen Präzedenzfall für chaotischen Aktivismus und förderte ein breites Spektrum antisozialer und antiamerikanischer Denkweisen, wodurch späteren Straßenrevolutionen der Boden bereitet wurde.

Drittens: Nachdem die Jugendlichen der 1960er Jahre ihren Kampf auf der Straße beendet hatten, schrieben sie sich an Universitäten und Forschungsinstituten ein, schlossen ihre Promotionen und ihre Mastertitel ab und traten in den Mainstream der amerikanischen Gesellschaft ein. Sie brachten die marxistische Weltanschauung und ihre Werte in Bildung, Medien, Politik und Wirtschaft ein und förderten eine gewaltfreie Revolution im ganzen Land.

Seit den 1980er Jahren hat die Linke in den Mainstream-Medien, der Wissenschaft und in Hollywood weitgehend die Oberhand gewonnen und Hochburgen errichtet. Die Präsidentschaft von Ronald Reagan kehrte diesen Trend für kurze Zeit um, doch in den 1990er Jahren startete er von Neuem und erreichte in den vergangenen Jahren seinen Höhepunkt.

5. Die Antikriegs- und Bürgerrechtsbewegungen

In George Orwells Roman „1984" ist eines der vier wichtigsten Ministerien von Ozeanien das Ministerium für Frieden; dessen Aufgabe ist es jedoch, Krieg zu führen. Die umgekehrte Bedeutung seines Namens hat tatsächlich einen tiefen Sinn: Wenn die eigene Stärke geringer ist als die des Feindes, ist es die beste Strategie, selbst den Wunsch nach Frieden zu bekunden. Ein Friedensangebot zu machen ist der beste Weg, um zu vertuschen, dass Krieg unmittelbar bevorsteht. Die Sowjetunion und andere kommunistische Länder waren und sind in dieser Strategie erfahren, die dazu dient, den Westen zu infiltrieren und die Menschen der freien Welt zu betäuben und zu bekämpfen.

1948 wurde der Weltfriedensrat gegründet. Ihr erster Vorsitzender war der französische Physiker Frédéric Joliot-Curie – ein Mitglied der Kommunistischen Partei Frankreichs. Der Zweite Weltkrieg war gerade zu Ende gegangen, und die Vereinigten Staaten waren immer noch das einzige Land, das die Atombombe gebaut und getestet hatte.

Nachdem die Sowjetunion im Krieg große Verluste erlitten hatte, warb sie aggressiv für den „Weltfrieden" – als List, um den Druck aus dem Westen zu verringern. Der Weltfriedensrat wurde direkt von der Sowjetischen Friedenskommission kontrolliert, einer der Kommunistischen Partei der Sowjetunion angegliederten Organisation. Weltweit verkündete er, dass die Sowjetunion ein friedliebendes Land sei, während die Vereinigten Staaten als der größte Kriegstreiber und Feind des Friedens verurteilt wurden.

Der hochrangige sowjetische offizielle und ideologische Führer Michail Suslow förderte einen „Kampf um den Frieden", der zu einem festen Bestandteil der sowjetischen Rhetorik wurde.

„Die gegenwärtige Antikriegsbewegung zeugt vom Willen und der Bereitschaft der breitesten Massen des Volkes, den Frieden zu sichern und zu verhindern, dass die Angreifer die Menschheit in den Abgrund eines weiteren Gemetzels stürzen", schrieb Suslow im Jahr 1950 in einem Propagandatext. „Es geht nun darum, diesen Willen der Massen in aktive, konkrete Aktionen umzusetzen, die darauf abzielen, die Pläne und Maßnahmen der angloamerikanischen Kriegshetzer zu vereiteln." [23]

Die Sowjetunion sponserte eine Vielzahl von Organisationen und Gruppen wie den Weltgewerkschaftsbund, die Weltjugendorganisation, den Internationalen Frauenbund, den Internationalen Journalistenverband, den Weltbund der Demokratischen Jugend, Jugend für Demokratie, den Internationalen Verband der Wissenschaftler und andere, damit sie die Forderungen des Weltfriedensrates unterstützen. Der „Weltfrieden" wurde zu einem der Kampfschauplätze im kommunistischen Meinungskrieg gegen die freie Welt.

Wladimir Bukowski, ein prominenter sowjetischer Dissident, schrieb 1982: „Die ältere Generation kann sich noch an die Märsche, die Demonstrationen und die Petitionen der 1950er erinnern [...] Es ist wohl kaum ein Geheimnis mehr, dass die gesamte Kampagne von Moskau durch den sogenannten Friedensfonds und den Sowjet-dominierten Weltfriedensrat organisiert, finanziert und durchgeführt wurde." [24]

Der Generalsekretär der Kommunistischen Partei der USA, Gus Hall, sagte damals: „Es besteht die Notwendigkeit, den Kampf für den Frieden auszuweiten, ihn zu steigern, mehr Menschen einzubeziehen und ihn in jeder Gemeinde, jeder Volksgruppe, jeder Gewerkschaft, jeder Kirche, jeder Familie, jeder Straße und an jedem Ort, an dem sich Menschen treffen, zum Thema zu machen." [25]

In der friedlichen Antikriegsbewegung während des Kalten Krieges gab es drei Wellen. Die erste zeigte sich in den 1950er Jahren. Der zweite Höhepunkt war die Antikriegsbewegung in den 1960er und 1970er Jahren. Aussagen von Stanislav Lunev zufolge, eines ehemaligen Offiziers des sowjetischen Generalstabs des Militärnachrichtendienstes (GRU), der 1992 von Russland in die Vereinigten Staaten überlief, war der Betrag, den die Sowjetunion für Antikriegspropaganda in westlichen Ländern ausgab, doppelt so hoch wie ihre militärische und wirtschaftliche Unterstützung für Nordvietnam. Er sagte, dass „die GRU und der KGB fast alle Antikriegsbewegungen und -gruppen in den USA und anderen Ländern finanziert haben". [26]

Ronald Radosh, ein ehemaliger Marxist und Aktivist während der Anti-Vietnamkriegs-Bewegung, gab zu, dass „unsere Absicht nie so sehr darin bestand, den Krieg zu beenden, sondern vielmehr darin, die Anti-Kriegs-Stimmung zu nutzen, um eine neue revolutionäre sozialistische Bewegung zu Hause [in den USA] hervorzurufen". [27]

Die dritte große Antikriegsbewegung fand Anfang der 1980er Jahre statt, als die Vereinigten Staaten Mittelstreckenraketen in Europa stationierten. Kriegsgegner forderten, dass sowohl die Sowjetunion als auch die Vereinigten Staaten ihre Atomwaffenarsenale beschränken sollten – doch die Sowjetunion hielt sich nie an internationale Verträge.

Eine Studie des Rechtsausschusses des US-Senats von 1955 ergab, dass das Sowjetregime in den ersten 38 Jahren nach seiner Gründung fast 1.000 bilaterale oder multilaterale Verträge mit verschiedenen Ländern auf der ganzen Welt unterzeichnet, aber beinahe alle Versprechen und Vereinbarungen gebrochen hatte. [28] Die Autoren der Studie stellten fest, dass die Sowjetunion wohl die am wenigsten vertrauenswürdige aller großen Nationen in der Geschichte war.

Trevor Loudon sagte, dass die neuseeländische Anti-Atom-Bewegung in den 1980er Jahren von der Sowjetunion heimlich durch gut ausgebildete Spezialagenten unterstützt wurde. Infolgedessen zog sich Neuseeland aus dem ANZUS-Sicherheitsabkommen zurück – einem Abkommen zwischen Australien, Neuseeland und den USA. Dies setzte das kleine Land mit einer Bevölkerung von weniger als vier Millionen Menschen direkt der Gefahr durch den Kommunismus aus. [29]

Auch nach den Anschlägen vom 11. September 2001 gab es in den Vereinigten Staaten eine Reihe von groß angelegten Anti-Kriegs-Demonstrationen und -Protesten. Hinter diesen Demonstrationen standen Organisationen, die eng mit den Kommunisten verbunden waren. [30]

Die amerikanische Bürgerrechtsbewegung nutzte zivilen Ungehorsam, um die politischen Institutionen der USA mit den Prinzipien in Einklang zu bringen, auf denen die Vereinigten Staaten gegründet wurden.

Es war eine rationale und friedliche Antwort auf Missstände, die den Vereinigten Staaten halfen, ein Erbe der Rassenungerechtigkeit zu überwinden. Aber die wahren Missstände, die von der Bürgerrechtsbewegung aufgegriffen wurden, boten einen fruchtbaren Boden für die kommunistische Subversion.

Gegen Ende der 1920er Jahre entdeckte die Kommunistische Arbeiterpartei (The Workers' Communist Party) das große Potenzial für eine Revolution unter den schwarzen Amerikanern. Sie forderten die Gründung einer sowjetischen „Negerrepublik" mitten im Süden, wo viele Schwarze lebten. [31] Ein 1934 veröffentlichtes kommunistisches Propagandahandbuch „The Negroes in a Soviet America" (auf Deutsch: Die Afroamerikaner in einem sowjetischen Amerika) schlug vor, eine Rassenrevolution der schwarzen Amerikaner im Süden mit der globalen proletarischen Revolution zu verbinden. [32]

Die Bürgerrechtsbewegung in den Vereinigten Staaten in den 1960er Jahren erhielt Unterstützung von den sowjetischen und chinesischen kommunistischen Parteien. Als Leonard Patterson, ein Schwarzer und ehemaliges Mitglied der Kommunistischen Partei der USA, aus dieser austrat, sagte er im Zeugenstand aus, dass die Unruhen unter den Schwarzen in den USA von der UdSSR unterstützt wurden. Sowohl er als auch KPUSA-Generalsekretär Gus Hall waren in Moskau trainiert worden. [33]

Der Aufstieg der Bürgerrechtsbewegung steht auch im Zusammenhang mit der Kampagne zum „Export der Revolution" der KP Chinas. Im Jahr 1965 gab die KP Chinas den Slogan der „internationalen Revolution" aus und forderte die „weiten ländlichen Gebiete" Asiens, Afrikas und Lateinamerikas auf, die „internationalen Städte" Westeuropas und Nordamerikas einzukreisen – genau so, wie die KP Chinas im Chinesischen Bürgerkrieg zuerst die ländlichen Gebiete übernommen und dann die Kuomintang in den Städten besiegt hatte.

Die gewalttätigsten Organisationen innerhalb der Bürgerrechtsbewegung der Schwarzen, wie das „Revolutionary Action Movement" und die „Maoist Black Panthers Party", wurden alle von der KP Chinas unterstützt oder direkt beeinflusst. Das „Revolutionary Action Movement" befürwortete eine gewalttätige Revolution und wurde in der Gesellschaft als eine gefährliche extremistische Organisation wahrgenommen. Sie wurde 1969 aufgelöst.

Was ihre Form und ihre Lehren anbelangt, nahm sich die „Black Panthers Party" die KP Chinas als Vorbild, mit Slogans wie „die politische Macht kommt aus den Gewehrläufen" und

„Alle Macht dem Volk". Die „Worte des Vorsitzenden Mao Tsetung" waren ein Muss für alle Mitglieder. Wie die KP Chinas befürwortete auch die „Black Panthers Party" eine gewalttätige Revolution. Einer ihrer Führer, Eldridge Cleaver, sagte 1968 eine Welle von Terror, Gewalt und Guerillakrieg voraus. Bei vielen Versammlungen der Schwarzen schwenkten die Teilnehmer das „Kleine Rote Buch" (Die Worte des Vorsitzenden Mao). Das dadurch entstehende Meer aus Rot zeigte eine auffallende Ähnlichkeit mit den Szenen, die in China zur damaligen Zeit zu sehen waren. [34]

Obwohl viele der Forderungen der Bürgerrechtsbewegung Einzug in die Hauptströmung der Gesellschaft gefunden haben, ist die radikale revolutionäre Ideologie der Schwarzen nicht verschwunden. Erst vor Kurzem tauchte sie wieder auf – durch die Bewegung „Black Lives Matter". [35]

Menschen auf der ganzen Welt sehnen sich nach Frieden, und der Pazifismus ist ein uraltes Ideal, das auf die Antike zurückgeht. Im 20. Jahrhundert widmeten sich Visionäre mit großem Mitgefühl dem Abbau von Missverständnissen und Konflikten zwischen den Nationen. Durch die historischen Umstände gibt es in den Vereinigten Staaten und anderen westlichen Ländern Rassendiskriminierung. Dass Menschen versuchen, sie durch Bildung, Medien und Proteste zu beseitigen, ist verständlich.

Das bösartige Gespenst des Kommunismus nutzt die ideologischen Entwicklungen und sozialen Konflikte in den westlichen Ländern auf seine Weise aus. Es sät Zwietracht, schürt Hass, erzeugt Gewalt – und täuscht und manipuliert Massen von Menschen, die zunächst keine bösen Absichten hatten.

6. Die Neomarxisten, die Satan anbeten

Als die Straßenrevolution der westlichen Jugendlichen in den 1960er Jahren in vollem Gange war, lehnte einer ihre Naivität, ihre Überzeugung und ihren Idealismus ab. Dieser Mann sagte: „Wenn sich herausstellt, dass er mit seinem langen Haar psychische Barrieren gegen Kommunikation und Organisation aufbaut, dann schneidet sich der wirklich Radikale das Haar ab." Dieser Mann war Saul Alinsky, ein radikaler Aktivist, der Bücher schrieb, Studenten unterrichtete, persönlich die Umsetzung seiner Theorien überwachte und schließlich für Jahrzehnte zum „parakommunistischen" Agitator mit dem schädlichsten Einfluss wurde.

Neben seiner Verehrung von Lenin und Castro lobte Alinsky auch den Teufel selbst ausdrücklich. In seinem Buch „Regeln für Radikale" von 1971 steht in einem Zitat: „Vergessen wir nicht, dem allerersten Radikalen zumindest stille Anerkennung zu zollen: In all unseren Legenden, Mythen und in der Geschichte (und wer weiß schon, wo die Mythen aufhören und die Geschichte beginnt – oder was was ist) war der erste der Menschheit bekannte Radikale, der gegen das Establishment rebellierte und das so erfolgreich tat, dass er immerhin sein eigenes Königreich gewann – Luzifer." [36]

Der Grund, warum Alinsky am besten als „Parakommunist" bezeichnet werden sollte, liegt darin, dass Alinsky sich im Gegensatz zur Alten Linken (politische Linke) der 1930er Jahre und der Neuen Linken (kulturelle Linke) der 1960er Jahre weigerte, seine politischen Ideale direkt zu beschreiben. Sein Weltbild bestand aus den „Besitzenden", den „Wenig-Habenden-Und-Mehr-Wollenden" und „den Habenichtsen". Er rief die „Habenichtse" dazu auf, mit allen Mitteln gegen die „Besitzenden" zu rebellieren und Reichtum und Macht zu ergreifen, um eine völlig „gleichberechtigte" Gesellschaft zu erschaffen. Er wollte die Macht mit allen Mitteln ergreifen und gleichzeitig das bestehende Sozialsystem zerstören. Er wurde der Lenin der postkommunistischen Linken und deren „Sun Tzu" genannt. [37]

In „Regeln für Radikale" legte Alinsky systematisch seine Theorie und Methoden für die „Organisation einer Gemeinschaft" dar. Diese Regeln beinhalten: „Eine Taktik, die über einen zu langen Zeitraum angewandt wird, verläuft sich." „Halte den Druck auf den Gegner aufrecht." „Die Drohung flößt meist mehr Furcht ein als die Sache, mit der gedroht wird." „Spott ist die mächtigste Waffe." „Wähle ein Ziel aus, halte es fest, personalisiere und polarisiere es." [38] Die Essenz seiner Regeln bestand darin, skrupellos vorzugehen, um seine Ziele zu erreichen und die Macht zu erlangen.

Alinskys scheinbar trockenen Regeln für die „Organisation einer Gemeinschaft" („Community Organizing") offenbarten ihre wahre Natur, sobald sie in der Praxis angewandt wurden. Als der Vietnamkrieg 1972 noch im Gange war, hielt George H. W. Bush, der damalige US-Botschafter bei den Vereinten Nationen, eine Rede an der Tulane University. Studenten der Antikriegsbewegung suchten Rat bei Alinsky, und er sagte, dass die übliche Art von Protest wahrscheinlich dazu führen werde, dass sie einfach ausgewiesen werden. Er schlug ihnen vor, Ku-Klux-Klan-Gewänder anzuziehen, und wann immer Bush den Vietnamkrieg verteidigte, mit Plakaten aufzustehen und zu sagen: „Der KKK unterstützt Bush." Die Studenten befolgten seinen Rat. Das Ergebnis war „sehr erfolgreich und aufsehenerregend". [39]

Alinsky plante zwei weitere Protestaktionen. Im Jahr 1964 ersann Alinsky die Aktion, mit 2.500 Aktivisten die Toiletten an Chicagos Flughafen O'Hare zu besetzen – einem der belebtesten Flughäfen der Welt –, um diesen zum Stillstand zu bringen. Bevor der Plan in die Tat umgesetzt werden konnte, ließ er ihn durchsickern, und zwang damit die Behörden zu Verhandlungen. [40]

Um Kodak, den größten Arbeitgeber in Rochester, New York, zu zwingen, den Anteil an schwarzen Mitarbeitern zu erhöhen, entwickelte Alinsky eine ähnliche Taktik. Er beschloss, ein Konzert des Rochester Philharmonic Orchestra zu nutzen und plante, Hunderte von Eintrittskarten für seine Aktivisten zu kaufen, die vorher nur gebackene Bohnen essen sollten. Sie sollten das Theater füllen und die Vorstellung mit ihren Flatulenzen ruinieren. Letztendlich wurde der Plan nicht ausgeführt, aber diese potenzielle Bedrohung und andere von Alinskys Taktiken stärkten seine Position in Verhandlungen.

Alinskys Buch hinterlässt den Eindruck eines unheimlichen, kalten und berechnenden Individuums. Sein Einsatz des „Community Organizing" war tatsächlich eine Form der schleichenden Revolution. [41]

Es gab mehrere Unterschiede zwischen Alinsky und seinen Vorgängern. Erstens hatte die Rhetorik sowohl der Alten als auch Neuen Linken zumindest eine idealistische Färbung, während Alinsky die „Revolution" ihrer idealistischen Fassade beraubte und als nackten Machtkampf entlarvte. Wenn er Schulungen für „Community Organizing" durchführte, fragte er routinemäßig die Anwesenden: „Warum sich organisieren?" „Um anderen zu helfen", meinten einige, worauf Alinsky in Rage zurückgab: „Ihr wollt euch organisieren, um die Macht zu übernehmen!" [42]

Im Trainingshandbuch für Anhänger von Alinsky hieß es: „Wir sind nicht tugendhaft, wenn wir keine Macht wollen. [...] Wir sind wirklich feige, weil wir keine Macht wollen"; „Macht ist gut"; „Machtlosigkeit ist böse". [43]

Alinsky hielt nicht viel von der rebellischen Jugend der 1960er Jahre, die öffentlich gegen die Regierung und die Gesellschaft war. Er betonte, dass man, wann immer möglich, in das System eintreten sollte, während man die Zeit abwartete, um es von innen heraus zu unterwandern.

Alinskys letztendliches Ziel lag in Unterwanderung und Zerstörung, und nicht darin, irgendeiner Gruppe zu nützen. Deshalb war es bei der Umsetzung seines Plans notwendig, den wahren Zweck mit örtlich begrenzten oder vorgetäuschten Zielen zu kaschieren, die für sich allein scheinbar vernünftig oder harmlos waren. So konnte er große Menschenmengen zum Handeln mobilisieren. Nachdem sich die Menschen daran gewöhnt hatten, in Aktion zu treten, war es relativ einfach, sie auch für radikalere Ziele zu mobilisieren.

In „Regeln für Radikale" schreibt Alinsky: „Jeder revolutionären Veränderung muss eine passive, bestätigende, nicht herausfordernde Haltung gegenüber Veränderungen in der Masse unseres Volkes vorausgehen. [...] Denkt daran: Sobald ihr die Menschen rund um etwas mit breiter Akzeptanz, wie etwa Umweltverschmutzung, organisiert, ist bereits eine organisierte Menschenmasse in Bewegung. Von dort ist es nur ein kleiner und natürlicher Schritt zur politischen Verschmutzung, zur Pentagon-Verschmutzung." [44]

Ein Führer von „Studenten für eine Demokratische Gesellschaft", der stark von Alinsky beeinflusst war, brachte den Kern radikalisierender Proteste auf den Punkt: „Das Thema ist nie das Thema; das Thema ist immer die Revolution." Die radikale Linke nach den 1960er Jahren wurde tief von Alinsky beeinflusst und hat die Antwort auf jede soziale Frage immer in Unzufriedenheit mit dem Status quo über alles verwandelt – als Sprungbrett zur Förderung der revolutionären Sache.

Alinsky verwandelte die Politik in einen Guerillakrieg ohne Rücksicht auf Verluste. Bei der Erläuterung seiner Strategie für „Community Organizing" sagte Alinsky seinen Anhängern, dass sie Augen, Ohren und Nase des Feindes treffen müssten. Wie er schon in „Regeln für Radikale" schreibt: „Zuerst die Augen; wenn ihr eine riesige Menschenmenge organisiert habt, könnt ihr sie sichtbar vor dem Feind vorführen und offen eure Macht zeigen. Zweitens die Ohren; wenn eure Organisation klein ist, dann tut, was Gideon getan hat: die Mitglieder im Dunkeln verbergen, aber einen Lärm und ein Geschrei erzeugen, die den Zuhörer glauben lassen, dass eure Organisation viel mehr Menschen umfasst, als sie es tut. Drittens, die Nase; wenn eure Organisation selbst für Lärm zu klein ist, dann stinkt den Ort voll."

An seinen Handlungen in der Politik wird sichtbar, wie wichtig es für Alinsky war, die bösesten Seiten der menschlichen Natur zu nutzen, wie Trägheit, Gier, Neid und Hass. Manchmal erzielten die Teilnehmer seiner Aktionen nur kleine Siege, aber das machte sie nur noch zynischer und schamloser. Um das politische System und die soziale Ordnung freier Länder zu untergraben, führte Alinsky seine Anhänger mit Freuden in den moralischen Bankrott. Daraus lässt sich schließen, dass er sich – wäre er wirklich an die Macht gekommen – weder um seine ehemaligen Genossen gekümmert noch Mitleid mit ihnen gehabt hätte.

Jahrzehnte später halfen zwei prominente Persönlichkeiten der amerikanischen Politik, die stark von Alinsky beeinflusst wurden, die lautlose Revolution einzuleiten, welche die amerikanische Zivilisation, die Traditionen und die Werte untergraben hat. Gleichzeitig wurden die von Alinsky befürworteten Guerillaproteste in den USA ab den 1970er Jahren populär. Dies wurde an dem „Vomit-in"-Protest gegen die Welthandelsorganisation in Seattle im Jahr 1999 sichtbar, als die Demonstranten eine Droge einnahmen, die Erbrechen hervorrief und sich dann kollektiv auf dem Vorplatz und im Konferenzzentrum übergaben. Das gleiche gilt für die „Occupy Wall Street"-Bewegung, die Antifa-Bewegung und viele andere.

Es ist auffällig, dass Alinsky in der Einleitung zu „Regeln für Radikale" seine „Danksagung an den allerersten Radikalen", Luzifer, aussprach. Zudem sagte Alinsky kurz vor seinem Tod in einem Interview mit dem *Playboy*-Magazin, dass er sich nach seinem Tod „vorbehaltlos für die Hölle entscheiden würde" und dort anfangen würde, das Proletariat zu organisieren, „weil das meine Art von Menschen sind". [45]

7. Der lange Marsch der Linken durch die Institutionen

Es war Antonio Gramsci, ein prominenter italienischer Kommunist, der die Idee eines „langen Marsches durch die Institutionen" propagierte. Er fand es schwierig, gläubige Menschen zum Beginn einer Revolution gegen eine rechtmäßige Regierung zu bewegen. Deshalb verlassen sich die Kommunisten für eine Revolution auf eine große Anzahl von Fußsoldaten, die ihre dunkle Vision von Moral, Glauben und Traditionen teilen. Die Revolution des Proletariats muss also mit der Unterwanderung von Religion, Moral und Zivilisation beginnen.

Nach dem Scheitern der Straßenrevolutionen in den 1960er Jahren traten die Rebellen in die akademische Welt ein. Sie machten ihre Abschlüsse, wurden Wissenschaftler, Professoren, Regierungsbeamte und Journalisten und wurden Teil der gesellschaftlichen Hauptströmung, um den „langen Marsch durch die Institutionen" durchzuführen. Dadurch infiltrierten und korrumpierten sie die Institutionen der westlichen Gesellschaft, die für die Aufrechterhaltung der Moral in der Gesellschaft entscheidend sind. Dazu gehören die Kirche, die Regierung, das Bildungssystem, die Legislative und die Justiz, die Kunstwelt, die Medien und NGOs.

Die USA nach den 1960ern sind wie ein Kranker, der Krebs hat, aber nicht in der Lage ist, die Ursache festzustellen. Neomarxistische Ideen sind tief in die amerikanische Gesellschaft eingedrungen und haben sich wie Metastasen ausgebreitet.

Unter den vielen vorgebrachten revolutionären Theorien und Strategien wurde die von zwei Soziologen der Columbia University vorgeschlagene „Cloward-Piven-Strategie" zu einer der bekanntesten.

Das zentrale Konzept der „Cloward-Piven-Strategie" besteht darin, das öffentliche Sozialsystem zu nutzen, um die Regierung zum Zusammenbruch zu bringen. Es gehört zur Politik der USA, dass die Zahl der Personen, die Anspruch auf Sozialleistungen hätten, weitaus größer ist als die Zahl der Menschen, die tatsächlich Sozialleistungen erhalten. Sobald alle potenziell berechtigten Menschen dazu ermutigt oder organisiert würden, Sozialleistungen in Anspruch zu nehmen, würden sie sehr schnell die Mittel der Regierung verbrauchen, sodass diese finanziell überlastet wäre.

Die konkrete Umsetzung dieser Strategie ist die „National Welfare Rights Organization" (NWRO). Laut Statistik stieg die Zahl der Alleinerziehenden von 1965 bis 1974 von 4,3 Millionen auf 10,8 Millionen und hat sich damit mehr als verdoppelt. 1970 wurden 28 Prozent des Jahresbudgets der Stadt New York für Sozialausgaben ausgegeben. Auf zwei Personen, die gearbeitet haben, kam durchschnittlich eine Person, die Leistungen bezog. Von 1960 bis 1970 stieg die Zahl der Leistungsempfänger in New York von 200.000 auf 1,1 Millionen. 1975 war New York fast bankrott.

Die „Cloward-Piven-Strategie" soll zu einer Krise führen. Sie kann also auch als Umsetzung von Alinskys Theorien betrachtet werden, von denen eine darin besteht, „den Gegner zu zwingen, nach seinen eigenen Regeln zu handeln".

Seit der bolschewistischen Revolution unter Lenins Führung versteht sich die Kommunistische Partei darauf, zu intrigieren und zu betrügen. Mit einer sehr kleinen Zahl von Menschen schuf sie mächtige „Revolutionen" und „Krisen", die sie dann ausnutzen konnte. Ähnliches passiert in der US-Politik. So sind etwa einige der Ideen der Linken in den Vereinigten Staaten so radikal, dass sie den meisten Menschen unverständlich erscheinen. Warum scheinen beispielsweise Gesetzgeber und gewählte Beamte nur die Stimmen extremer Minderheiten wie etwa Transsexueller zu vertreten, ignorieren aber die wichtigen

Probleme im Alltagsleben der Mehrheit? Die Antwort ist einfach: Sie repräsentieren nicht wirklich die öffentliche Meinung.

Lenin sagte einmal, dass Gewerkschaften „die Treibriemen zwischen der Kommunistischen Partei und den Massen" seien. [46] Die Kommunisten stellten fest, dass sie durch die Gewerkschaften eine große Anzahl der Wählerstimmen unter ihre Kontrolle bekamen. Solange sie die Wählerstimmen kontrollierten, konnten sie auch gewählte Beamte und Gesetzgeber dazu bringen, ihre Vorhaben umzusetzen. Deshalb versuchen Kommunisten, die Kontrolle über die Gewerkschaften zu erlangen und damit eine große Zahl von Parlamentariern und gewählten Beamten zu kontrollieren, um das subversive politische Programm der Kommunisten zum politischen Programm der linksorientierten Parteien zu machen.

Cleon Skousen schrieb in seinem Buch „The Naked Communist", dass eines der 45 Ziele der Kommunisten darin besteht, „eine oder beide politischen Parteien in den Vereinigten Staaten zu übernehmen". [47] Das wird durch ein solches Vorgehen erreicht. Um ihre Rechte und Interessen im Arbeitsverhältnis zu wahren, müssen normale Angestellte den Gewerkschaften beitreten und so zu ihren Schachfiguren werden. Schutzgeldzahlungen an organisierte Verbrecherbanden liegt das gleiche Prinzip zugrunde.

Trevor Loudons Analyse, wie kommunistische Parteien demokratische Länder in Besitz nehmen, erklärt diesen Punkt. Loudon unterteilt den Prozess in drei Schritte.

Schritt eins: Infiltration. Während des Kalten Krieges formulierten die Sowjetunion und ihre Verbündeten eine auf demokratische Länder ausgerichtete Politik. Ihr Ziel war es, diese Länder zu infiltrieren und zu zersetzen und sie ohne Gewalt von innen heraus umzuformen.

Schritt zwei: Indoktrination. Während des Kalten Krieges wurden jedes Jahr Tausende von Kommunisten aus der ganzen Welt in der Sowjetunion und den östlichen sozialistischen Ländern ausgebildet. Das Training konzentrierte sich darauf, wie man Arbeiter- und Friedensbewegungen, Kirchen und Nichtregierungsorganisationen nutzen kann, um linke Parteien in ihren eigenen Ländern zu beeinflussen.

Schritt drei: Implementierung. Nach dem Kalten Krieg spielten die lokalen sozialistischen und kommunistischen Gruppen in den westlichen Ländern eine größere Rolle. Nach den 1970er und 1980er Jahren trat eine große Zahl von Amerikanern, die von der kommunistischen Ideologie beeinflusst war, in den gesellschaftlichen Mainstream ein. Diese Amerikaner gingen entweder in die Politik, Bildung oder die akademische Forschung, in die Medien oder in Nichtregierungsorganisationen. Sie nutzten die über mehrere Generationen hinweg gesammelten Erfahrungen, um die Vereinigten Staaten von innen heraus zu verändern. Die USA sind mittlerweile fast gänzlich in ihre Hände gefallen.

Die Systeme der demokratischen Länder waren ursprünglich für Personen mit einer bestimmten moralischen Gesinnung und einem bestimmten moralischen Standard konzipiert. Für diejenigen, die alle Mittel einsetzen, um niederträchtige Ziele zu erreichen, bieten diese Systeme aber viele Schlupflöcher. Es gibt zahlreiche Möglichkeiten, eine freie Gesellschaft allein durch gesetzlich erlaubte Methoden zu unterwandern.

Kommunisten und diejenigen, die unwissentlich in ihrem Namen handeln, versuchen, das politische und soziale System der freien Gesellschaften auf jede erdenkliche Weise zu untergraben. Nach Jahrzehnten der Planung und Durchführung sind die Regierungen und die Gesellschaften der Vereinigten Staaten und der westlichen Länder stark ausgehöhlt worden.

8. Politische Korrektheit: die Gedankenpolizei des Teufels

In kommunistischen Ländern herrscht eine strenge Kontrolle

von Sprache und Gedanken. Ab den 1980er Jahren tauchte auch im Westen eine neuartige Form der Sprach- und Gedankenkontrolle auf: Die „politische Korrektheit" benutzt die Medien und das Bildungssystem, um durch Parolen und Massenkritik die Sprache und Gedanken der Bevölkerung einzuschränken. Obwohl viele bereits die böse Kraft ihrer Kontrolle gespürt haben, kennen sie jedoch nicht ihre ideologischen Ursprünge.

Ausdrücke wie „politische Korrektheit", „Fortschritt" und „Solidarität" sind Begriffe, die von den kommunistischen Parteien seit Langem verwendet werden. Oberflächlich betrachtet sollen sie diskriminierende Sprache gegenüber Minderheiten, Frauen, Behinderten und anderen Menschen vermeiden. Zum Beispiel sollen Schwarze als „Afroamerikaner" bezeichnet werden, Indianer als „amerikanische Ureinwohner", illegale Einwanderer als „Arbeiter ohne Ausweisdokumente" und so weiter.

Die verborgene Konsequenz der „politischen Korrektheit" besteht jedoch darin, Einzelpersonen gemäß ihrem Opferstatus in Gruppen einzuteilen. Diejenigen, die vermeintlich am meisten unterdrückt werden, sollten nach dieser Logik den größten Respekt erhalten und am höflichsten behandelt werden. Unabhängig von individuellem Verhalten und Talent wird ausschließlich die Gruppenzugehörigkeit des Einzelnen beurteilt und als „Gruppeninteressenpolitik" (oder auch als „Identitätspolitik") bezeichnet.

Diese Denkweise ist in den Vereinigten Staaten und anderen westlichen Ländern sehr weit verbreitet. Nach dieser Logik stehen schwarze Lesben, die angeblich nach den Faktoren der Rasse, des Geschlechts und der sexuellen Präferenz unterdrückt werden, an der Spitze der Opferskala. Weiße, heterosexuelle Männer gelten im Gegenteil als die privilegiertesten und befinden sich in der Logik der Opferpolitik auf der untersten Stufe der Skala.

Diese Art der Klassifizierung ist identisch mit dem, was in den kommunistischen Ländern vor sich geht. Beispielsweise wurden in China Individuen nach ihrem Reichtum und ihrem Klassenstatus vor der Revolution als „die fünf Klassen von Rot" oder „die fünf Klassen von Schwarz" eingestuft. Die Kommunistische Partei Chinas eliminierte und unterdrückte Grundbesitzer und Reiche wegen ihres falschen Klassenstatus, griff Intellektuelle als „Stinkende Alte Neunte" an und lobte: „Die Armen sind die klügsten, die Adligen die dümmsten."

Wissen wurde unter der Führung der KP Chinas als etwas Schlechtes betrachtet – Intellektuelle wurden daher auf einer Skala von eins bis neun als die „Stinkende neunte Kategorie" bezeichnet. Sie wurden gezwungen, von ungebildeten Analphabeten zu lernen und „brauchten eine Umerziehung durch arme Bauern, bevor sie ein neues Leben anfangen konnten". [48]

Aus komplexen historischen, sozialen und individuellen Gründen haben einige Gruppen einen niedrigeren politischen und sozioökonomischen Status, was nicht einfach mit „Unterdrückung" erklärt werden kann. „Politische Korrektheit" zieht eine künstliche Grenze in den Köpfen der Menschen: Dadurch entsteht ein Schwarz-Weiß-Denken, in dem nur diejenigen als moralisch gelten, die mit den Anschauungen der „politischen Korrektheit" einverstanden sind. Diejenigen, die dagegen sind, werden als rassistisch, sexistisch, homophob, anti-islamisch und so weiter bezeichnet.

Universitäten, die eine Kultur der freien Meinungsäußerung fördern sollten, wurden zu Gefängnissen für den Geist. Die Welt wurde zum Schweigen gebracht und ist nicht in der Lage, sich offen und ernsthaft mit einer Reihe von Problemen in Politik, Wirtschaft und Kultur auseinanderzusetzen. Unter dem Namen der „politischen Korrektheit" drängen einige Organisationen die traditionellen Religionen weiter aus dem öffentlichen Raum. Darüber hinaus haben einige Länder die Definition von „Hetze" erweitert, diese erweiterte Definition gesetzlich verankert und damit Schulen, Medien und Internetunternehmen zur Konformität gezwungen. [49] Dies ist ein großer Schritt in Richtung der gleichen sprachlichen und gedanklichen Einschränkungen wie in kommunistischen Staaten.

Nach den US-Präsidentschaftswahlen 2016 kam es zu einer weiteren Spaltung der amerikanischen Gesellschaft. In den Großstädten brachen Protestmärsche aus, Verletzungen der Meinungsfreiheit nahmen zu. Im September 2017 wurde der konservative Autor und Redner Ben Shapiro an die University of California-Berkeley eingeladen. Die Antifa drohte, einen gewaltsamen Konflikt zu provozieren. Die Polizei von Berkeley hielt sich bereit und schickte drei Polizeihubschrauber – die Kosten für die Sicherheit für diese Nacht beliefen sich auf mehr als 600.000 US-Dollar. [50]

Ein Reporter fragte einen protestierenden Studenten, was er zum ersten Zusatzartikel der Verfassung der Vereinigten Staaten, der freien Meinungsäußerung, zu sagen habe. Der Student gab die erstaunliche Antwort: „Dieses Dokument ist nicht mehr relevant." [51] Ironischerweise war es ein Kampf für die Meinungsfreiheit an der Universität von Berkeley, der im Jahr 1964 den Beginn der Studentenbewegung markierte. Heutzutage benutzt die Linke die Meinungsfreiheit, um andere davon abzuhalten, ihre Meinung frei zu äußern.

Im März 2017 lud das Middlebury College in Vermont den amerikanischen Sozialwissenschaftler Charles Murray zu einem Vortrag ein. Dort wurde er körperlich angegriffen, und ein Professor, der ihn begleitete, verletzt. Im März 2018 suspendierte die Law School der University of Pennsylvania die Professorin Amy Wax, weil sie einen „politisch inkorrekten" Artikel veröffentlicht hatte. [52] Andere Organisationen, die vorgeben, gegen Hetze („hate speech") zu sein, hetzen ihrerseits gegen normale konservative Gruppen. Darüber hinaus gibt es Fälle, in denen konservative Autoren und Gelehrte wegen der Teilnahme an verschiedenen Veranstaltungen bedroht wurden. [53]

Der Eingriff in die Meinungsfreiheit durch die Linke ist nicht Teil einer normalen Debatte zwischen Menschen mit unterschiedlichen Vorstellungen. Stattdessen benutzt das Gespenst des Kommunismus hier Menschen mit bösen Absichten und bringt sie dazu, die Wahrheit zu verschleiern und rechtschaffene – oder zumindest normale – Stimmen zu unterdrücken. Bei der „politischen Korrektheit" geht es im Wesentlichen darum, falsche Standards als rechtschaffene politische und moralische Normen durchzusetzen; sie ist die Gedankenpolizei des Teufels.

9. Die Verbreitung des Sozialismus in Europa: ein Blick auf die Rolle der Sozialdemokraten

1889 gründete Friedrich Engels die „Zweite Internationale", aus der die heutige „Sozialistische Internationale" hervorging. Zu den frühen Sozialisten gehörten Lenin, der für eine gewaltsame Revolution eintrat, und Menschen wie Karl Kautsky und Robert Burns, die sich für progressive Reformen einsetzten. Zur Zeit der Gründung der „Zweiten Internationalen" gab es weltweit über 100 politische Parteien, die sich auf den Marxismus als ihr Fundament beriefen. 66 von ihnen waren damals schon Regierungsparteien, die in ihrem jeweiligen Staat den Sozialismus vorantrieben. Der Name „Sozialistische Internationale" entstand 1951 nach dem Zweiten Weltkrieg. Sie besteht aus sozialdemokratischen Parteien, Arbeiterparteien und sozialistischen Parteien aus der ganzen Welt.

Mittlerweile gibt es überall in Europa sozialistische Parteien, die auf die „Zweite Internationale" zurückgehen. Viele von ihnen sind Regierungsparteien. Innerhalb der „Sozialistischen Internationalen" sind sozialistische Demokratie und demokratischer Sozialismus fast identisch. Alle vertreten die Idee, dass der Sozialismus das neue System ist, das den Kapitalismus ersetzen wird. Derzeit besteht die „Sozialistische Internationale" aus über 160 Organisationen und Mitgliedern. Sie ist die größte internationale politische Organisation der Welt.

Die Sozialdemokratische Partei Europas (SPE), die im Europäischen Parlament vertreten ist, ist ein Mitglied der „Sozialistischen Internationale". Die Mitglieder der SPE sind die sozialdemokratischen Parteien der EU und ihrer Nachbarländer. Sie ist eine der politischen Parteien im Europäischen Parlament und wurde 1992 gegründet. Die SPE ist in der Mehrheit der europäischen Organisationen vertreten, unter anderem im Europäischen Parlament, der Europäischen Kommission und dem Europarat. Im Jahr 2018 gehören im EU-Parlament 181 der 751 Europaabgeordneten der Sozialdemokratischen Partei Europas an.

Die sozialistische Fraktion im EU-Parlament, der neben der SPE noch einige wenige andere Parteien angehören, heißt offiziell „Fraktion der Progressiven Allianz der Sozialdemokraten im Europäischen Parlament" (S&D).

Die Sozialdemokratische Partei Europas (SPE) hat derzeit 32 Parteimitglieder aus 25 Ländern der EU und aus Norwegen, acht assoziierte Mitglieder und fünf Beobachter. Insgesamt besteht sie also aus 45 politischen Parteien – sozialdemokratische Parteien, sozialistischen Parteien und Arbeiterparteien. Sie übt eine Vielzahl von Tätigkeiten aus. Die Hauptziele der Sozialdemokratischen Partei Europas sind die Stärkung der sozialistischen und sozialdemokratischen Bewegung innerhalb der EU und in ganz Europa sowie die Entwicklung einer engen Zusammenarbeit zwischen ihren Mitgliedsparteien und parlamentarischen Untergruppen. Im Wesentlichen arbeitet sie daran, die sozialistische Sache so schnell wie möglich voranzutreiben.

Ein Blick auf die wichtigsten europäischen Sozialdemokratischen Parteien

Deutschland:

Deutschland ist der Geburtsort von Marx und Engels und die Heimat der einflussreichen Frankfurter Schule, einer Ausprägung des Marxismus (siehe spätere Kapitel). Die Sozialdemokratische Partei Deutschlands (SPD) wird häufig als die älteste noch bestehende Partei Deutschlands bezeichnet.

Ein Alleinstellungsmerkmal der SPD ist ihre absolute Vormachtstellung in der deutschen Medienbranche. Auch gehört die Partei weltweit zu den größten Medienmächten. Sie dominiert die Politik Deutschlands nicht nur über ihre Abgeordneten, sondern auch dann, wenn sie nicht an der Macht ist. Zeitungen, Radiosender, Medien – darunter die *Deutsche Druck- und Verlagsgesellschaft (ddvg)* und die Hannoveraner Verlagsgesellschaft Madsack – gehören zur SPD. Das Portal *ScienceFiles* listete 2014 in einem pdf-Dokument alle SPD-Beteiligungen auf und kam auf rund 10.300 Beteiligungen der SPD auf 412 A4-Seiten mit rund 25 Einträgen pro Seite. [54]

Der Schwerpunkt der SPD-Medienbeteiligungen liegt im Bereich regional erscheinender Tageszeitungen – in vielen Gebieten beherrscht die Partei den Markt absolut. Die SPD-Schatzmeisterin und Generaltreuhänderin der *ddvg* 2002 sagte: „Auch dort, wo wir nur 30 oder 40 Prozent haben, kann in der Regel nichts ohne uns passieren." [55] Im Impressum der Zeitungen ist die SPD jedoch nicht zu finden – sie bedient sich der eigenen Medien-Holding *ddvg*.

Über diese Medienmacht hat das Gespenst des Kommunismus das gesamte Land mitsamt den bürgerlichen und konservativen politischen Kräften unmerklich immer weiter nach links gezogen. Die Verquickung der SPD mit Tageszeitungen ist einmalig in Deutschland. Andere Parteien Deutschlands können nicht auf diese Art und Weise Einfluss auf die Bevölkerung nehmen. Wegen dieser speziellen Strategie können die Sozialdemokraten zu Recht als die heimlichen Regierenden Deutschlands und der wahre Hauptakteur der aktuellen politischen Zustände bezeichnet werden.

Ein ehemaliger SPD-Vorsitzender und deutscher Bundeskanzler führte die „Sozialistische Internationale" sechzehn

Jahre lang – und wandelte sie zu einem der wichtigsten Agenten der globalen Politik um.

Die „Sozialistische Internationale" schaltet sich international vor allem in Lateinamerika ein, im Nahen Osten und auch in Afrika. Nicht nur Chile und Nicaragua wurden massiv unterstützt. Der Gießener Politik-Professor Seidelmann ist überzeugt, „… dass in Nicaragua die sandinistische Revolution ohne die stille und auch offene hilfsflankierende Unterstützung der „Sozialistischen Internationalen" nicht möglich gewesen wäre. [56]

Frankreich:

Die Sozialistische Partei in Frankreich ist die größte Mitte-Links-Partei Frankreichs und Mitglied der „Sozialistischen Internationalen" sowie der Sozialdemokratischen Partei Europas. Ihr Präsidentschaftskandidat wurde 2012 zum Präsidenten Frankreichs gewählt. Der im Jahr 2017 gewählte französische Präsident erklärte in einem Interview mit „Le Parisien" im März 2017, selbst Maoist zu sein. [57]

Großbritannien:

Die Leitprinzipien der britischen Labour Party basieren auf dem Fabian-Sozialismus. Wie bereits erwähnt, ist der Fabian-Sozialismus einfach eine andere Version des Marxismus, betont aber den schrittweisen Übergang vom Sozialismus zum Kommunismus. Er befürwortet ebenfalls hohe Steuern, hohe Sozialleistungen und andere sozialistische Ideen. Die Labour Party wurde in den letzten Jahrzehnten mehrfach zur Regierungspartei Großbritanniens und hat sich stets für die sozialistischen Ideen der „Fabian Society" (auf Deutsch: „Fabier" oder „Fabian-Gesellschaft") eingesetzt.

Die Kommunistische Partei Großbritanniens versucht ebenfalls sehr aktiv, die britische Politik zu beeinflussen, indem sie mit dem *Morning Star* sogar eine eigene Zeitung herausgibt. Die Kommunistische Partei Großbritanniens wurde 1920 gegründet. Zu ihren Glanzzeiten wurde die Partei sogar ins britische Unterhaus gewählt. Zu Beginn der letzten Wahlen 2017 in England kündigte die Kommunistische Partei Großbritanniens plötzlich ihre Absicht an, den führenden linksorientierten Politiker der Labour Party zu unterstützen.

Als wichtiges Mitglied der Labour Party förderte er 40 Jahre lang die Verstaatlichung von Vermögen und den Sozialismus. Im September 2015 wurde er mit knapp 60 Prozent der Stimmen zum Vorsitzenden der Labour Party gewählt. Dieser Politiker ist seit Jahren ein prominenter Teilnehmer an LGBT-Veranstaltungen und -Aktivitäten. Von einem BBC-Reporter nach seinen Ansichten über Marx gefragt, lobte er Marx als großen Ökonomen und „faszinierende Figur, die viel beobachtet hat und von der wir viel lernen können".

Italien:

Der erfahrene italienische Kommunist Antonio Gramsci gründete 1921 nicht nur die Kommunistische Partei Italiens, sondern war auch ihr Generalsekretär. Bis in die 90er Jahre hinein war die Kommunistische Partei Italiens sehr aktiv und behauptete lange Zeit ihre Position als zweitgrößte politische Partei des Landes. 1991 wurde die Partei in Demokratische Partei (PD) umbenannt. Sie stellt im Europäischen Parlament die meisten Abgeordneten einer einzelnen Partei.

Schweden:

Die Sozialdemokratische Arbeiterpartei Schwedens, die Regierungspartei Schwedens, sagt offen, dass sie den Marxismus als ihren theoretischen Leitfaden benutzt. Während der Jahrzehnte ihrer Herrschaft förderte sie die sozialistische

Ideologie der „Gleichheit" und der „Wohlfahrt". Noch heute hängen Porträts von Marx und Engels in den Gebäuden der Partei.

Österreich:

Ein langjähriger Bundeskanzler Österreichs der SPÖ war über ein Jahrzehnt (1976 bis 1989) Vizepräsident der „Sozialistischen Internationale". Der bis Dezember 2017 amtierende Bundeskanzler Österreichs (SPÖ) wurde in seiner Amtszeit 2017 in den Vorstand der „Progressiven Allianz" gewählt, zu der 130 [Anm.: laut Wikipedia sind es nur 80] sozialistische und sozialdemokratische Parteien gehören. [58]

Länder wie **Spanien und Portugal** haben ebenfalls sehr aktive kommunistische Parteien mit großem Einfluss. Ganz Europa, nicht nur der Osten, wird vom Kommunismus beherrscht. Nichtkommunistische Länder in Nordeuropa, Südeuropa und Westeuropa fördern und setzen absichtlich oder unabsichtlich kommunistische Ideologien und Grundsätze um. Europa „in den Händen des Feindes" zu sehen, ist keine Übertreibung.

10. Warum fallen wir auf die Tricks des Teufels herein?

Der US-Soziologe Paul Hollander erzählt in seinem Buch „Political Pilgrims" (auf Deutsch: Politische Pilger) die Geschichten junger Intellektueller, die die Sowjetunion, das maoistische China und das kommunistische Kuba bereisen. Während dieser Zeit wurden dort entsetzliche Gräueltaten verübt, doch diese jungen „politischen Pilger" sahen nichts davon und schrieben nach ihrer Rückkehr begeistert Bücher, die die sozialistischen Ideen verherrlichten. [59]

Die kommunistische Ideologie ist eine Ideologie des Teufels, und im Laufe der Zeit sahen die Menschen immer deutlicher, dass der Kommunismus überall mit Gewalt, Lügen, Krieg, Hungersnot und Diktatur einhergeht. Die Frage ist: Warum gibt es immer noch so viele Menschen, die dem Teufel aus tiefstem Herzen helfen, seine Lügen zu verbreiten und sogar zu seinen gehorsamen Werkzeugen werden?

In den Vereinigten Staaten wurden beispielsweise Menschen zu unterschiedlichen Zeiten aus unterschiedlichen Gründen vom Kommunismus angezogen. Die frühesten Mitglieder der Kommunistischen Partei der USA waren Einwanderer. Ihr wirtschaftlicher Status war niedrig, und es war schwer für sie, sich in die Gemeinschaft einzugliedern. Der Gruppendruck aus ihren Heimatländern (vor allem Russland und die Länder Osteuropas) bewirkte, dass sie der Kommunistischen Partei beitraten.

Nach der Weltwirtschaftskrise (1929-1941) nahm der Einfluss des Marxismus im Westen dramatisch zu. Fast die gesamte intellektuelle Schicht im Westen erfuhr einen Linksruck. Zahlreiche Intellektuelle besuchten die Sowjetunion. Nach ihrer Rückkehr hielten sie Reden und schrieben Bücher zur Förderung der kommunistischen Ideologie. Beteiligt waren zahlreiche einflussreiche Denker, Schriftsteller, Künstler und Reporter.

Die Generation der „Baby-Boomer" in den USA ging in den 1960er Jahren aufs College. Die jungen Menschen wuchsen zwar im Wohlstand der Nachkriegszeit auf, doch wurden sie von kommunistisch geprägten Ideologien irregeführt. Dazu gehören Positionen der Gegenkultur wie die Antikriegsbewegung, Feminismus und dergleichen. Die nächste Generation von Schülern und Studenten bekam linksgerichtetes Material direkt aus ihren Lehrbüchern serviert, weil ihre Lehrer die „verbeamteten Radikalen" waren – damit hatte der „lange Marsch des Kommunismus durch die Institutionen" letztendlich Erfolg, und so begann ein Kreislauf, der darauf angelegt ist, sich auf ewig zu wiederholen.

In seinem Buch „Masters of Deceit", das der Aufdeckung des Kommunismus gewidmet ist, hat FBI-Direktor J. Edgar Hoover, der sein Amt 37 Jahre lang ausübte, kommunistische Aktivisten in fünf Gruppen eingeteilt: Offene Parteimitglieder, geheime Parteimitglieder, „Mitreisende", Opportunisten (die die Partei aus Eigennutz unterstützen) und Betrüger. [60] In Wirklichkeit gibt es nur sehr wenige extrem böse und hartnäckige kommunistische Aktivisten; wurde die Mehrheit der Mitglieder der Kommunistischen Partei nicht einfach hereingelegt?

Die Bücher „Zehn Tage, die die Welt erschütterten" des amerikanischen Reporters John Silas Reed sowie Edgar Snows „Roter Stern über China" spielten eine wichtige Rolle bei der Förderung der kommunistischen Ideologie auf der ganzen Welt. Reed ist einer von drei Amerikanern, die in der Nekropole an der Kremlmauer bestattet wurden – was bedeutet, dass er selbst ein kommunistischer Aktivist war. Seine Beschreibung der Oktoberrevolution war keine objektive Berichterstattung über die tatsächlichen Ereignisse, sondern sorgfältig ausgearbeitete politische Propaganda.

Snow war ein „Mitreisender" im Kommunismus. Im Jahr 1936 gab er einen Interviewentwurf an ein Mitglied der KP Chinas weiter. In diesem standen Fragen zu einigen Bereichen, darunter Diplomatie, Verteidigung gegen feindliche Invasionen, Ansichten über ungleiche Verträge, ausländische Investitionen, Ansichten über Nazis und mehr. Mao Tse-tung traf sich mit Snow in einem Höhlenhaus in Shanbei (dem nördlichen Teil der Provinz Shaanxi), um seine Fragen zu beantworten. Ziel war, einen positiven Eindruck der KP Chinas zu erzeugen. Der junge und naive Snow wurde als Werkzeug benutzt, um sorgfältig ausgearbeitete Lügen in die Welt zu tragen.

Der ehemalige KGB-Spion Juri Bezmenow empfing als Teil seiner Spionagetätigkeit ausländische „Freunde". Ihr Tagesplan wurde vom Auswärtigen Nachrichtendienst des KGB festgelegt. Die Besuche in Kirchen, Schulen, Krankenhäusern, Kindergärten, Fabriken und vielem mehr wurden vorbereitet. Die Beteiligten waren Kommunisten oder politisch vertrauenswürdige Personen, die zuvor geschult wurden, um sicherzustellen, dass sie ein einheitliches Bild abgaben. Als Beispiel nannte er eine Reportage des amerikanischen Magazins *Look*. Dieses hatte in den 1960er Jahren Journalisten in die Sowjetunion geschickt, die am Ende von sowjetischen Sicherheitskräften vorbereitete Druckmaterialien, einschließlich Fotos und Druckvorlagen, veröffentlichten.

So wurde sowjetische Propaganda unter dem Namen eines US-Magazin in der Öffentlichkeit verbreitet und konnte massenhaft US-Bürger in die Irre führen. Juri Bezmenow sagte, dass viele westliche Politiker explizit Lügen erfanden und die Zusammenarbeit mit sowjetischen Kommunisten suchten, um ihr Ansehen zu heben und Geld zu machen. Dass Journalisten, Schauspieler und Top-Athleten bei einem Besuch in der Sowjetunion die Realität nicht sahen, sei zu entschuldigen – das Verhalten der westlichen Politiker jedoch unverzeihlich. Bezmenow bezeichnete diese Politiker als moralisch korrupt. [61]

In dem Buch „You Can Still Trust the Communists (to Be Communists)" (auf Deutsch: „Man kann sich weiterhin darauf verlassen, dass die Kommunisten ... Kommunisten sind") analysierte Dr. Fred Schwartz, warum gerade junge Männer aus wohlhabenden Familien oft dem Kommunismus verbunden waren. Er nannte vier Gründe: erstens, die Enttäuschung über den Kapitalismus; zweitens, den Glauben an eine materialistische Lebensphilosophie; drittens, intellektuelle Überheblichkeit. Intellektuelle Überheblichkeit bezieht sich auf die Erfahrung junger Menschen im Alter von etwa 18 bis 20 Jahren, die aufgrund ihres Teilverständnisses der Geschichte, ihres anti-autoritären Grolls und ihres Wunsches, gegen Tradition, Autorität und die ethnische Kultur, in der sie aufgewachsen sind, zu rebellieren, leicht der kommunistischen Propaganda zum Opfer fallen.

Der vierte Grund sind unerfüllte religiöse Bedürfnisse. Mit unerfüllten religiösen Bedürfnissen ist die Tatsache gemeint, dass jeder Mensch eine Art religiösen Impuls in sich trägt, der ihn dazu treibt, über sich selbst hinauszugehen. Der Atheismus und die in den Schulen vermittelte Evolutionstheorie machen ihn jedoch unfähig, Befriedigung aus der traditionellen Religion zu ziehen. Die kommunistische Fantasie der Befreiung der Menschheit nutzt dieses latente menschliche Bedürfnis aus und dient als Ersatzreligion. [62]

Intellektuelle tendieren dazu, sich von radikalen Ideologien täuschen zu lassen. Dieses Phänomen beschäftigt die Wissenschaft. In seinem Buch „The Opium of the Intellectuals" (auf Deutsch: Das Opium der Intellektuellen) wies Raymond Aron nachdrücklich darauf hin, dass Intellektuelle des 20. Jahrhunderts einerseits das traditionelle politische System scharf kritisierten, andererseits aber die Diktatur und das Gemetzel in kommunistischen Staaten großzügig tolerierten oder sogar ignorierten. Er betrachtete die linken Intellektuellen, die ihre Ideologie in eine säkulare Religion verwandelten, als heuchlerisch, launenhaft und fanatisch.

In seinem Buch „Intellectuals: From Marx and Tolstoy to Sartre and Chomsky" (auf Deutsch: Intelektuelle: Von Marx und Tolstoi bis Sartre und Chomsky) analysierte Paul Johnson, ein britischer Historiker, das Leben und die radikalen politischen Ansichten von Rousseau und einem Dutzend Intellektueller nach ihm. Johnson stellte fest, dass sie alle die verhängnisvollen Schwächen von Arroganz und Egozentrismus teilten. [63]

Auch der amerikanische Wissenschaftler Thomas Sowell hat in seinem Buch „Intellectuals and Society" (auf Deutsch: Intelektuelle und die Gesellschaft) die außergewöhnliche Arroganz der Intellektuellen ausführlich dargestellt. [64]

Diese Wissenschaftler haben ihre Analysen der kommunistischen Intellektuellen auf eine sorgfältige Beurteilung und

Untersuchung gestützt, aber wir möchten die Aufmerksamkeit auf einen anderen Grund lenken, den sie nicht abgedeckt haben, der erklärt, warum Intellektuelle so leicht getäuscht werden können.

Der Kommunismus ist eine dämonische Ideologie, die zu keiner traditionellen Kultur der menschlichen Gesellschaft gehört. Da er gegen die menschliche Natur kämpft, kann er vom Menschen nicht auf natürliche Weise entwickelt werden, sondern muss von außen aufgezwungen und eingeflößt werden. Unter dem Einfluss von Atheismus und Materialismus hat die zeitgenössische Wissenschaft und Bildung den Glauben an Gott aufgegeben. Der blinde Glaube an die Wissenschaft und die Verehrung der sogenannten menschlichen Vernunft machen es möglich, dass Menschen Sklaven dieser dämonischen Ideologie werden.

Seit den 1960er Jahren unterwanderte der Kommunismus das amerikanische Bildungssystem. Noch schlimmer ist, dass viele junge Menschen – von linken Medien bombardiert und mit einer vereinheitlichten Bildung versehen – viel Zeit mit Fernsehen, Computerspielen, Internet und sozialen Medien verbringen. Sie werden in sogenannte „Schneeflocken" verwandelt: Menschen, denen es an Wissen, einer globalen Perspektive, Verantwortungsbewusstsein, Geschichtsbewusstsein und der Fähigkeit zur Bewältigung von Herausforderungen mangelt. Die Generation ihrer Eltern flößt ihnen kommunistische oder vom Kommunismus abgeleitete Ideologien ein, die sie indoktrinieren. Sie nutzen einen verzerrten Rahmen zur Bewertung neuer Fakten, die sie sehen und hören. Das heißt, dass die kommunistischen Lügen sie wie eine Hülle umgeben, die sie daran hindert, einen unverfälschten Blick auf die Realität zu werfen.

Um Menschen zu täuschen, hat der Teufel die menschlichen Schwächen der Dummheit, Ignoranz, Egoismus, Gier und Leichtgläubigkeit so weit wie möglich ausgenutzt. Auch den Idealismus und die romantischen Fantasien von einem schönen Leben vieler Menschen nutzte er für seine Zwecke. Das ist das Traurigste von allem.

Tatsächlich hat ein kommunistischer Staat nichts mit den romantischen Fantasien der wahren Kommunismus-Gläubigen gemeinsam. Würden sie tatsächlich unter einem kommunistischen Regime leben, anstatt diesem einfach nur einen gemütlichen Besuch abzustatten, könnten sie dies erkennen.

Das kommunistische Gespenst tarnte sich bei seiner Infiltration des Westens gut. Nur wenn wir die konkreten Phänomene mit etwas Abstand und auf der Metaebene betrachten, können wir wirklich sein Gesicht und seine teuflischen Ziele sehen.

Der wahre Grund, warum der Teufel sein Ziel erreichen konnte, besteht darin, dass die Menschheit ihren Glauben an Gott aufgegeben und ihre moralischen Standards gelockert hat. Eine Befreiung vom Einfluss der Dämonen und ihrer Kontrolle ist nur möglich, indem wir unseren Glauben wiederbeleben, unseren Geist reinigen und unsere Moral erhöhen. Wenn die gesamte menschliche Gesellschaft zur Tradition zurückkehren könnte, hätte das kommunistische Gespenst keinen Platz zum Verstecken.

Quellen zu Kapitel 5

[1] „An Interview With Trevor Loudon", Capital Research Center, The Workers World Party was established in 1959 and is "dedicated to organizing and fighting for a socialist revolution in the United States and around the world." For more information, refer to the following link: „Who are the Workers World Party, the group who helped organize the Durham Confederate statue toppling".
[2] Karl Marx/Friedrich Engels (1890): „Manifest der Kommunistischen Partei". 2005 vulture-books,

[3] A.M. McBriar, Fabian Socialism and English Politics, 1884–1918. (Cambridge: Cambridge University Press, 1966), p. 9.
[4] Mary Agnes Hamilton, Sidney and Beatrice Webb A Study in Contemporary Biography (Sampson Low, Marston & Co. Ltd.).
[5] Wladimir Iljitsch Lenin (1920): Der „linke Radikalismus", die Kinderkrankheit des Kommunismus. Berlin: Dietz-Verlag 1966, 36.
[6] George Bernard Shaw, The Intelligent Woman's Guide to Socialism and Capitalism (Brentanos Publishers New York).
[7] Quoted from „The Truth about the American Civil Liberties Union", Congressional Record: Proceedings and Debates of the 87the Congress, 1st session..
[8] M. Stanton Evans and Herbert Romerstein, „Introduction", Stalin's Secret Agents: The Subversion of Roosevelt's Government (New York: Threshold Editions, 2012).
[9] Ebd.
[10] Thomas Schuman, Love Letter to America (Los Angeles: W.I.N. Almanac Panorama, 1984), pp. 21–46.
[11] Ion Mihai Pacepa, Ronald J. Rychlak, Disinformation (WND Books).
[12] Wang Tseng-tsai, Modern World History (San Min Book Co., Ltd. Taipei, 1994), pp. 324–329.
[13] Dinesh D'Souza, „The Big Lie: Exposing the Nazi Roots of the American Left" (Chicago: Regnery Publishing, 2017), Chapter 7.
[14] Jim Powell, „FDR's Folly: How Roosevelt and His New Deal Prolonged the Great Depression" (New York: Crown Forum, 2003).
[15] Ebd., back cover.
[16] G. Edward Griffin, More Deadly than War.
[17] Nicholas Eberstadt, „The Great Society at 50" (American Enterprise Institute), Another reference on the consequences of the United States' high-welfare policy is a book by the same author: A Nation of Takers: America's Entitlement Epidemic (Templeton Press, 2012).
[18] Elmer T. Peterson, „This is the Hard Core of Freedom" (The Daily Oklahoman, 1951). This quote has also been attributed to French historian Alexis de Tocqueville.
[19] William L. Lind, Chapter VI, „Further Readings on the Frankfurt School", in William L. Lind, ed., Political Correctness: A Short History of

an Ideology (Free Congress Foundation, 2004), p. 4–5. Refer to the text at:
[20] William S. Lind, „What is Cultural Marxism?"
[21] Raymond V. Raehn, Chapter II, „The Historical Roots of ‚Political Correctness'", in William L. Lind, ed., Political Correctness: A Short History of an Ideology (Free Congress Foundation, 2004), p. 10.
[22] Shen Han, Huang Feng Zhu, „The Rebel Generation: The Western student movement in the 1960s" (Refer to Lin Biao's translated text at Lin Biao: ES LEBE DER SIEG IM VOLKSKRIEG)
[23] Mikhail Suslov, „The Defense of Peace and the Struggle Against the Warmongers" (New Century Publishers, February 1950).
[24] Vladimir Bukovsky, „The Peace Movement & the Soviet Union" (Commentary Magazine, 1982).
[25] Jeffrey G. Barlow, „Moscow and the Peace Movement", The Backgrounder (The Heritage Foundation, 1982), p. 5.
[26] Stanislav Lunev, Through the Eyes of the Enemy: The Autobiography of Stanislav Lunev (Washington D.C.: Regnery Publishing, 1998), p. 74, p. 170.
[27] Robert Chandler, Shadow World: Resurgent Russia, the Global New Left, and Radical Islam (Washington, D.C.: Regnery Publishing, 2008), p. 389.
[28] Anthony C. Sutton, „Conclusions", The Best Enemy You Can Buy (Dauphin Publications, 2014).
[29] Trevor Loudon, The Enemies Within: Communists, Socialists, and Progressives in the U.S. Congress (Las Vegas: Pacific Freedom Foundation, 2013), pp. 5–14.
[30] „AIM Report: Communists Run Anti-War Movement", Accuracy in Media (February 19, 2003).
[31] John Pepper (Joseph Pogani), American Negro Problems (New York: Workers Library Publishers, 1928).
[32] James W. Ford and James Allen, The Negroes in a Soviet America (New York: Workers Library Publishers, 1934), pp. 24–30.
[33] Leonard Patterson, „I Trained in Moscow for Black Revolution.
[34] G. Louis Heath, ed., Off the Pigs! The History and Literature of the Black Panther Party, p. 61.
[35] Thurston Powers, „How Black Lives Matter Is Bringing Back Traditional Marxism", The Federalist.

[36] Saul Alinsky, „Tactics", Rules for Radicals: A Practical Primer for Realistic Radicals (New York: Vintage Books, 1971).
[37] David Horowitz, Barack Obama's Rules for Revolution: The Alinsky Model (Sherman Oaks, CA: David Horowitz Freedom Center, 2009), pp. 42–43.
[38] Saul Alinsky, „Tactics", Rules for Radicals: A Practical Primer for Realistic Radicals (New York: Vintage Books, 1971).
[39] Alinsky, Saul, D.: „Die Stunde der Radikalen: ein praktischer Leitfaden für realistische Radikale", Gelnhausen [u.a.]: Burckhardthaus-Verlag [u.a.] 1974. Strategien und Methoden der Gemeinwesenarbeit / Saul D. Alinsky ; 2 Reihe: BCS : Abtlg. Gemeinwesenarbeit und Gemeindeaufbau.
[40] „Playboy Interview with Saul Alinsky", The Progress Report,
[41] David Horowitz, Barack Obama's Rules for Revolution: The Alinsky Model (Sherman Oaks, CA: David Horowitz Freedom Center, 2009).
[42] Ebd.
[43] Ebd.
[44] Saul Alinsky, „Tactics", Rules for Radicals: A Practical Primer for Realistic Radicals (New York: Vintage Books, 1971).
[45] „Playboy Interview with Saul Alinsky", The Progress Report
[46] Wang Tseng-tsai, „Modern World History" (San Min Book Co., Ltd. Taipei, 1994), pp. 324–329 und W. I. Lenin, „Entwürfe von Thesen über die Rolle und die Funktionen der Gewerkschaften im Rahmen der neuen Wirtschaftspolitik", https://www.marxists.org/archive/lenin/works/1921/dec/30b.htm.
[47] Dinesh D'Souza, The Big Lie: Exposing the Nazi Roots of the American Left (Chicago: Regnery Publishing, 2017), Chapter 7.
[48] Jim Powell, FDR's Folly: How Roosevelt and His New Deal Prolonged the Great Depression (New York: Crown Forum, 2003).
[49] Ebd., back cover.
[50] G. Edward Griffin, More Deadly than War. „Antifa-Proteste bedeuten hohe Sicherheitskosten für die ‚Berkeley Free Speech Week', aber wer bezahlt die Rechnung?" Fox News, 15. September 2017. http://www.foxnews.com/us/2017/09/15/antifa-protests-mean-high-security-costs-for-berkeley-free-speech-week-but-whos-paying-bill.html.
[51] Chris Pandolfo, „WAHRE FARBEN: Studentenführer sagt, dass 1A

nicht auf Ben Shapiro zutrifft", Conservative Review. 20. Oktober 2017. https://www.conservativereview.com/news/true-colors-student-leader-says-1a-doesnt-apply-to-ben-shapiro/

[52] „Penn Law Professor verliert Lehrtätigkeit, weil er sagt, dass schwarze Studenten „selten" Bestnoten erhalten", New York Daily News, 15. März 2018, http://www.nydailynews.com/news/national/law-professor-upenn-loses-teaching-duties-article-1.3876057 auch in: Elmer T. Peterson, „This is the Hard Core of Freedom" (The Daily Oklahoman, 1951). This quote has also been attributed to French historian Alexis de Tocqueville.

[53] William L. Lind, Chapter VI, „Further Readings on the Frankfurt School", in William L. Lind, ed., Political Correctness: A Short History of an Ideology (Free Congress Foundation, 2004), p. 4–5 , auch in „Campus Chaos: Tägliche Ausschreitungen einer Woche", National Review, 12. Oktober 2017, https://www.nationalreview.com/corner/campus-chaos-daily-shout-downs-week-free-speech-charles-murray/.

[54] SPD-Beteiligungen, https://sciencefiles.org/wp-content/uploads/2016/04/spd-beteiligungen.pdf, abgerufen 10.09.2019

[55] Malte Cordes, Medienbeteiligungen politischer Parteien, (Cuvillier Verlag Göttingen, 2009),

[56] „Geschichte aktuell: 50 Jahre Sozialistische Internationale", Deutschlandfunk, 30. Juni 2001,

[57] „Révolution Culturelle: Macron multiplie les références aux maoistes", Le Parisien, 3. März 2017,

[58] „Kern in den Vorstand der Progressiven Allianz gewählt", Spoe.at, 13. März 2017,

[59] Paul Hollander, Political Pilgrims (New York: Oxford University Press, 1981).

[60] J. Edgar Hoover, Masters of Deceit (New York: Henry Holt and Company, 1958), 81-96.

[61] Tomas Schuman (Juri Besmenow), No "Novoste" Is Good News (Los Angeles: Almanac, 1985), 65–75.

[62] Fred Schwartz and David Noebel, You Can Still Trust the Communists to Be Communists (Socialists and Progressives too) (Manitou Springs,

Colo.: Christian Anti-Communism Crusade, 2010), pp. 44–52.
[63] Paul Johnson, Intellectuals: From Marx and Tolstoy to Sartre and Chomsky, 2007 (Harper Perennial), p. 225.
[64] Thomas Sowell, Intellectuals and Society (Basic Books, 2012)

Kapitel 6

Die Revolte gegen Gott

Einleitung

In beinahe jedem Volk der Welt gibt es Mythen und Legenden über die Erschaffung der Menschen durch ihren Gott und nach seinem Ebenbild. Dadurch entstand die Grundlage für die moralischen Einstellungen und die Kultur eines Volkes. Diese Traditionen zeigen denjenigen, die an Gott glauben, einen Weg zur Rückkehr in den Himmel. Im Osten und Westen gibt es Überlieferungen und Legenden darüber, wie Nüwa und Jehova ihre Menschen erschaffen haben.

Gott ermahnt die Menschen, sich an die Gebote der Gottheiten zu halten oder die entsprechenden Folgen tragen zu müssen. Wenn sich die allgemeine Moral verschlechtert, vernichten die Gottheiten die schlechten Menschen, um die Reinheit des Kosmos zu bewahren. Legenden vieler Menschenrassen handeln davon, dass große Fluten Zivilisationen zerstört haben. Manche sind sehr detailliert überliefert worden.

Um die Moral der Menschen aufrechtzuerhalten, werden zu bestimmten Zeiten Erleuchtete oder Propheten in der Menschenwelt wiedergeboren. Sie kommen mit dem Ziel, die Herzen der Menschen zu berichtigen und um zu verhindern, dass die Menschheit zerstört wird. Sie leiten diese Zivilisationen bei ihrer Entwicklung an. Zu solchen Menschen gehörten im

Westen Moses und Jesus, im Osten Laotse, in Indien Shakyamuni und im alten Griechenland Sokrates.

Sowohl die menschliche Geschichte als auch die Kultur helfen den Menschen zu verstehen, was Buddhas, Daos und Gottheiten sind; was es heißt, an Gottheiten zu glauben; und was es bedeutet, sich geistig und körperlich zu verbessern. Die unterschiedlichen spirituellen Schulen zur Kultivierung lehren, was aufrichtig und was böse ist. Sie lehren, wie man Wahrheit von Lüge und Gut von Böse unterscheidet. Sie lehren die Menschen, vor dem Ende der Welt auf die Rückkehr des Schöpfers zu warten – damit sie gerettet werden und in den Himmel zurückkehren können.

Sobald die Menschen die Verbindung zu den Gottheiten verlieren, von denen sie erschaffen wurden, verfällt ihre Moral sehr schnell. Einige Völker verschwanden daraufhin, so wie die legendäre Zivilisation Atlantis, die über Nacht im Meer versank. [1]

Im Osten, besonders in China, ist der Glaube durch die traditionelle Kultur in den Herzen der Menschen tief verwurzelt. Deshalb ist es schwierig, das chinesische Volk mit einfachen Lügen dazu zu bringen, den Atheismus zu akzeptieren. Großflächige Gewaltaktionen waren notwendig, um 5.000 Jahre des Glaubens und der Kultur zu entwurzeln und die Eliten umzubringen, die die traditionelle Kultur geerbt hatten. Seither hat das kommunistische Gespenst junge Menschen über Generationen hinweg belogen, um sie zu täuschen.

Im Westen und in anderen Teilen der Welt halten Menschen durch Religionen und aufrichtige Glaubensformen mit Gott Kontakt. Zudem sind diese wichtige Eckpfeiler zur Aufrechterhaltung moralischer Standards. Obwohl das bösartige kommunistische Gespenst in diesen Ländern keine Diktatur errichtete, erreichte es sein Ziel, die aufrichtigen Religionen zu zerstören und Menschen durch Täuschung, die Zerstörung von Normen und Infiltration zu verderben.

1. Im Osten: eine gewaltsame Rebellion gegen Gott

a) Wie die Sowjetunion durch Gewalt aufrichtige Religionen zerstörte

Das „Kommunistische Manifest" fordert die Zerstörung der Familie, der Kirche und des Nationalstaates. Es liegt auf der Hand, dass die Unterwanderung und Beseitigung von Religionen zu den Hauptzielen der Kommunistischen Partei gehört.

Marx, der anfangs an Gott glaubte und später zum Satansanbeter wurde, wusste eindeutig von der Existenz Gottes und des Teufels. Er wusste auch, dass offen dämonische Lehren für Menschen – besonders für religiöse Menschen – schwer zu akzeptieren sind.

Menschen müssen den Teufel nicht direkt anbeten. Doch sobald sie nicht mehr an Gott glauben, kann der Teufel ihre Seele verderben und sie in Besitz nehmen, um sie letztendlich in die Hölle zu ziehen. Aus diesem Grund singen die Kommunisten (in dem Lied „Die Internationale"): „Es rettet uns kein höh'res Wesen / kein Gott, kein Kaiser, noch Tribun / uns aus dem Elend zu erlösen / können wir nur selber tun." Marx setzte sich für den Atheismus ein und erklärte: „Religion ist Opium für das Volk", und „Kommunismus beginnt mit dem Atheismus". [2]

Marx verunglimpfte die Religionen und aufrichtige Götter nur theoretisch. Lenin griff sie nach der Machtübernahme 1917 mithilfe der Staatsmaschinerie direkt an. Er übte durch Gewalt, Erpressung und andere Taktiken starken Druck aus, um orthodoxe Religionen und rechtschaffene Glaubensformen zu unterdrücken und die Menschen zu zwingen, sich von den Gottheiten zu entfernen.

Durch ein Verbot der Verbreitung althergebrachten Gedankenguts begann Lenin 1919 mit der groß angelegten Zerstörung der Religionen. 1922 verabschiedete Lenin eine geheime Resolution, in der es darum ging, insbesondere den reichsten religiösen Institutionen ihre Wertgegenstände „mit unbarmherziger Entschlossenheit, ohne Zweifel und in kürzester Zeit" zu rauben. Er erklärte: „Je mehr Vertreter des reaktionären Klerus und der reaktionären Bourgeoisie wir bei dieser Gelegenheit erwischen, desto besser, denn gerade jetzt muss diesem ‚Publikum' eine Lektion erteilt werden, so dass es für mehrere Jahrzehnte nicht wagt, über irgendeinen Widerstand nachzudenken." [3]

Es folgte eine Zeit der Kirchenplünderungen. Ein großer Teil der Kirchen und Klöster wurde geschlossen, die meisten Geistlichen verhaftet und Tausende von ihnen hingerichtet.

Nach Lenins Tod kam Stalin an die Macht und begann in den 1930er Jahren eine äußerst grausame „Säuberung". Außer Intellektuellen und Menschen in den Religionen waren jetzt auch Mitglieder der Kommunistischen Partei selbst von den Massenmorden betroffen. Stalin befahl dem ganzen Land, einen „Fünfjahresplan des Atheismus" umzusetzen. Er erklärte, wenn dieser Plan vollständig umgesetzt, die letzte Kirche geschlossen sei und es keinen Priester mehr gäbe, dann wäre die Sowjetunion für den kommunistischen Atheismus bereit. Es gäbe dann keine Spur mehr von einer Religion.

Nach vorsichtigen Schätzungen wurden während dieser Kampagne 42.000 Priester zu Tode gefoltert. Vor der Machtergreifung der Sowjets gab es in der Sowjetunion mehr als 40.400 öffentlich zugängliche Kirchen. Nach Stalins „Fünfjahresplan des Atheismus" waren es im Jahr 1939 nur noch etwas mehr als 100 orthodoxe Kirchen. Von den orthodoxen Kirchen und Klöstern in der gesamten Sowjetunion wurden 98 Prozent geschlossen. Katholische Kirchen wurden ebenfalls beinahe vollständig vernichtet. Während dieser Zeit wurden die kulturellen Eliten und viele Intellektuelle in Gulags geschickt oder hingerichtet.

Während des Zweiten Weltkrieges gab Stalin vor, die Verfolgung der orthodoxen und katholischen Gemeinden zu stoppen, um sich der finanziellen Mittel und der Arbeitskraft der Kirchen für den Widerstand gegen Deutschland zu bedienen. Er erweckte den Eindruck, dass er diese Religionen rehabilitieren wollte. Doch hatte er ein viel weniger hehres Ziel im Sinn: die strenge Kontrolle über die wiederhergestellte Orthodoxe und die Katholische Kirche als Mittel zur Untergrabung der traditionellen Religionen.

Alexej II. wurde 1961 zum Bischof befördert und 1964 zum Erzbischof der Orthodoxen Kirche in der ehemaligen Sowjetunion ernannt. Er wurde 1990, noch vor dem Zerfall der Sowjetunion, Patriarch von Moskau. Nach dem Zusammenbruch der Sowjetunion wurde kurzzeitig das KGB-Archiv geöffnet, das enthüllte, dass Alexej II. für den KGB gearbeitet hat.

Später gestand Alexej II., dass er kompromittiert worden war und als Agent der Sowjets arbeitete. Er bereute später seine Taten in der Öffentlichkeit und bat um Vergebung. [4] Die Religion wurde so zu einem Instrument der Gehirnwäsche und Täuschung der Öffentlichkeit unter der Kontrolle des kommunistischen Bösen.

Die Kommunistische Partei der Sowjetunion beschränkte diese verfälschte Religion nicht nur auf ihr eigenes Territorium, sondern erweiterte systematisch ihren bösartigen Einfluss auf die ganze Welt.

b) Die KP Chinas vernichtet die traditionelle chinesische Kultur

Auch wenn es in China nicht nur eine Religion für die meisten Menschen gibt wie das in anderen Ländern der Fall ist, hat das chinesische Volk einen festen Glauben an Gottheiten und Buddhas. Chinas religiöses Leben ist einzigartig: Im Gegensatz zu anderen Regionen, in denen es religiöse Konflikte gab, haben Konfuzianismus, Buddhismus, Taoismus und sogar westliche Religionen in China friedlich zusammengelebt. Diese Glaubensformen sind die Grundlage der traditionellen chinesischen Kultur.

Chinas grandiose Kultur und tief verwurzelte Glaubenshaltungen sind dem chinesischen Volk im Lauf von 5.000 Jahren in Fleisch und Blut übergegangen – und genau sie suchte sich der Teufel als Ziel zur Zerstörung aus. Es war ihm jedoch unmöglich, das chinesische Volk so einfach zu täuschen und dazu zu verführen, Tausende von Jahren traditioneller Kultur und Glaubensformen aufzugeben und die westliche Ideologie des Kommunismus zu akzeptieren. Deshalb hat die Kommunistische Partei Chinas in jahrzehntelangen, äußerst hartnäckigen politischen Kampagnen alle möglichen bösen Taktiken angewandt. Durch brutale Massenmorde untergrub die KP Chinas den Kern der Religionen, verfolgte Intellektuelle und zerstörte die traditionelle chinesische Kultur, einschließlich ihrer materiellen Güter (Architektur, Tempel, kulturelle Relikte, antike Gemälde, antike Schätze und Ähnliches). Die Partei versuchte, die Verbindung zwischen Gott und dem Menschen zu durchtrennen, um ihr Ziel zu erreichen, die traditionelle Kultur und die Menschen zu zerstören.

Während die Partei die traditionelle Kultur zerstörte, etablierte sie gleichzeitig systematisch die bösartige Parteikultur und bildete diejenigen, die nicht getötet worden waren, zu Handlangern aus, um die traditionelle Kultur weiter zu untergraben. Einige folgten dem Aufruf des kommunistischen Gespenstes zum Massenmord.

Die KP Chinas versteht es gut, wirtschaftliche Interessen, politische Gehirnwäsche und andere Methoden zu nutzen, um Menschen zu manipulieren. Wiederholte politische Kampagnen, Unterdrückung und Massenmord von Menschen haben die KP Chinas immer sicherer in diesen Taktiken werden lassen. Mittlerweile ist sie auf den endgültigen Kampf zwischen Gerechten und Bösen in der Menschenwelt vorbereitet.

Das Fundament der traditionellen Kultur zerstören

Die Grundbesitzer und Adligen der ländlichen Gebiete sowie die Kaufleute und Gelehrten der städtischen Gebiete waren die Eliten der traditionellen chinesischen Kultur. Ihre Mission war es, die Traditionen Chinas zu bewahren und von Generation zu Generation weiterzugeben. In der Anfangsphase ihrer Machtergreifung im Jahre 1949 bediente sich die KP Chinas einer Reihe von Aktionsformen wie der Landreform, der Kampagne zur Unterdrückung von Konterrevolutionären, der Drei-Anti-Kampagne (Korruption, Verschwendung und Bürokratismus) sowie der Fünf-Anti-Kampagne als Vorwand, um Grundbesitzer und Adlige in den Dörfern sowie Reiche in den Städten zu ermorden. Indem sie die Eliten vernichtete, die die traditionelle Kultur bewahrten und weitergaben, zerstörte die Partei auch den sozialen Reichtum des Landes und verbreitete zugleich Angst und Schrecken.

Gleichzeitig hat die KP Chinas mit den Methoden der „institutionellen Anpassungsmaßnahmen" durch „ideologisch reformierte" Gelehrte und deren Indoktrinierung mit Materialismus, Atheismus und Evolutionstheorie eine neue Generation von Studenten systematisch einer Gehirnwäsche unterzogen und Hass auf die traditionelle Kultur eingeflößt. Durch die Anti-Rechts-Kampagne in den 1950er Jahren wurden alle ungehorsamen Intellektuellen verbannt und zur Umerziehung durch Zwangsarbeit verurteilt. Sie fanden sich so auf der untersten Stufe der Gesellschaft wieder. Die Partei machte die Gelehrten – deren Ansichten einst respektiert worden waren und die die Gesellschaft geleitet hatten – zum Gegenstand von Spott und Häme.

Durch die Ausrottung der traditionellen Eliten wurde der seit Generationen andauernde Prozess der Bewahrung und Weitergabe der traditionellen chinesischen Kultur beendet. Junge Menschen, die später aufwuchsen, wurden nicht mehr durch ihre Familie, Schule, Nachbarschaft und Gesellschaft in dieser Kultur erzogen. Sie sind zu einer Generation ohne traditionelle Kultur geworden.

Nach der Anti-Rechts-Kampagne gab es in der Familie, in den Schulen und in der Gesellschaft keine unabhängigen Stimmen mehr. Doch die KP Chinas war immer noch nicht zufrieden. Schließlich bewahrten die älteren Menschen noch immer die Erinnerung an die traditionelle Kultur, und die materiellen Träger der traditionellen Kultur, die antiken Kunstwerke und Gebäude, waren überall sichtbar. Außerdem konnten die traditionellen Werte immer noch über die Kunst weitergegeben werden.

1966 initiierte die KP Chinas jedoch eine Bewegung, die darauf abzielte, die traditionelle Kultur in noch größerem Umfang zu zerstören – die Große Kulturrevolution. Mithilfe von Studenten, die nach der Gründung der Volksrepublik China einer Gehirnwäsche unterzogen wurden, schürten sie die Unruhe und Rebellion der Jugendlichen. Sie erfand die Kampagne der Zerstörung der Vier Alten (alte Ideen, alte Kultur, alte Bräuche, alte Gewohnheiten), um Verwüstungen und Katastrophen in der traditionellen chinesischen Kultur anzurichten.

Nachdem die Kulturrevolution begonnen hatte, überzog die Zerstörung der Vier Alten wie ein Höllenfeuer ganz China. Klöster, Tempel, buddhistische Statuen und Gemälde, Kunstwerke und Kulturstätten wurden vollständig zerstört. Der Kern der chinesischen Kultur, die über Jahrtausende bewahrt und weitergegeben worden war, wurde über Nacht unwiederbringlich vernichtet.

Vor der Kulturrevolution gab es in Peking mehr als 500 Tempel und Klöster. Unter den Tausenden von Städten in

China gab es in jeder Stadt alte Mauern, Tempel und Klöster. Antike Kunstwerke waren überall zu sehen. Nur wenige Zentimeter unter der Erde konnte man Kunstgegenstände der jüngeren Geschichte finden; einige Meter tiefer fanden sich Artefakte, die von früheren Dynastien zurückgelassen worden waren. Während der Kulturrevolution wurden auch Unmengen dieser Gegenstände zerstört.

Die Kampagne zur Vernichtung der Vier Alten zerstörte nicht nur die Orte der religiösen Praxis, des Gebets und der Kultivierung – antike Orte, die die Harmonie zwischen Mensch und Himmel repräsentierten –, sondern vernichtete auch grundlegende gerechte Überzeugungen, wie den Glauben an die Harmonie zwischen Mensch und Universum. Viele Menschen, die glauben, dass solche Traditionen irrelevant sind, mögen nicht viel davon halten, aber wenn Menschen ihre Verbindung zu Gott verlieren, verlieren sie den Schutz der Gottheiten und nähern sich einem gefährlichen Abgrund. Bis dieser Abgrund erreicht ist, ist dann nur noch eine Frage der Zeit.

Um die Verbindung des chinesischen Volkes mit seinen Vorfahren und Göttern zu trennen, verfluchte die KP Chinas diese Vorfahren und verschmähte die traditionelle Kultur. In allen Ländern auf der ganzen Welt werden die Vorfahren und die Könige der Vergangenheit verehrt und ihre Traditionen geschätzt. Ebenso haben die Weisen und Philosophen der chinesischen Geschichte eine prachtvolle Kultur weitergegeben. Diese Kultur ist ein Schatz, der China und der Welt gehört und den Respekt zukünftiger Generationen verdient.

Doch in den Augen der KP Chinas und ihrer schamlosen Agitatoren waren Kaiser, Generäle, Gelehrte und begabte Menschen des alten Chinas zu nichts nütze. Eine derartige Verunglimpfung der eigenen Vorfahren ist historisch in der Tat äußerst selten. Angeführt von der KP Chinas widersetzte sich das chinesische Volk Gott, lehnte seine Vorfahren ab, zerstörte seine eigene Kultur – und begab sich damit auf einen gefährlichen Weg.

Verfolgung von Religionen

Religiöser Glaube ist ein wesentlicher Bestandteil der traditionellen chinesischen Kultur, und die jahrtausendealten und weltweit bekannten Glaubensrichtungen Taoismus, Buddhismus und Konfuzianismus sind ähnlich brillant. In der chinesischen Geschichte spielten auch viele westliche Religionen eine Rolle.

Nach ihrer gewaltsamen Machtergreifung im Jahr 1949 folgte die KP Chinas dem Beispiel der Sowjetunion. Einerseits förderte die KP Chinas den Atheismus und startete ideologische Angriffe gegen den Glauben an Gott. Andererseits setzte sie in einer Reihe von politischen Kampagnen Gewalt und Erpressung ein, um Religionen zu unterdrücken, zu verfolgen und zu beseitigen. Auch vor der Ermordung von Gläubigen schreckte sie nicht zurück. Die Verfolgung von Menschen mit orthodoxem Glauben wurde bis zu ihrem Höhepunkt, dem Beginn der blutigen Verfolgung von Falun Gong im Jahre 1999, immer härter.

Nach 1949 begann die KP Chinas, Religionen in großem Umfang zu verfolgen und religiöse Versammlungen zu verbieten. Die KP Chinas verbrannte zahlreiche Exemplare der Bibel und Schriften aus vielen anderen Religionen. Sie verhängte auch schwere Strafen für Christen, Katholiken, Taoisten und Buddhisten. Gläubige sollten sich bei der Regierung melden und angebliche Fehler bereuen. Wer sich weigerte, diese Anforderungen zu erfüllen, wurde streng bestraft.

Im Jahr 1951 erklärte die KP Chinas ausdrücklich, dass Teilnehmer religiöser Versammlungen hingerichtet oder für immer inhaftiert werden sollen. Zahlreiche buddhistische Mönche wurden aus den Tempeln vertrieben oder gezwungen, in weltlichen Verhältnissen zu leben und zu arbeiten. Katholiken und westliche Priester in China wurden inhaftiert und gefoltert. Auch chinesische Priester kamen ins Gefängnis, während Gläubige hingerichtet oder zur Umerziehung durch Zwangsarbeit geschickt wurden. Christliche Priester und Gläubige traf das gleiche Schicksal.

Nach 1949 wurden mehr als 5.000 chinesische katholische Bischöfe und Priester inhaftiert oder hingerichtet, und nur einige Hundert blieben übrig. Auch manche ausländische Priester wurden in China hingerichtet. Der Rest wurde ausgewiesen. Über 11.000 Katholiken wurden getötet, zahlreiche Anhänger der Kirche wurden willkürlich verhaftet oder mit Geldstrafen belegt. Nach unvollständigen Statistiken wurden in den ersten Jahren nach dem Machtantritt der KP Chinas fast drei Millionen Gläubige und Mitglieder religiöser Organisationen verhaftet.

Um die Kontrolle über die Religion zu verstärken, folgte die KP Chinas der Kommunistischen Partei der Sowjetunion und richtete Aufsichtsbehörden für jede Gruppe ein, wie die Vereinigung der Taoisten Chinas oder die Chinesische Buddhistische Vereinigung. Gegen Katholiken gründete die KP Chinas die Chinesische Patriotisch-Katholische Vereinigung, die sie ebenfalls vollständig kontrollierte. Alle religiösen Vereinigungen wurden neu gegründet, um den Willen der Partei umzusetzen, deren Mitglieder zu kontrollieren und ihr Denken zu steuern. Gleichzeitig benutzte die KP Chinas diese Organisationen, um Taten zu vollbringen, die das bösartige Gespenst nicht direkt tun konnte: Zwietracht zu säen und orthodoxe Religionen von innen heraus zu zersetzen.

Die KP Chinas behandelte den tibetischen Buddhismus auf die gleiche Weise. Nach der Entsendung von Militär und der Besetzung Tibets im Jahr 1950 begann die Partei, den tibetischen Buddhismus aufs Schärfste zu verfolgen. Der 14. Dalai Lama floh 1958 aus Tibet und lebt seither im Exil in Indien, was die KP Chinas als Rebellion betrachtet. Im Mai 1962 legte der 10. Panchen Lama dem Staatsrat der KP Chinas einen Bericht über die Sabotage der tibetischen Kultur, insbesondere ihrer buddhistischen Traditionen vor:

„Die Han-Kader haben einen Plan für die Zerstörung von buddhistischen Statuen, buddhistischen Schriften und buddhistischen Stupas erstellt, von dem nur eine sehr kleine Zahl von Klöstern wie die vier großen geschützten Klöster ausgenommen war. Sie mobilisierten die tibetischen Kader, die dann zusammen mit einigen Aktivisten, die keine Gnade kannten, den Plan in allen anderen Klöstern Tibets, in den Dörfern, Kleinstädten und Städten der weiten Ackerbau- und Viehzuchtgebiete, vollstreckten. Sie nahmen den Namen und das gleiche Aussehen wie die Massen an und traten eine Welle der Zerstörung nach der anderen los, um die Statuen des Buddhas zu beseitigen. Sie warfen buddhistische Schriften und Stupas ins Wasser, warfen sie auf den Boden, zerbrachen sie und schmolzen sie ein. Sie führten rücksichtslos wilde und übereilte Zerstörungen von Klöstern, buddhistischen Hallen, „Mani"-Mauern und Stupas durch, stahlen Ornamente von Buddha-Statuen und wertvolle Dinge von den buddhistischen Stupas. Da die staatlichen Beschaffungsstellen beim Kauf von Metallen nicht verantwortungsvoll vorgingen, kauften sie viele Buddha-Statuen, Stupas und Opfergefäße aus Metall und förderten so die Zerstörung dieser Dinge. So sahen einige Dörfer und Klöster aus, als wären sie nicht das Ergebnis von bewussten Handlungen des Menschen, sondern so, als wären sie durch eine Bombardierung versehentlich zerstört worden, als wäre gerade ein Krieg zu Ende. Ihr Anblick war unerträglich.

Zudem beleidigten sie skrupellos die Religion, indem sie die Tripitaka als Düngemittel einsetzten und die Bilder des Buddhas sowie die buddhistischen Sutren benutzten, um Schuhe herzustellen. Das war völlig unangemessen. Weil sie viele Dinge taten, die selbst Verrückte kaum tun würden, waren Menschen aller Schichten zutiefst schockiert, ihre Emotionen extrem verwirrt und sie waren sehr niedergeschlagen und entmutigt. Sie schrien mit Tränen in den Augen: „Unser Land ist dem Bösen zum Opfer gefallen", und andere bemitleidenswerte Dinge." [5]

Nach Beginn der Kulturrevolution 1966 wurden viele tibetische Lamas gezwungen, ein weltliches Leben zu führen. Zahlreiche wertvolle Schriften wurden einfach verbrannt. Bis 1976 waren von den ursprünglich 2.700 Tempeln in Tibet nur noch acht übrig. Der vor mehr als 1.300 Jahren während der Tang-Dynastie erbaute Jokhang-Tempel, der wichtigste Tempel in Tibet, wurde ebenfalls während der Kulturrevolution geplündert.

In China hat die Kultivierung im Taoismus eine lange Geschichte. Vor mehr als 2.500 Jahren hinterließ Laotse das Tao Te King mit 5.000 Schriftzeichen. Es ist die Essenz der taoistischen Kultivierung. Die Verbreitung des Tao Te King beschränkte sich nicht nur auf die östlichen Länder, viele westliche Länder übersetzten es ebenfalls in ihre Muttersprachen. Doch während der Kulturrevolution wurde Laotse als heuchlerisch kritisiert, und das Tao Te King galt als „feudaler Aberglaube".

Die Grundüberzeugungen des Konfuzianismus sind: Güte, Rechtschaffenheit, Anstand, die moralische Bereitschaft, Gutes zu tun, richtiges Verhalten, Weisheit und Vertrauen. Konfuzius setzte die moralischen Maßstäbe für Generationen von Menschen. Während der Kulturrevolution vernichteten die Roten Garden in Qufu, der Heimatstadt von Konfuzius, massenweise alte Bücher und zerschlugen Tausende von historischen Grabsteinen, darunter auch den von Konfuzius. 1974 startete die KP Chinas eine weitere Bewegung zur „Kritik an Lin [Biao], Kritik an Konfuzius". Die KP Chinas betrachtet das traditionelle Denken des Konfuzianismus – wie man leben soll, und die moralischen Standards, die man aufrechterhalten soll – als wertlos.

Noch brutaler und tragischer war die Verfolgung, die der damalige Parteiführer Jiang Zemin im Juli 1999 gegen Falun Gong (auch Falun Dafa genannt) und seine Kultivierenden begann, die Wahrhaftigkeit, Güte und Nachsicht praktizieren. Die Partei raubt lebenden Falun-Gong-Praktizierenden sogar in großem Ausmaß die Organe und bereichert sich durch dieses schmutzige Geschäft – ein nie zuvor dagewesenes Verbrechen auf diesem Planeten.

Während weniger Jahrzehnte hat die KP Chinas Tausende von Jahren der traditionellen chinesischen Kultur, der moralischen Werte und des Glaubens an die Selbstverbesserung völlig zerstört. Dadurch glauben die Menschen nicht mehr an Gott und wenden sich von ihm ab, erleben eine spirituelle Leere und den Verfall moralischer Werte. So verschlechtert sich die Gesellschaft von Tag zu Tag.

2. Im Westen: Unterwanderung und Einschränkung von Religionen

Der Teufel hat systematische Arrangements getroffen, um religiöse Gläubige in nicht-kommunistischen Ländern anzugreifen. Durch die Kommunistische Partei der Sowjetunion und die Kommunistische Partei Chinas benutzte er finanzielle Mittel und Spione, um unter dem Vorwand des „religiösen Austausches" die religiösen Institutionen anderer Länder zu unterwandern. Auf diese Weise verzerrte er aufrichtige Überzeugungen oder griff sie sogar direkt an. Sozialistische und kommunistische Ideologien wurden so in die Religionen eingeschleust. Dadurch praktizieren Gläubige nun die durch die kommunistische Ideologie veränderten Religionen.

a) Unterwanderung

Curtis Bowers, Produzent des Dokumentarfilms „Agenda –

Grinding America Down", zitiert darin eine Aussage von Manning Johnson, einem hochrangigen Mitglied der Kommunistischen Partei, vor dem US-Kongress im Jahr 1953. Johnson sagte damals:

„Nachdem der Kreml die Taktik der Infiltration religiöser Organisationen festgelegt hatte, ging es bei der Umsetzung der ‚neuen Linie' darum, die Erfahrungen mit der aktuellen Kirchenbewegung in Russland zu nutzen. Dort entdeckten die Kommunisten, dass die Zerstörung der Religion mittels Unterwanderung der Kirche durch kommunistische Agenten, die innerhalb der Kirche selbst tätig waren, viel schneller voranschreiten konnte. [...]

Im Allgemeinen wollte man den Schwerpunkt des klerikalen Denkens vom Geistigen auf das Materielle und Politische verlagern. Mit politisch ist natürlich jene Politik gemeint, die auf der kommunistischen Doktrin der Eroberung der Macht basiert. Statt einer Betonung des Geistigen und der Angelegenheiten der Seele, lag die neue Betonung auf jenen Angelegenheiten, die im Wesentlichen zu den ‚sofortigen Forderungen' aus dem kommunistischen Programm führten. Diese sozialen Forderungen waren derart, dass ihre Umsetzung unsere heutige Gesellschaft schwächen und sie auf die endgültige Eroberung durch die kommunistischen Kräfte vorbereiten würde."

Der Teufel ging tatsächlich so vor. So verkleideten sich etwa einige Marxisten und unterwanderten christliche Kirchen in den Vereinigten Staaten. Sie begannen in den 1980er und 1990er Jahren in die religiösen Seminare einzutreten. Anschließend verbreiteten sie ihre „Lehren" und schulten Generationen von Priestern und Pastoren, die wiederum die Religionen in den Vereinigten Staaten beeinflussten.

Der bulgarische Historiker Momchil Metodiew hat nach umfangreichen Recherchen in den Archiven der Bulgarischen Kommunistischen Partei aus der Zeit des Kalten Krieges entdeckt, dass das osteuropäische kommunistische Nachrichtennetz eng mit den religiösen Komitees der Partei zusammengearbeitet hat, um internationale religiöse Organisationen zu beeinflussen und zu infiltrieren. [6]

Auf globaler Ebene wurde der Ökumenische Rat der Kirchen (World Council of Churches oder WCC, der Weltkirchenrat) vom Kommunismus in Osteuropa stark infiltriert. Der Weltkirchenrat wurde 1948 gegründet und ist eine weltweite zwischenkirchliche Organisation. Zu seinen Mitgliedern gehören Kirchen verschiedener Hauptformen des Christentums, die rund 590 Millionen Menschen aus 150 Ländern vertreten. Der Weltkirchenrat ist eine wichtige Kraft in den religiösen Kreisen der Welt.

Der Weltkirchenrat war jedoch die erste internationale religiöse Organisation, die während des Kalten Krieges kommunistische Länder (einschließlich der Sowjetunion und die von ihr abhängigen Staaten) als Mitglieder aufnahm und finanzielle Unterstützung von kommunistischen Ländern annahm.

Die kommunistische Einflussnahme auf den Weltkirchenrat zeigt sich unter anderem in der Wahl des russisch-orthodoxen Metropoliten von Leningrad, Nikodim, zum Präsidenten des Weltkirchenrates im Jahr 1975. Nikodim leitete in den 1970er Jahren die Infiltration des Weltkirchenrates unter Aufsicht des KGB. Dabei erhielt er Unterstützung von Bischöfen und Agenten aus Bulgarien, wie Metodiew feststellte. Ein weiteres Beispiel ist die jahrzehntelange Arbeit des habilitierten Kirchengeschichtlers und kommunistischen Spions Todor Sabev aus Bulgarien, der von 1979 bis 1993 stellvertretender Generalsekretär des Weltkirchenrates war. [7]

Basierend auf einer veröffentlichten KGB-Akte von 1969 schreibt der Historiker Christopher Andrew, Professor an der Universität von Cambridge, dass während des Kalten Krieges wichtige russisch-orthodoxe Kirchenvertreter im Weltkirchenrat heimlich für den KGB arbeiteten und so verdeckt

Einfluss auf die Politik und die Arbeit des Weltkirchenrats nahmen. Eine 1989 veröffentlichte KGB-Akte zeigt, dass die vom KGB kontrollierten Vertreter der Russisch-Orthodoxen Kirche ihre Agenda erfolgreich in die Veröffentlichungen des Weltkirchenrats einbrachten. [8]

Wer versteht, wie die osteuropäischen Kommunisten die Kirchen infiltrierten und manipulierten, dem wird schnell klar, warum der Weltkirchenrat den Widerstand seiner Mitglieder missachtete und auf der Finanzierung der Afrikanischen Nationalunion von Simbabwe – Patriotische Front (Zanu-PF) im Januar 1980 bestand. Die Zanu-PF war zunächst nur eine berüchtigte Gruppe von kommunistischen Guerillas, die dadurch bekannt wurde, Missionare zu ermorden und Passagierflugzeuge abzuschießen.

Der Weltkirchenrat wurde auch von der KP Chinas durch den Chinesischen Christenrat infiltriert, der ein Instrument der Partei zur Kontrolle der Religionen ist. Dieser Rat ist der einzige offizielle Vertreter des kommunistischen Chinas im Weltkirchenrat. Aufgrund monetärer und anderer Einflüsse hat der Weltkirchenrat seit Jahren die Interessen der KP Chinas übernommen.

Anfang 2018 besuchte der Generalsekretär des Weltkirchenrates offiziell China und traf sich dort mit mehreren von der Partei kontrollierten christlichen Organisationen. Unter ihnen war der Chinesische Christenrat, das Nationale Komitee der Patriotischen Drei-Selbst-Bewegung der Evangelischen Kirchen in China und die Staatliche Verwaltung für religiöse Angelegenheiten. In China ist die Zahl der Mitglieder nicht-offizieller christlicher Gruppen (Untergrundkirchen) weitaus größer als die der offiziellen; dennoch vereinbarten die Delegierten des Weltkirchenrates keine Treffen mit den nicht-offiziellen christlichen Gruppen, um Konflikte mit Peking zu vermeiden.

b) Einschränkung von Religionen

Die Unterwanderung durch das kommunistische Gespenst ist im Westen allgegenwärtig. Selbst die Religionen sind durch Lehren und Verhaltensweisen, die das Göttliche verunglimpfen, geschwächt worden. So stammt die „Trennung von Kirche und Staat" ebenso wie die „Politische Korrekheit" aus dem Kommunismus. Sie wurden benutzt, um rechtschaffene, aufrichtige Religionen ins Abseits zu drängen und zu sabotieren.

Die Vereinigten Staaten wurden als „eine Nation unter Gott" gegründet. Alle US-Präsidenten legen bei ihrer Vereidigung ihre Hand auf die Bibel und bitten Gott, Amerika zu segnen. Sobald religiöse Menschen Verhaltensweisen, Ideen und Richtlinien kritisieren, die sie vom Göttlichen entfernen, treten Kommunisten oder die militante Linke in den USA auf den Plan. Wer sich gegen die von Gott verbotene Abtreibung oder Homosexualität ausspricht, wird attackiert. Die „Trennung von Kirche und Staat" wird sofort ins Spiel gebracht. Religion sollte ja nichts mit Politik zu tun haben. So versuchen sie, den Willen Gottes und die von den Göttern festgelegten Gebote und Verbote für das menschliche Verhalten aufzuweichen.

Seit Jahrtausenden offenbaren sich die Gottheiten denjenigen, die an sie glauben. Gläubige Menschen mit rechtschaffener Gesinnung haben in der Vergangenheit die Mehrheit der Gesellschaft ausgemacht und hatten einen äußerst positiven Einfluss auf die Ethik. Heute können Menschen nur noch in der Kirche über den Willen Gottes sprechen. Außerhalb der Kirche können sie die Untergrabung der Gebote Gottes weder kritisieren noch sich ihrer erwehren. Die Religion hat ihre Funktion, die Moral der Gesellschaft aufrechtzuerhalten, beinahe verloren. Als Folge davon ist die Moral in den Vereinigten Staaten erkennbar zusammengebrochen.

In den vergangenen Jahren erreichte die „Political Correctness" ungeahnte Ausmaße, sodass Menschen in einem

Land, das auf dem Christentum gegründet wurde, zögern, einander „Frohe Weihnachten" zu wünschen. Dies geschieht nur, weil einige behaupten, dass es politisch nicht korrekt sei und die Gefühle von Nichtchristen verletze. Auch wenn Menschen offen von ihrem Glauben an Gott sprechen oder zu Gott beten, behaupten einige, dies sei diskriminierend gegenüber Menschen mit anderen Überzeugungen, einschließlich der Nichtgläubigen. Tatsache ist, dass es allen Menschen erlaubt ist, ihren Glauben, einschließlich der Achtung vor ihren Göttern, auf ihre eigene Art und Weise zum Ausdruck zu bringen. Das hat nichts mit Diskriminierung zu tun.

In den Schulen dürfen derzeit keine Unterrichtsinhalte gelehrt werden, in denen es um aufrichtigen Glauben und traditionelle Werte geht. Die Lehrer sollen nicht von der Schöpfung sprechen, weil die Wissenschaft die Existenz Gottes noch nicht bewiesen hat. Die Wissenschaft müsste zwar auch erst den Atheismus und die Evolution beweisen – aber diese Theorien werden in den Schulen als Wahrheit gelehrt. Eine Sprache, die Götter angreift, ablehnt und verunglimpft, wird dagegen unter dem Banner der Redefreiheit geschützt und verherrlicht.

Das Eindringen des kommunistischen Gespenstes in die Gesellschaft und die Einschränkung und Manipulation von Religion, Kultur, Bildung, Kunst und Recht ist ein äußerst komplexes und systembedingtes Thema. Wir werden es in folgenden Kapiteln ausführlich besprechen.

3. Die verdrehte Theologie des kommunistischen Gespenstes

Im vergangenen Jahrhundert verbreiteten sich verschiedene verzerrte theologische Lehren. Der Kommunismus infiltrierte orthodoxe Religionen und korrumpierte die Geistlichen. Der Klerus interpretierte nach Belieben die heiligen

Schriften und verzerrte so die rechtschaffenen Lehren, die von Erleuchteten aus orthodoxen Religionen hinterlassen worden waren. Vor allem in den 1960er Jahren haben die „Revolutionstheologie", die „Theologie der Hoffnung", die „Politische Theologie" und andere verzerrte Theologien, die von marxistischem Gedankengut durchdrungen sind, Chaos in der religiösen Welt verbreitet.

Viele lateinamerikanische Priester wurden im vergangenen Jahrhundert in europäischen Seminaren ausgebildet und waren stark von den neuen theologischen Thesen beeinflusst, die durch die kommunistischen Strömungen verändert worden waren. Die „Befreiungstheologie" breitete sich im 20. Jahrhundert in den 1960er bis 1980er Jahren vor allem in Lateinamerika aus. Ihr Hauptvertreter war der peruanische Priester Gustavo Gutiérrez.

Diese Theologie führt Klassenkampf und marxistisches Denken direkt in die Religion ein und interpretiert Gottes Mitgefühl für die Menschheit so, dass die Armen befreit werden sollten – also sollten religiös Gläubige am Klassenkampf teilnehmen, um den Armen zu einem besseren Status zu verhelfen. Als theoretische Grundlage für die Interpretation, dass das Christentum die Armen befreien sollte, dient dieser Denkschule die Anweisung des Herrn an Moses, die Juden aus der Knechtschaft in Ägypten herauszuführen.

Fidel Castro, der frühere Führer der Kommunistischen Partei Kubas, lobte diese aufkommende Theologie sehr, da sie den Klassenkampf und die Etablierung des Sozialismus unterstützt. Obwohl die traditionelle Katholische Kirche der Verbreitung dieser so genannten neuen Theologien widerstand, lud der 2013 neu gewählte Papst den Vertreter der Befreiungstheologie, Gutiérrez, am 12. Mai 2015 als Hauptgast zu einer Pressekonferenz in den Vatikan ein. Er zeigte damit die stillschweigende Zustimmung und Unterstützung der heutigen Katholischen Kirche zur Befreiungstheologie.

Die Befreiungstheologie verbreitete sich zuerst in Südamerika und danach in der ganzen Welt. In verschiedenen Teilen der Welt sind viele neue, der Befreiungstheologie ähnliche Theologien erschienen, wie die „Schwarze Theologie", die „Frauentheologie", die „Gott-ist-tot-Theologie", die „Theologie des Kampfes", die „Liberale Theologie" und sogar die „Queer-Theologie". Diese verzerrten Theologien haben den katholischen, christlichen und anderen orthodoxen Glauben auf der ganzen Welt stark gestört.

Der Führer des berüchtigten „Peoples Temple of the Disciples of Christ" (kurz: „Peoples Temple", auf Deutsch auch Volkstempel genannt), der sich selbst als die Reinkarnation Lenins bezeichnete, war ein marxistischer Gläubiger. Er legte in den 1970er Jahren die ursprünglichen Lehren des Marxismus-Leninismus und die Gedanken Mao Tse-tungs als Doktrin des Volkstempels fest. Er bekehrte in den Vereinigten Staaten Menschen mit dem Ziel, seine kommunistischen Ideale umsetzen zu können.

Nachdem er den gegen ihn ermittelnden amerikanischen Kongressabgeordneten Leo Ryan getötet hatte, wusste er, dass eine Flucht für ihn kaum möglich sein würde. Also zwang er seine Anhänger zum Massenselbstmord. Er tötete sogar diejenigen, die nicht bereit waren, mit ihm Selbstmord zu begehen. Am Ende hatten sich mehr als 900 Menschen umgebracht oder wurden getötet. Diese Sekte trübte den Ruf der Religion und beeinträchtigte den rechtschaffenen Glauben der Menschen an die aufrichtigen Religionen. Das hatte gravierende negative Auswirkungen auf die Menschheit im Allgemeinen, nicht nur auf die Gläubigen, und nicht nur in den USA.

4. Religiöses Chaos

Das 1958 erschienene Buch „The Naked Communist" des ehemaligen FBI-Agenten, Autors, Redners und Hochschullehrers W. Cleon Skousen ist im deutschsprachigen Raum nur wenig bekannt, da es nie ins Deutsche übersetzt wurde. Im englischen Original wurde es bisher zwei Millionen Mal verkauft. Es listet 45 Ziele des Kommunismus in den Vereinigten Staaten auf. Erstaunlicherweise sind die meisten Ziele heute bereits Realität geworden. Nummer 27 in der Liste lautet: „Infiltrieren Sie die Kirchen und ersetzen Sie die Offenbarungsreligionen durch eine ‚soziale' Religion. Die Bibel diskreditieren [...]" [9]

Im religiösen Bereich sind heute vor allem die zwei ursprünglichen orthodoxen Religionen – das Christentum und das Judentum (beide sind Offenbarungsreligionen) – durch das kommunistische Gespenst dämonisch verändert und kontrolliert worden. Sie haben ihre Funktionen in ihrer ursprünglichen Form verloren. Neue Konfessionen, die mit kommunistischen Prinzipien und Konzepten infiltriert oder dämonisch verändert wurden, sind zu noch direkteren Verkündern der linken Ideologie geworden. Religionen waren wichtige Eckpfeiler für die Aufrechterhaltung des reibungslosen und normalen Funktionierens der westlichen Welt, doch wurden sie bis zur Unkenntlichkeit deformiert.

In den Kirchen verschiedener Religionen verkünden heute viele Bischöfe und Priester abweichende Theologien und korrumpieren ihre Anhänger. Sie ziehen sie in eine ununterbrochene Reihe von Skandalen hinein. Viele Gläubige gehen nur deshalb in die Kirche, weil sie denken, dass es zum guten Ton gehört oder eine Art der Unterhaltung oder ein Teil des gesellschaftlichen Lebens sei – aber sie verpflichten sich nicht wirklich, ihren Charakter zu verbessern.

Religionen wurden von innen heraus verdorben. Das Ergebnis ist, dass die Menschen ihr Vertrauen in die Religionen und ihren aufrichtigen Glauben an Buddhas, Daos und Götter verlieren. Folglich geben sie ihren Glauben auf. Wenn der Mensch nicht an das Göttliche glaubt, wird Gott ihn aber nicht beschützen. Letztendlich wird die Menschheit vernichtet werden.

Am 29. Juni 2017 gab das Victoria Police Department in Australien in einer kurzen Pressekonferenz bekannt, dass dem australischen Kardinal George Pell „durch Anschuldigungen mehrerer Kläger" Sexualdelikte vorgeworfen werden. Pell wurde 1996 Erzbischof von Melbourne und 2003 Kardinal. Im Juli 2014 übernahm Pell im Auftrag von Papst Franziskus die Aufsicht über alle Finanztransaktionen im Vatikan. Er hatte enorme Macht und war die Nummer 3 im Vatikan.

Die Spotlight-Kolumne 2002 im *Boston Globe* veröffentlichte zwischen 6. Januar und 14. Dezember eine Reihe von Berichten über die sexuelle Belästigung von Kindern durch katholische Priester in den Vereinigten Staaten. Die Untersuchung der Reporter ergab, dass in den vergangenen Jahrzehnten fast 250 Bostoner Priester Kinder belästigt hatten. Die Kirche hat in einem Versuch der Vertuschung diese Geistlichen in ein anderes Gebiet versetzt, anstatt die Polizei zu informieren. Diese Priester belästigten an ihren neuen Einsatzorten erneut Kinder und machten sie zu weiteren Opfern.

Ähnliche Untersuchungen verbreiteten sich schnell in den Vereinigten Staaten. Die Enthüllungen erstreckten sich auch auf Priester in anderen Ländern mit starker katholischer Präsenz, darunter Irland und Australien. Andere religiöse Gruppen begannen, die Korruption in der katholischen Kirche öffentlich anzuprangern.

Schließlich sah sich Papst Johannes Paul II. unter öffentlichem Druck gezwungen, im Vatikan eine Konferenz für Kardinäle aus den Vereinigten Staaten abzuhalten. Dabei gab der Vatikan zu, dass die sexuelle Belästigung von Kindern ein Verbrechen ist, und stellte in Aussicht, dass man die Verwaltungsstruktur der Kirche reformieren würde. Außerdem wollte sich die Kirche von Priestern trennen, die Kinder sexuell belästigt hatten. Die Täter sollten inhaftiert werden. Zum Ausgleich für die vielen Missbrauchsfälle zahlte die Kirche über zwei Milliarden US-Dollar an Entschädigungen. [10]

Es wurde zur Normalität, den Gläubigen im Namen der Religion das Geld aus den Taschen zu ziehen. In China zum Beispiel haben verschiedene Religionen Geld ohne Scham veruntreut, indem sie den Glauben ihrer Anhänger an Buddhas, Daos und Götter ausnutzten und die Religion zu einem Geschäft machten. Gebühren von bis zu 100.000 Yuan (12.600 Euro) werden für religiöse Zeremonien wie das Verbrennen von Räucherstäbchen verlangt.

Es werden Kirchen und Tempel gebaut, die äußerlich umso prächtiger aussehen, je mehr im Inneren der aufrichtige Glaube an Gott abnimmt. Gläubige, die sich wirklich kultivieren, werden immer weniger. Viele Tempel und Kirchen sind zu Treffpunkten für böse Geister und Gespenster geworden. In China wurden Tempel in Touristenattraktionen umgewandelt, in denen Mönche Gehälter bekommen und buddhistische und daoistische Äbte als Geschäftsführer den Vorsitz führen.

Während der sogenannten „Welle des Studiums des Berichts des 19. Kongresses der Kommunistischen Partei Chinas" behauptete der stellvertretende Vorsitzende der Buddhistischen Vereinigung Chinas bei einem „Trainingsprogramm für den Geist des 19. Kongresses": „Der Bericht zum 19. Kongress der KP Chinas ist die zeitgenössische buddhistische Schrift. Ich habe sie dreimal von Hand abgeschrieben." Er sagte auch: „Die Kommunistische Partei Chinas ist der heutige Buddha und die heutige Bodhisattva, und der Bericht zum 19. Kongress der KP Chinas ist eine zeitgenössische buddhistische Schrift in China, die mit den leuchtenden Strahlen des Glaubens der Kommunistischen Partei glänzt."

Es gab auch Menschen, welche die buddhistischen Gläubigen aufforderten, seinem Beispiel zu folgen und den Bericht zum 19. Kongress der KP Chinas mit einem frommen Herzen handschriftlich zu kopieren, damit sie dabei Erleuchtung erfahren könnten. Als sein Bericht im Nanhai Buddhist Institute in der Provinz Hainan veröffentlicht wurde, führte er zu so enormen Kontroversen, dass er schließlich gelöscht wurde. Der Bericht verbreitete sich jedoch über das Internet weiter. Dieser Vorfall zeigt, dass der offizielle Buddhismus in China von Politikermönchen durchsetzt und grundsätzlich keine Kultivierungsgemeinschaft mehr ist. Stattdessen ist Chinas offizieller Buddhismus zu einem Werkzeug der Kommunistischen Partei Chinas geworden.

Mehr als tausend Jahre lang wurden die Bischöfe auf der ganzen Welt direkt vom Vatikan ernannt oder anerkannt. Die etwa 30 Bischöfe, die zuvor vom Vatikan in der chinesischen Region anerkannt wurden, wurden von der KP Chinas nicht anerkannt. Andererseits haben der Vatikan und die ihm treuen Katholiken in China (insbesondere die Angehörigen der Untergrundkirchen) die von der Kommunistischen Partei eingesetzten Bischöfe nicht anerkannt. Unter ständiger Verlockung und permanentem Druck seitens der KP Chinas hat der neue Papst jedoch Gespräche mit der Partei aufgenommen, die darauf abzielen, die von der KP Chinas ernannten Bischöfe durch den Vatikan anerkennen zu lassen. So würden die zuvor vom Vatikan ernannten Bischöfe aus dem Weg geschafft.

Die Kirche ist eine Glaubensgemeinschaft, deren Ziel es ist, die Gläubigen zu befähigen, sich zu kultivieren, ihre Moral zu verbessern und in den Himmel zurückzukehren. Wenn das kommunistische Gespenst, das sich gegen Gott auflehnt, Bischöfe einsetzen und ernennen darf und so den Glauben von Dutzenden Millionen Katholiken in China kontrollieren kann – wie wird Gott diese Sache sehen? Was wird die Zukunft für die Dutzenden Millionen Katholiken in China bringen?

In China, einem Land mit einer reichen traditionellen Kultur, baute das kommunistische Gespenst akribisch ein

System auf, das die traditionelle Kultur gewaltsam zerstörte, den orthodoxen Religionen großen Schaden zufügte und die Bevölkerung physisch vernichtete. Gleichzeitig demoralisierte es die Gesellschaft und trennte die Verbindung zwischen Mensch und Göttern – alles mit dem Ziel, die Menschheit vollständig auszulöschen.

Im Westen und in anderen Teilen der Welt benutzte es Täuschung und Infiltration, um orthodoxe Religionen zu verteufeln und die Menschen zu verwirren und zu täuschen, damit diese ihren orthodoxen Glauben aufgeben. So entfernen sie sich immer weiter von den Göttern, bis sie vor der totalen Vernichtung stehen. Egal, welche Mittel der Teufel wählt, das Ziel ist immer das gleiche – die Zerstörung der Menschheit.

Quellen zu Kapitel 6

[1] Platon. Sämtliche Werke 4: Timaios / Kritias / Minos / Nomoi (Platon: Sämtliche Werke, Band 4). Rowohlt, 1991

[2] Pospielovsky, Dimitry V. 1987. „Geschichte des marxistisch-leninistischen Atheismus und des sowjetischen Antireligiösen: Eine Geschichte des sowjetischen Atheismus in Theorie und Praxis und der Gläubigen". Springer. S. 80

[3] https://www.loc.gov/exhibits/archives/ae2bkhun.html

[4] Aus einem Interview von Patriarch Alexy II., das „Iswestija" Nr. 137 vom 10. Juni 1991 mit dem Titel „Patriarch Alexy II: - I Take upon Myself Responsibility for All that Happened" veröffentlichte, englische Übersetzung von Nathaniel Davis, A Long Walk to Church: Eine Zeitgeschichte der russischen Orthodoxie, (Oxford: Westview Press, 1995), S. 89. Siehe auch Geschichte der Russisch-Orthodoxen Kirche im Ausland, von St. John (Maximovich) von Shanghai und San Francisco, 31. Dezember 2007.

[5] „Aus dem Herzen des Panchen Lama", Zentraltibetische Verwaltung, Indien, 1998,

[6] Momchil Metodiev, „Zwischen Glaube und Kompromiss: Die bulgarisch-orthodoxe Kirche und der kommunistische Staat (1944-1989)" (Sofia: Institute for Studies of the Recent Past/Ciela, 2010).
[7] Ebd.
[8] Christopher Andrew, „KGB Foreign Intelligence from Brezhnev to the Coup", In Wesley K. Wark (Hrsg.), Spionage: Vergangenheit, Gegenwart, Zukunft? (London: Routledge, 1994), 52.
[9] W. Cleon Skousen, The Naked Communist (Salt Lake City: Izzard Ink Publishing, 1958, 2014), Kapitel 12. deutsch:
[10] „Missbrauchsfälle kosten US-Kirchen Milliarden", katholisch.de, 8. Juni 2018, https://www.katholisch.de/aktuelles/aktuelle-artikel/missbrauchsfalle-kosten-us-kirche-milliarden

Kapitel 7

Die Zerstörung der Familie

Einleitung

Seit den 1960er Jahren haben verschiedene anti-traditionelle Bewegungen im Westen an Bedeutung gewonnen. Zu ihnen gehören der moderne Feminismus, die „sexuelle Freizügigkeit" und die Schwulenrechte („gay rights"). Die Institution der Familie wurde davon am härtesten getroffen. Mit der Änderung des Familienrecht-Gesetzes in den USA im Jahr 1969 („Family Law Reform Act") gaben die Vereinigten Staaten grünes Licht für „nicht einvernehmliche" oder „streitige" Scheidungen. Andere Länder führten bald darauf ähnliche Gesetze ein.

In den USA hat sich das Verhältnis zwischen Scheidungen und Eheschließungen enorm verändert. Zwischen den 1960er und 1980er Jahren hat sich die Scheidungsrate mehr als verdoppelt.

In den 1950er Jahren waren etwa elf Prozent der von verheirateten Eltern gezeugten Kinder von Scheidung betroffen. In den 1970ern stieg diese Zahl auf 50 Prozent. [1] Nach Angaben des U.S. Centers for Disease Control and Prevention (CDC) wurden 1956 weniger als fünf Prozent der Kinder in den USA unehelich geboren. Bis 2016 stieg die Zahl auf über 40 Prozent. [2]

In den traditionellen Gesellschaften im Osten wie im Westen wurde die Keuschheit als Tugend in den vorehelichen Beziehungen zwischen Mann und Frau angesehen. Heute gilt dies als altmodisch und sogar lächerlich. Die von der Feministen-Bewegung begleitete Schwulen- und Lesbenbewegung versucht die Familie und die Ehe rechtlich neu zu definieren. Ein Juraprofessor, der derzeit Mitglied der US-amerikanischen Federal Equal Employment Opportunity Commission ist, hat 2006 die Erklärung „Beyond Same-Sex Marriage" (auf Deutsch: Über die gleichgeschlechtliche Ehe hinaus) verfasst und sie „eine neue strategische Vision für alle unsere Familien und Beziehungen" genannt. Diese spricht sich für die Gründung von jeder Art neuer Familien aus, je nachdem, welche Wünsche die Partner haben (einschließlich polygamer Ehen, gemeinsamer Familien von Homosexuellen mit heterosexuellen Paaren und so weiter). Dieser Universitätsprofessor ist auch der Meinung, dass die traditionelle Ehe und Familie nicht mehr Rechte als jede andere Form von „Familie" genießen sollte. [3]

In staatlichen Schulen werden vorehelicher Sex und Homosexualität, die in traditionellen Gesellschaften für Jahrtausende als beschämend angesehen wurden, nicht nur als normal angesehen. In manchen Schulen werden sie sogar stillschweigend oder ausdrücklich unterstützt und jede Art von Erziehung mit traditionellen Einstellungen verboten. Der dort verbreiteten Ansicht nach sollte ein Kind seine sexuelle Orientierung völlig ungehemmt entwickeln und wählen. Das bedeutet, dass die Entwicklung zur Homosexualität, Bisexualität, Transgenderismus und so weiter nicht gehemmt werden soll. Die Schulbehörde von Rhode Island verkündete 2012, dass es für öffentliche Schulen verboten sei, Eltern- und Mutter-Tochter-Tanzpartys abzuhalten. Öffentliche Schulen hätten kein Recht, Kinder auf die Idee zu bringen, dass Mädchen gerne tanzen und Jungen gerne Baseball spielen. [4]

Der Trend zur allmählichen Zerstörung der traditionellen Familie ist mittlerweile offensichtlich. Die vom Kommunismus vorangetriebene Eliminierung der Familie wird lange vor der versprochenen Eliminierung der Klassenunterschiede zur Realität.

In den westlichen Gesellschaften lässt sich die Zerstörung der Familie an vielen Aspekten erkennen. Dazu gehören die Auswirkungen des Feminismus, der „sexuellen Befreiung" und der Homosexuellenbewegung. Dazu kommen die Einflüsse der linken Interessenvertretungen, des Progressivismus und dergleichen. Sie alle marschieren unter dem Banner von „Freiheit", „Fairness", „Rechten" und „Befreiung". Diese Ideen werden ausdrücklich und vorbehaltlos durch Gesetze, Rechtsauslegungen und wirtschaftspolitische Richtlinien untermauert, die von Gleichgesinnten unterstützt werden. All dies hat den Effekt, dass die Menschen dazu gebracht werden, das Konzept der traditionellen Ehe und Familie aufzugeben und zu verändern.

Diese Ideologien haben ihren Ursprung zu Beginn des 19. Jahrhunderts und sind tief von teuflischen Faktoren durchdrungen. Das bösartige Gespenst des Kommunismus verändert ständig seine Erscheinungsform. Diese Verwirrung führt zur andauernden Unkenntnis darüber, welches Gedankengut Menschen in Wahrheit unterstützen, wenn sie diese politischen Grundsätze und Ideologien gutheißen.

Das Ergebnis ist eine Lebensweise, deren Maßstäbe von kommunistischen Ideen bestimmt werden. Die heutige Situation – die Abwertung der traditionellen Familie und die Verwirrung der Menschen über die wahre Natur dieses Trends – ist das Ergebnis der sorgfältigen Planung und schrittweisen Umsetzung des kommunistischen Geistes in den vergangenen zweihundert Jahren.

Dies hat zur direkten Folge, dass nicht nur die Familie als grundlegende Einheit der sozialen Stabilität eliminiert wird, sondern auch die vom Himmel festgelegten Maßstäbe für die menschliche Moral zerstört werden. Die Rolle der Familie bei der Weitergabe von Werten an die nächste Generation und deren Erziehung im Rahmen des traditionellen Glaubens geht verloren. Die jüngere Generation lebt heute losgelöst von traditionellen Ideen und Überzeugungen. Als Folge davon wird sie leicht zum Spielball der ideologischen Vereinnahmung durch das kommunistische Gespenst.

1. Die traditionelle Familie

In den traditionellen Kulturen des Ostens und Westens galt die Ehe als von Göttern eingerichtete Institution und als vom Himmel arrangiert. Einmal eingegangen, kann der Bund der Ehe nicht mehr gebrochen werden. Sowohl Männer als auch Frauen wurden von Göttern nach ihren eigenen Abbildern erschaffen, und sind vor den Göttern alle gleich. Gleichzeitig haben die Götter für Männer und Frauen unterschiedliche Körper erschaffen und entsprechende Rollen für sie festgelegt. In der westlichen Tradition sind Frauen der Bibel zufolge (Genesis 2:23) „Gebein von den Gebeinen und Fleisch vom Fleisch" der Männer. [5] Ein Mann muss seine Frau lieben, als wäre sie Teil seines eigenen Körpers, und wenn nötig sich selbst opfern, um seine Frau zu schützen.

Im Gegenzug legt die westliche Tradition fest, dass eine Frau mit ihrem Mann zusammenarbeiten und ihn unterstützen soll. So kann das Paar zu einem harmonischen Ganzen werden. Die wesentlichste Verantwortung der Männer ist es, den Lebensunterhalt für die Familie zu bestreiten. Eine Studie des österreichischen Magazins *profil* aus dem Jahr 2011 bestätigt, dass selbst heutige Frauen dieses Rollenbild bevorzugen würden: 55 Prozent der jungen Frauen zwischen 14 und 24 Jahren wären gerne „nur" Hausfrau – vorausgesetzt, der Partner kann den gemeinsamen Lebensunterhalt verdienen. [6]

Die wesentlichste Verantwortung der Frauen im Zusammenwirken mit ihrem Mann ist es, den Haushalt zu führen und sich um die Kinder zu kümmern. Beide Aufgabenbereiche haben ihre Vorzüge und Nachteile. Die Form, wie sich beide ergänzen, ist vom Himmel gegeben und durch die „Erbsünde" bedingt. Sie wird von Generation zu Generation weitergegeben und kommt von der Ursünde der Stammeltern Adam und Eva, weil sie der Versuchung des Teufels nachgaben. Grund dafür waren Stolz, Hochmut, Neid sowie Misstrauen und Ungehorsam gegenüber Gott. [7]

In der traditionellen östlichen Kultur ist es ähnlich: Dort werden Männer mit dem Yang von Yin und Yang in Verbindung gebracht, das symbolisch mit der Sonne und dem Himmel verbunden ist. Es verlangt, dass sie sich ständig bemühen, voranzukommen und die Verantwortung übernehmen, die Familie durch schwierige Zeiten zu bringen. Frauen gehören zum Yin und sind symbolisch mit der Erde verbunden, das heißt, sie ertragen und nähren alles um sie herum mit großer Kraft und Stärke. Sie sollten nachgiebig und rücksichtsvoll gegenüber anderen sein und haben die Pflicht, ihre Ehemänner zu unterstützen und ihre Kinder zu erziehen. Nur wenn Männer und Frauen ihre eigenen Rollen gut ausfüllen, können Yin und Yang harmonisiert werden und die Kinder gesund aufwachsen und sich gut entwickeln.

Traditionelle Familien haben die Aufgabe, Überzeugungen und Moral zu vermitteln und die Stabilität der Gesellschaft zu erhalten. Die Familie ist die Wiege des Glaubens und Übermittler der traditionellen Werte. Eltern sind die ersten Lehrer im Leben der Kinder. Wenn Kinder traditionelle Tugenden wie Selbstlosigkeit, Demut, Dankbarkeit und Ausdauer aus den Worten und Taten ihrer Eltern lernen, profitieren sie davon für den Rest ihres Lebens.

Das traditionelle Eheleben hilft Männern und Frauen, auch moralisch zusammenzuwachsen. Es erfordert, dass Ehemänner und Ehefrauen ihre Emotionen und Wünsche mit einer neuen Einstellung behandeln und rücksichtsvoll und tolerant miteinander umgehen. Dies unterscheidet sich grundlegend von der Idee des außerehelichen Zusammenlebens. Menschliche Gefühle sind unbeständig. Wenn das Paar zusammen ist, weil es gerne zusammen ist und sich trennt, wenn es nicht mehr zusammen sein möchte, ist die Beziehung nicht viel anders als eine gemeinsame Freundschaft, die durch keine Ehe gebunden ist.

Schon Marx hoffte in letzter Instanz auf einen weit verbreiteten „ungezwungenen Geschlechtsverkehr" [8], bei dem es darum geht, die traditionelle Ehe aufzulösen und die Institution der Familie damit letztlich zu beseitigen.

2. Das Ziel des Kommunismus ist die Zerstörung der Familie

Der Kommunismus hält die Familie für eine Form des Privateigentums. Um das Privateigentum zu beseitigen, sollte daher auch die Familie abgeschafft werden. Für den ursprünglichen Kommunismus sind allein wirtschaftliche Faktoren für die Familienbeziehungen entscheidend. Der zeitgenössische marxistische Freudianismus betrachtet das sexuelle Verlangen als den Schlüssel zu allen Fragen, die mit der Familie verbunden sind. Das gemeinsame Merkmal dieser beiden Ideologien ist, dass sie die grundlegende menschliche Moral beiseiteschieben und durch Materialismus, Begierde und pragmatische Interessen ersetzen. All das lässt die Menschen immer mehr wie Tiere werden. Diese verworrene Ideologie vernichtet die Familie, indem sie den Verstand manipuliert und die Gedanken korrumpiert.

Die verlockende Täuschung des Kommunismus liegt in seiner Lehre von der vermeintlichen „Befreiung der Menschheit". Diese manifestiert sich nicht nur als Befreiung im wirtschaftlichen Sinne, sondern auch in der Befreiung der Menschheit selbst. Das Gegenteil von Befreiung ist natürlich Unterdrückung. Woher kommt also die Unterdrückung, der man sich widersetzen muss? Die Antwort des Kommunismus auf diese Frage: Die Unterdrückung kommt von den Moralvorstellungen der Menschen, die von der Tradition auferlegt werden. So unterdrücke das Patriarchat der traditionellen Familienstruktur die Frauen; die traditionelle Sexualmoral unterdrückte die menschliche Natur – und so weiter.

Die Feminismus- und Homosexuellenrechtsbewegungen späterer Generationen erbten und erweiterten diese kommunistisch inspirierte Befreiungstheorie. Sie führte zu einer ganzen Reihe von Konzepten, die in Opposition zur traditionellen Ehe und Familie stehen, wie die sexuelle Freizügigkeit, Homosexualität und dergleichen. Alle diese Ideen sind zu Werkzeugen geworden, die der Teufel benutzt, um die Familie zu untergraben und zu zerstören. Der Kommunismus stellt sich gegen alle traditionellen moralischen Werte und will sie stürzen, wie es im Kommunistischen Manifest klar zum Ausdruck kommt.

3. Die Förderung der sexuellen Freizügigkeit durch den Kommunismus

Der teuflische kommunistische Geist stellt sich der traditionellen Familie mit aller Kraft entgegen. Ihre Zerstörung ist eines seiner wichtigsten Ziele. Im frühen 19. Jahrhundert begann Robert Owen, ein Vertreter des utopischen Frühsozialismus, die Ideologie des Teufels in die Tat umzusetzen. Als frühsozialistischer Pionier errichtete er 1824 die utopische Kommune „New Harmony" in Indiana. Am Tag der Eröffnung der Kommune sagte er:

„Ich erkläre euch und der Welt, dass der Mensch bis zu dieser Stunde ein Sklave der Trinität der schrecklichsten Teufel gewesen ist, der Teufel, die man zusammenbringen kann, um mentales und physisches Übel über seine ganze Rasse zu bringen. Ich meine damit privates oder individuelles Eigentum – absurde und irrationale Religionssysteme – und die Ehe, die auf individuellem Eigentum begründet ist genau wie auf einigen dieser irrationalen Religionssystemen." [9]

Nachdem Owen gestorben war, gab es noch einen weiteren einflussreichen utopischen Frühsozialisten, den Franzosen Charles Fourier. Seine Gedanken hatten starken Einfluss auf Marx und die Marxisten. Nach seinem Tod ließen seine Anhänger seine Ideen in die Französische Revolution von 1848 und die Pariser Kommune einfließen und brachten sie später auch in die Vereinigten Staaten. Fourier prägte als Erster den Begriff „Feminismus" (auf Französisch: „féminisme").

In seiner idealen kommunistischen Gesellschaft wird die traditionelle Familie verachtet. Saufgelage und Orgien mit Gruppensex werden als volle Befreiung der inneren menschlichen Leidenschaften gepriesen. Er verbreitete auch die Überzeugung, dass eine faire Gesellschaft sich auch um Sex für diejenigen kümmern sollte, die sexuell abgelehnt würden (wie etwa die Älteren und weniger Ansprechenden). Der Anspruch auf sexuelle Erfüllung sei ein „Recht". Er glaubte daran, dass jede Form sexueller Befriedigung, einschließlich sexueller Misshandlung, ja selbst Inzest und Sodomie, erlaubt sein sollten.

Durch den Einfluss von Owen und insbesondere von Fourier wurden Dutzende kommunistische utopische Kommunen im 19. Jahrhundert auch in den Vereinigten Staaten gegründet. Die meisten bestanden jedoch nur kurz und scheiterten. Die am längsten währende war die Oneida Kommune, die nach Fouriers Theorien lebte. Sie bestand 32 Jahre. Die Kommune verachtete die traditionelle monogame Ehe und befürwortete Polygamie und Gruppensex. Die Bewohner bekamen einen „fairen" Zugang zu Sex, indem ihnen zugestanden wurde, dass sie jede Woche jemanden aussuchen und mit ihm Sex haben durften. Am Ende floh der Gründer, John Humphrey

Noyes, aus Angst vor einer Klage der Kirche. Die Gemeinde war gezwungen, die Lebensgemeinschaft aufzugeben. Später schrieb Noyes Bücher und wurde zum Begründer des biblischen Kommunismus.

Sexuelle Freizügigkeit ist eine unvermeidbare Folge, wenn der Kommunismus in die Praxis umgesetzt wird. Von Anfang an führte er die Menschen in Versuchung, göttliche Lehren abzuschaffen sowie Gott und die „Erbsünde" abzulehnen.

Der Niedergang der menschlichen Moral hat viele Probleme der Menschheit erst verursacht. Nach der kommunistischen „Logik" ist jedoch das Vorhandensein von Privateigentum die Ursache der Probleme. Deshalb müsse das Privateigentum zerstört werden, damit eine harmonische Gesellschaft entsteht. Aber selbst wenn das gesamte Eigentum geteilt wird, können Menschen noch Konflikte um ihre Ehepartner haben. Utopische Sozialisten nutzen daher offen ein System des „Wifesharing" (Anm.: Frauen beim Sex teilen), um solche Probleme der menschlichen Natur zu „lösen".

Diese kommunistischen „Paradiese" forderten die traditionelle Familie entweder auf direkte Weise heraus, oder sie befürworteten ein System der gemeinsamen Ehefrauen. Örtliche Gemeinschaften, Kirchen und Regierungen sahen sie deshalb als eine Bedrohung für traditionelle Moral und Ethik an und bemühten sich, die Kommunen zu unterdrücken. Dass die Kommunisten Eigentum und Frauen teilten, wurde weithin bekannt.

Das Scheitern der utopischen Kommunen lehrte Marx und Engels eine Lektion: Es war noch nicht an der Zeit, das freizügige „Wifesharing" offen zu fördern. Obwohl sich das Ziel der Vernichtung der Familie im Kommunistischen Manifest nicht geändert hatte, verfolgten sie nun einen versteckteren Ansatz, um ihre Theorien voranzubringen und die Familien zu zerstören.

Nach dem Tod von Marx veröffentlichte Engels das Buch

„Der Ursprung der Familie, des Privateigentums und des Staats", um im Lichte der Forschungen von Lewis H. Morgan Marx' Theorie über die Familie zu vervollständigen und die Marx'sche Sichtweise der Ehe weiter zu erläutern: „Die monogame Familie. [...] Sie ist gegründet auf der Herrschaft des Mannes, mit dem ausdrücklichen Zweck der Erzeugung von Kindern mit unbestrittener Vaterschaft, und diese Vaterschaft wird erfordert, weil diese Kinder dereinst als Leibeserben in das väterliche Vermögen eintreten sollen. Sie unterscheidet sich von der Paarungsehe durch weit größere Festigkeit des Ehebandes, das nun nicht mehr nach beiderseitigem Gefallen lösbar ist. Es ist jetzt in der Regel nur noch der Mann, der es lösen und seine Frau verstoßen kann." [10]

Engels argumentierte, Monogamie basiere auf Privateigentum und dass es – sobald alles Eigentum geteilt sei – ein brandneues Ehemodell geben würde, das allein auf Liebe beruhe. Oberflächlich klingt das nobel, aber in Wirklichkeit ist es das nicht.

Wenn man sich die Umsetzung der kommunistischen Theorien in der Praxis ansieht, erscheinen alle Argumente zur Verteidigung von Marx und Engels recht dürftig. Gefühle sind unzuverlässig. Wenn ein Mensch heute diesen und morgen einen anderen Menschen liebt, fördert das nicht die sexuelle Freizügigkeit? Promiskuität, wie sie nach der Gründung der ehemaligen Sowjetunion und des chinesischen kommunistischen Regimes (siehe folgender Abschnitt) stattfand, ist das Ergebnis der Umsetzung der marxistischen Doktrin.

Beziehungen zwischen Ehemann und Ehefrau sind nicht immer einfach. Das Gelübde „bis dass der Tod uns scheide" während einer traditionellen Trauung ist ein Gelübde vor Gott. Es zeigt auch die beiderseitige Bereitschaft, sich allen Herausforderungen zu stellen und sie zu meistern. Was eine Ehe ausmacht, sind nicht nur Emotionen oder Gefühle, sondern ein Sinn für Verantwortung. Den Ehepartner, die Kinder und die

Familie achtsam zu behandeln, kann sowohl den Ehemann als auch die Ehefrau zu reifen Menschen machen, die moralische Verantwortung tragen.

Marx und Engels schrieben in „Der Ursprung der Familie, des Privateigentums und des Staats", dass in einer kommunistischen Gesellschaft Privateigentum öffentlich wird; Hausarbeit wird professionalisiert; es besteht keine Notwendigkeit, sich um die Betreuung von Kindern zu kümmern, da es in der Verantwortung des Landes liegt, sich um die Kinder zu kümmern und sie zu bilden.

Und weiter: Dies beseitigt die Angst vor den ‚Folgen' von vorehelichem Sex, die heute die wichtigsten sozial-moralischen wie wirtschaftlichen Faktoren sind, die ein Mädchen davon abhält sich einem Mann, den sie liebt, hinzugeben. Reicht das dann nicht schon aus, um die Öffentlichkeit für zunehmenden außerehelichen Sex zu desensibilisieren? Reicht das dann nicht schon aus, um eine niedrige Moral – wenn ein Mädchen ausserhalb der Ehe ihre Jungfräulichkeit verliert – zu akzeptieren? Und erhöht es nicht die Akzeptanz für Frauen, die mit mehreren Partnern Geschlechtsverkehr hatten?" [11]

Obwohl Marx und Engels schöne Phrasen wie „Freiheit", „Befreiung" und „Liebe" benutzten, um ihre wahren Absichten zu verschleiern, förderten sie nichts anderes als die völlige Aufgabe der persönlichen moralischen Verantwortung. Sie ermutigen die Menschen, nur nach ihren Begierden zu handeln. Während des 19. Jahrhunderts hatten die meisten Menschen jedoch die göttlichen Lehren noch nicht ganz aufgegeben und waren gegenüber der ungehemmten Sexualität des Kommunismus zurückhaltend. Doch selbst Marx hätte sich wohl kaum vorstellen können, mit welchen Ideen die Menschen im zwanzigsten Jahrhundert und danach aufwarten würden. Dabei denken die Menschen gar nicht daran, dass sie mit ihrem Verhalten die traditionelle Familie vernichten. Das sexuelle Chaos des marxistischen Denkens ist bereits zur völlig akzeptierten Hauptströmung in der Gesellschaft geworden.

Der rote Dämon bediente sich ausgewählter Personen, um Ausschweifungen und Abweichungen zu verbreiten. Er hat es auch systematisch geplant, wie die Menschen Schritt für Schritt immer mehr angelockt werden, einzig ihren Trieben zu folgen und sich den göttlichen Lehren zu widersetzen. Das Ziel ist, sie allmählich zu verderben, bis die Familie völlig abgeschafft ist. So verliert der Mensch am Ende jeden moralischen Maßstab und fällt leicht in die Hände des Teufels.

4. Die Ehefrau beim Sex teilen: „Wifesharing" im Kommunismus

Das oben beschriebene sexuelle Chaos ist ein fester Bestandteil des Kommunismus. Es gibt Grund zu der Annahme, dass Marx seine Magd vergewaltigte und Engels das daraus entstandene Kind großziehen ließ. Engels lebte mit zwei seiner Schwestern in einer inzestuösen Beziehung zusammen. Lenin führte zehn Jahre lang eine außereheliche Affäre mit einer Frau namens Inesa und beging Ehebruch mit einer Französin. Er hatte Syphilis, da er mit Prostituierten verkehrte. Stalin war ebenso wollüstig und hat bekanntlich mit den Ehefrauen vieler anderer Männer geschlafen.

Nachdem die Sowjets die Macht ergriffen hatten, führten sie die Praxis des „Wifesharing" beim Sex ein. Die damalige Sowjetunion kann als Vorläufer der „sexuellen Befreiung" im Westen angesehen werden. In der zehnten Ausgabe der russischen Zeitschrift *Rodina* von 1990 wurde das Phänomen des „Wifesharing" während der frühen Sowjetherrschaft behandelt. Das Werk beschrieb auch das Privatleben der sowjetischen Führer Trotzki, Bucharin, Antonow, Kollontai und anderer. Sie sollen mit Sex so locker umgegangen sein wie Straßenhunde.

a) „Wifesharing" in der Sowjetunion

Schon im Jahr 1904 schrieb Lenin: „Lust kann die Energie des Geistes emanzipieren – nicht für pseudofamiliäre Werte, sondern für den Sieg des Sozialismus muss dieser Pfropfen beseitigt werden". [12]

Auf einer Sitzung der Russischen Sozialdemokratischen Arbeiterpartei schlug Leo Trotzki vor, dass die Bolschewiki nach ihrer Machtübernahme neue Grundprinzipien für die sexuellen Beziehungen ausarbeiten sollten. Die kommunistische Theorie fordert die Zerstörung der Familie und den Übergang zu einer uneingeschränkten Befriedigung des sexuellen Verlangens. Trotzki sagte auch, dass die Verantwortung für die Bildung der Kinder allein beim Staat liege.

In einem Brief an Lenin im Jahr 1911 schrieb Trotzki: „Zweifellos ist die sexuelle Unterdrückung das wichtigste Mittel zur Versklavung einer Person. Solange es eine solche Unterdrückung gibt, kann es keine Frage der wirklichen Freiheit geben. Die Familie, als eine bürgerliche Institution, hat sich selbst völlig überlebt. Es ist notwendig, den Arbeitern mehr darüber zu erzählen. [...]"

Lenin antwortete: „Und nicht nur die Familie. Alle Verbote im Zusammenhang mit der Sexualität müssen aufgehoben werden. [...] Wir haben etwas von den Suffragetten zu lernen: Sogar das Verbot der gleichgeschlechtlichen Liebe sollte aufgehoben werden." [13]

Nachdem die Bolschewiki die Macht ergriffen hatten, erließ Lenin am 19. Dezember 1917 eine Reihe von Vorschriften, die die Ehe und die Bestrafung der Homosexualität abschafften. [14]

Damals gab es auch den Slogan „Nieder mit dem Schamgefühl!" Dies war Teil des bolschewistischen Versuchs, den „Neuen Menschen" der sozialistischen Ideologie zu erschaffen. Dazu gehörte auch, dass manche Menschen nackt durch die

Straßen liefen. Andere riefen hysterisch Slogans wie „Schamgefühl gehört zur bürgerlichen Vergangenheit des sowjetischen Volkes". [15]

Am 19. Dezember 1918 feierten lesbische Gruppen den Erlass zur Abschaffung der Ehe. Trotzki schrieb in seinen Memoiren, dass die Nachricht, Lesben würden den Tag mit einer Parade feiern, Lenin sehr glücklich machte. Lenin ermunterte daraufhin mehr Menschen, nackt zu marschieren. [16]

Im Jahr 1923 wurde durch die sowjetische Erzählung „Die Liebe der drei Generationen" die Phrase „Wasser trinken" bekannt gemacht. Die Autorin, die Volkskommissarin Alexandra Kollontai, war eine Revolutionärin, die sich aus einer traditionellen Familie auf der Suche nach der „Frauenbefreiung" in die bolschewistische Fraktion kämpfte. Das im Roman propagierte „Wasser trinken" ist ein Synonym für sexuellen Genuss. In einer kommunistischen Gesellschaft ist die Befriedigung sexueller Bedürfnisse so normal und einfach wie das Trinken eines Glases Wasser. Der Spruch „Wasser trinken" war unter Fabrikarbeitern und vor allem unter Jugendlichen weit verbreitet. [17]

„Die aktuelle Moral unserer Jugend wird wie folgt zusammengefasst", schrieb der bekannte Kommunist Smidovich in der Zeitung „Prawda" (21. März 1925):

„Jedes Mitglied der Kommunistischen Jugendliga, auch ein Minderjähriger, sowie jeder Schüler der ‚Rabfak' (Anm.: Ausbildungsstätte der Kommunistischen Partei) hat das Recht, seinen Wunsch nach Sex zu befriedigen. Dieses Konzept ist zu einem Axiom geworden, und Abstinenz gilt als Begriff der Bourgeoisie. Wenn ein Mann Lust auf ein junges Mädchen hat, sei es eine Studentin, eine Arbeiterin oder sogar ein Mädchen im Schulalter, dann muss das Mädchen seiner Begierde gehorchen, sonst gilt es als bürgerliche Tochter und ist nicht würdig, als wahre Kommunistin bezeichnet zu werden." [18]

Auch die Scheidung wurde normalisiert und weit verbreitet. „Die Scheidungsrate stieg auf ein Niveau, das in der

Menschheitsgeschichte noch nie da gewesen war. In kurzer Zeit schien es, als ob jeder in Moskau eine Scheidung hätte", schreibt Paul Kengor in seinem 2015 erschienenen Buch „Takedown" über die Anfänge der Sowjet-Zeit. [19] Bereits 1926 veröffentlichte die einflussreiche amerikanische Zeitschrift *The Atlantic* einen Artikel über die erstaunliche Situation in der UdSSR mit dem Titel „The Russian Effort to Abolish Marriage" (auf Deutsch: „Die russischen Bemühungen zur Abschaffung der Ehe"). [20]

Das Phänomen der „schwedischen Familien" – welches nichts mit Schweden zu tun hat, sondern sich auf eine Gruppe von zehn bis zwölf Männern und Frauen bezieht, die zusammenleben und nach Belieben Sex miteinander haben – tauchte auch in dieser Zeit der „sexuellen Befreiung" auf. Dies öffnete die Tür für Promiskuität, sexuelles Chaos, Homosexualität, den Zusammenbruch der Moral, die Zerstörung von Familien, sexuell übertragbare Krankheiten und Vergewaltigungen. [21]

Diese „schwedischen Familien" waren die Nachfolger der kommunistischen Kommunen und verbreiteten sich in der ganzen Sowjetunion. Dies wurde als „Verstaatlichung" oder „Sozialisierung" von Frauen bezeichnet. Die Frauen in Jekaterinburg gaben im März 1918 ein trauriges Beispiel dafür: Nachdem die Bolschewiki die Stadt erobert hatten, erließen sie eine Verordnung, wonach junge Frauen im Alter von 16 bis 25 Jahren „sozialisiert" werden mussten. Der Befehl wurde von mehreren Parteifunktionären umgesetzt. [22]

Die Bolschewiki verschärften Ende der 1920er Jahre ihre Sexualpolitik. In einem Gespräch mit der feministischen Aktivistin Clara Zetkin beklagte Lenin die Philosophie des „Wasser trinkens" und nannte sie „antimarxistisch" und „unsozial". [23] Der Grund dafür war, dass die sexuelle Freizügigkeit ein unerwünschtes Nebenprodukt mit sich brachte: eine Vielzahl an Neugeborenen. Viele der Babys wurden ausgesetzt. Es zeigte sich erneut, dass die Zerstörung der Familie schließlich zum Zusammenbruch der Gesellschaft führt.

b) Sexuelle Freizügigkeit in Yan'an

In den ersten Jahren der KP Chinas waren die Umstände in China ähnlich wie die in der Sowjetunion – die kommunistischen Parteien tragen alle das gleiche Gift für die Moral und den Geist der Menschen in sich. Chen Duxiu, ein frühkommunistischer Führer, war bekannt für sein verkommenes Privatleben. Nach den Erinnerungen von Zheng Chaolin und Chen Bilan hatten die hohen Parteifunktionäre Qu Qiubai, Cai Hesen, Zhang Tailei, Xiang Jingyu, Peng Shuzhi und andere allesamt eine wirre Sexualgeschichte. Ihre Einstellung zum Sex war ähnlich dem „Glas Wasser" der frühen sowjetischen Revolutionäre.

Die „sexuelle Freizügigkeit" wurde nicht nur von den intellektuellen Führern der Partei propagiert, sondern auch von den Durchschnittsbürgern in den frühen „Sowjets" der KP Chinas (revolutionäre Enklaven) in die Tat umgesetzt. In diesen Enklaven in den Provinzen Hubei, Henan und Anhui wurde die „revolutionäre Arbeit" oft unterbrochen, um die Lust auf Sex sofort zu befriedigen. Diese Erscheinung wurde durch die Gleichstellung der Frauen und die absolute Freiheit von Ehe und Scheidung ermöglicht und gefördert.

Junge Menschen in den sowjetischen Gebieten gingen manchmal romantische Affären unter dem Deckmantel ein, sich mit den Massen zu „verbrüdern". Es war nicht ungewöhnlich, dass junge Frauen sechs oder sieben Sexualpartner hatten. Laut der Sammlung revolutionärer historischer Dokumente in den Sowjetbezirken Hubei, Henan und Anhui hatten von den lokalen Parteichefs „etwa drei Viertel sexuelle Beziehungen zu Dutzenden oder sogar Hunderten von Frauen". [24]

KAPITEL 7 ♦ DIE ZERSTÖRUNG DER FAMILIE

Im späten Frühjahr 1931, als Zhang Guotao die Leitung der sowjetischen Bezirke Hubei, Henan und Anhui übernahm, stellte er fest, dass die Syphilis so weit verbreitet war, dass er bei der Parteizentrale nach Ärzten anfragen musste, die auf die Behandlung der Krankheit spezialisiert waren. Viele Jahre später erinnerte er sich in seinen Memoiren noch lebhaft an Geschichten von Frauen in den sowjetischen Bezirken die sexuell belästigt wurden, darunter auch die Geliebten einiger Generäle. [25]

1937 diente Li Kenong als Leiter des Büros Infanteriedivision der KP Chinas (Anmerkung: Eighth Route Army) in Nanking und war damit für die Besoldung, Medikamente und den Nachschub verantwortlich. Als Mitarbeiter der Nationalregierung die Medikamentenliste seiner Einheit überprüften, fanden sie eine große Menge Medikamente zur Behandlung von sexuell übertragbaren Krankheiten. Sie fragten Li Kenong: „Gibt es in Ihrer Armee viele Menschen, die an diesen Krankheiten leiden?" Li war sich nicht sicher, was er sagen sollte, also log er: Die Medikamente seien für die Behandlung von Einheimischen gedacht. [26]

In den 1930er Jahren begann die sexuelle Freizügigkeit jedoch zur Bedrohung für das Regime zu werden. Die gleichen Probleme der sozialen Auflösung, die in Sowjetrussland auftraten, wurden auch in China offensichtlich. Die Wehrpflichtigen der Roten Armee begannen sich immer mehr Sorgen darüber zu machen, dass ihre Frauen außereheliche Affären haben oder sich von ihnen scheiden lassen würden. Dies beeinträchtigte die Kampffähigkeit der Truppen. Darüber hinaus schien der Trend zur sexuellen Freizügigkeit die traurige Berühmtheit des Slogans „Gemeinsames Eigentum, Gemeinsame Frauen" noch weiter zu vergrößern. So begannen sowjetische Bezirke Richtlinien zum Schutz von Soldaten-Ehen einzusetzen und die Zahl der Scheidungen zu begrenzen.

5. Wie der Kommunismus die Familie im Westen zerstört

Die ideologischen Strömungen des teuflischen Geistes haben ihren Ursprung im 19. Jahrhundert. Nach einem Jahrhundert der Veränderung und der Entwicklung im Westen traten sie schließlich in den 1960ern in den Vereinigten Staaten in den Vordergrund.

In den 1960er Jahren, beeinflusst und gefördert durch den Neomarxismus und verschiedene andere radikale Ideologien, entstanden soziale und kulturelle Bewegungen, die von diesem bösen Geist manipuliert wurden. Dazu gehören die Hippies, die radikale Neue Linke, die feministische Bewegung und die Protagonisten der sexuellen Revolution. Die Verwerfungen dieser sozialen Bewegungen waren ein heftiger Angriff auf das politische System, das traditionelle Wertesystem und das soziale Gefüge Amerikas.

Die Bewegungen breiteten sich schnell auf Europa aus und veränderten rapide die Art und Weise, wie der Mainstream über Gesellschaft, Familie, Sex und kulturelle Werte dachte. Während dies geschah, wuchs auch die Schwulenbewegung. Das Zusammenwirken dieser Kräfte führte zur Schwächung der traditionellen westlichen Familienwerte und zum Niedergang der Institution der traditionellen Familie und ihrer zentralen Stellung im gesellschaftlichen Leben. Gleichzeitig lösten soziale Unruhen eine Reihe von Problemen aus, darunter die Verbreitung von Pornografie, die Ausbreitung von Drogenmissbrauch, der Zusammenbruch der Sexualmoral, der Anstieg der Jugendkriminalität und die Ausweitung von sozialhilfebedürftigen Gruppen.

a) Förderung der „sexuellen Befreiung"

Die „sexuelle Freizügigkeit" (auch bekannt als die „sexuelle Befreiung") breitete sich in den 1960er Jahren in den Vereinigten Staaten aus. Ihre anschließende schnelle Weiterverbreitung in der ganzen Welt bedeutete einen verheerenden Schlag gegen die traditionellen moralischen Werte, insbesondere gegen die traditionellen Familienwerte und die sexuelle Moral.

Der böse Geist traf umfangreiche Vorbereitungen, um die „sexuelle Freizügigkeit" gegen westliche Gesellschaften einzusetzen. Die Bewegung der „freien Liebe" ebnete den Weg, um die traditionellen Familienwerte allmählich zu untergraben und zu zerlegen. Das Konzept der „freien Liebe" verstößt gegen die traditionelle Sexualmoral und argumentiert, dass sexuelle Aktivitäten aller Art frei von sozialer Regulierung sein sollten. Aus dieser Sicht sollten einzelne sexuelle Aktivitäten, einschließlich Ehe, Abtreibung und Ehebruch, nicht durch die Regierung oder das Gesetz eingeschränkt oder einer sozialen Sanktion unterworfen werden.

Die Anhänger von Charles Fourier und des christlichen Sozialisten John Humphrey Noyes waren die ersten, die den Ausdruck „freie Liebe" prägten.

In letzter Zeit sind die wichtigsten Förderer von Ideen der „freien Liebe" fast alles Sozialisten oder Menschen, die stark vom sozialistischen Denken beeinflusst sind. Zu den Pionieren der „freien Liebe" in Großbritannien gehörte beispielsweise der sozialistische Philosoph Edward Carpenter, der auch ein früher Aktivist für die Rechte der Homosexuellen war. Der berühmteste Anwalt der Schwulenrechtsbewegung, der britische Philosoph Bertrand Russell, war ein erklärter Sozialist und Mitglied der Fabian Society. Er behauptete, dass die Moral den instinktiven Drang der Menschheit nach Vergnügen nicht einschränken sollte und befürwortete vorehelichen und außerehelichen Sex.

Der wichtigste Vorläufer der freien Liebesbewegung in Frankreich war Émile Armand, in seinen frühen Tagen ein Anarcho-Kommunist, der später auf Fouriers utopischem

Kommunismus aufbaute und den französischen individualistischen Anarchismus begründete (der unter die umfassendere Kategorie des Sozialismus fällt) sowie für Freizügigkeit, Schwulsein und Bisexualität eintrat. Der Pionier der „freien Liebe" in Australien war Chummy Fleming, ein Anarchist (ein weiterer sozialistischer Ableger).

Die Bewegung der „freien Liebe" in Amerika trug starke Früchte – beispielsweise den *Playboy,* das 1953 gegründete Erotikmagazin. Das Magazin verwendete hochwertiges Papier, um den Eindruck zu erwecken, dass es sich um Kunst und nicht um Zwielichtiges handele. Es wurde auch teurer Farbdruck verwendet, was dazu führte, dass pornografische Inhalte, die typischerweise als minderwertig und vulgär galten, schnell in den Mainstream eintraten, – der *Playboy* wurde zu einem „hochwertigen" Freizeitmagazin. Seit mehr als einem halben Jahrhundert verbreitet es das Gift der „sexuellen Freiheit" auf der ganzen Welt und hat die traditionellen Moralvorstellungen und Wahrnehmungen über Sex zerstört.

Mitte des zwanzigsten Jahrhunderts, als die Hippie-Kultur an Popularität zunahm und die „freie Liebe" eine breite Akzeptanz fand, gab die „sexuelle Freizügigkeit" (auch bekannt als „sexuelle Befreiung") ihr offizielles Debüt. Der Begriff „sexuelle Revolution" wurde ursprünglich von dem bekannten deutschen Kommunisten Wilhelm Reich, dem Begründer der kommunistischen Psychoanalyse, geprägt. Er verband den Marxismus mit der freudschen Psychoanalyse und glaubte, dass Ersterer das Volk von der „wirtschaftlichen Unterdrückung" befreite, während Letztere es von der „sexuellen Unterdrückung" befreite.

Ein weiterer Begründer der Theorie der „sexuellen Befreiung" war Herbert Marcuse von der Frankfurter Schule. Während der westlichen Gegenkulturbewegung der 1960er Jahre verankerte sein Slogan „Make love, not war" die sexuelle Befreiung tief in den Herzen der Menschen.

Seither, mit der Veröffentlichung von Alfred Kinseys Buch „Menschliches Sexualverhalten bei Mann und Frau" und der weitverbreiteten Verwendung von oralen Verhütungsmitteln, hat der Begriff der „sexuellen Befreiung" stärker denn je zuvor den Westen erfasst. Es ist erwähnenswert, dass zeitgenössische Wissenschaftler falsche statistische Daten in Kinseys Arbeit entdeckten sowie Übertreibungen, übermäßige Vereinfachungen und andere Falschdarstellungen, die durch politisches und ideologisches Engagement verursacht wurden. Kinsey wollte zeigen, dass außerehelicher Sex, homosexueller Sex und anderes weiter verbreitet waren als gedacht und so die Gesellschaft veranlassen, die Normalisierung dieser Phänomene zu akzeptieren – eine Aufgabe, bei der er weitgehend erfolgreich war. [27]

Auf einmal kam es in Mode, „sexuell befreit" zu sein. Unter den jungen Leuten sah man Freizügigkeit als normal an. Teenager, die zugaben, Jungfrauen zu sein, wurden von ihren Altersgenossen verspottet. Daten zeigen, dass von denjenigen, die zwischen 1954 und 1963 (der Generation der 1960er Jahre) 15 Jahre alt wurden, 82 Prozent vor dem Alter von 30 Jahren vorehelichen Sex hatten. [28] In den 2010er Jahren waren nur fünf Prozent der neuen Bräute vor der Hochzeit noch Jungfrauen, während 18 Prozent der Bräute vor der Heirat zehn oder mehr Sexualpartner gehabt hatten. [29] Der kulturelle Mainstream ist mit Sex gesättigt, auch in Literatur, Film, Werbung und Fernsehen.

b) Förderung des Feminismus und Verachtung der traditionellen Familie

Die feministische Bewegung ist ein weiteres Werkzeug, mit dem das kommunistische Gespenst die Familie zerstört hat. Die feministische Bewegung (auch bekannt als First-Wave-Feminismus) hatte ihren Ausgangspunkt im Europa des 18. Jahrhunderts. Sie plädierte dafür, dass Frauen in Bildung, Beschäftigung und Politik die gleiche Behandlung erhalten wie Männer. Das Zentrum der feministischen Bewegung verlagerte sich in der Mitte des 19. Jahrhunderts von Europa in die Vereinigten Staaten.

Als der First-Wave-Feminismus seinen Ausgang nahm, hatte der Begriff der traditionellen Familie noch immer eine starke gesellschaftliche Grundlage, und die feministische Bewegung sprach sich nicht dafür aus, die traditionelle Familie direkt in Frage zu stellen. Einflussreiche Feministinnen jener Zeit, wie Mary Wollstonecraft aus England (1759-1797) und Margaret Fuller aus Amerika (1810-1850), sowie der einflussreiche britische Ökonom und Feminist John Stuart Mill (1807-1873) plädierten alle dafür, dass Frauen im Allgemeinen der Familie nach der Heirat Vorrang einräumen sollten, dass das Potenzial der Frauen im Bereich der Familie entwickelt werden sollte und dass Frauen sich um der Familie willen weiterbilden sollten (für die Bildung der Kinder, Verwaltung der Familie und so weiter). Sie waren jedoch der Meinung, dass einige besonders talentierte Frauen nicht von der Gesellschaft eingeschränkt werden und ihre Talente nutzen sollten, auch wenn sie dafür mit Männern in Konkurrenz treten müssten.

Nach den 1920er Jahren, als in vielen Ländern das Wahlrecht für Frauen gesetzlich verankert wurde, ging die erste Welle der Frauenrechtsbewegung allmählich zurück. In den folgenden Jahren zog sich die feministische Bewegung durch die Auswirkungen der Weltwirtschaftskrise und des Zweiten Weltkriegs im Wesentlichen zurück.

Gleichzeitig begann das kommunistische Gespenst jedoch, die Samen der Zerstörung für die traditionelle Ehe und die Sexualethik zu säen. Die frühen utopischen Sozialisten des 19. Jahrhunderts hatten die Weichen für die modernen radikalen feministischen Bewegungen gelegt. François Marie Charles

Fourier, der auch „Vater des Feminismus" genannt wird, war der Meinung, dass die Ehe Frauen in Privateigentum verwandele. Der Frühsozialist Robert Owen verfluchte die Ehe als böse. Die Ideen dieser utopischen Sozialisten wurden von späteren Feministinnen weitervererbt und weiterentwickelt. Unter ihnen war Frances Wright, die im 19. Jahrhundert die Ideen von Fourier übernahm und sich für die sexuelle Freiheit von Frauen einsetzte.

Die britische feministische Aktivistin Anna Wheeler übernahm Owens Ideen ebenfalls und verurteilte die Ehe aufs Schärfste, weil diese angeblich Frauen zu Sklaven gemacht hätte. Sozialistische feministische Aktivistinnen waren auch im 19. Jahrhundert ein wichtiger Teil der feministischen Bewegung. Zu den einflussreichsten feministischen Publikationen in Frankreich gehörten damals *La Voix des Femmes*, die allererste feministische Publikation in Frankreich, *Free Women* (*La Femme Libre*, später *La Tribune des femmes* genannt,) sowie *La Politique des Femmes*. Die Gründer dieser Publikationen waren entweder Anhänger von Fourier oder von Henri de Saint-Simon, einem Vorreiter der Moderne. Aufgrund der engen Verbindung zwischen Feminismus und Sozialismus nahmen die Behörden den Feminismus damals unter die Lupe.

Als die erste Welle der Frauenrechtsbewegungen in vollem Gange war, führte das kommunistische Gespenst eine Vielzahl radikaler Gedanken ein. Sie alle hatten nur ein Ziel: das traditionelle Konzept von Familie und Ehe anzugreifen und so den Weg für die nachfolgende radikalere feministische Bewegung zu ebnen.

Die zweite Welle feministischer Bewegungen begann in den Vereinigten Staaten in den späten 1960er Jahren, breitete sich dann in West- und Nordeuropa aus und dehnte sich schnell auf die gesamte westliche Welt aus. Die amerikanische Gesellschaft durchlebte in den späten 1960er Jahren eine Periode des Aufruhrs mit der Bürgerrechtsbewegung, der Anti-Vietnam-Kriegsbewegung und verschiedenen radikalen sozialen Trends, die allesamt dem kommunistischen Geist entsprangen (siehe Kapitel 5).

Der Feminismus, der sich diese einzigartigen Umstände zunutze machte, tauchte in einer radikaleren Form auf und wurde populär.

Der Grundstein dieser Welle feministischer Bewegungen war das 1963 veröffentlichte Buch „Der Weiblichkeitswahn" von Betty Friedan sowie die von ihr gegründete „National Organization for Women" (NOW). Aus der Perspektive einer vorstädtischen bürgerlichen Hausfrau kritisierte Friedan heftig die traditionelle Familienrolle der Frauen und argumentierte, dass das traditionelle Bild einer glücklichen, zufriedenen und fröhlichen Hausfrau ein Mythos sei. Dieser sei von einer patriarchalischen Gesellschaft geprägt worden. Sie war der Meinung, dass bürgerliche Vorstadtfamilien ein „komfortables Konzentrationslager" für amerikanische Frauen darstellten. Moderne, gebildete Frauen sollten die Unterstützung ihrer Ehemänner und die Erziehung ihrer Kinder nicht als Erfolg ansehen. Stattdessen sollten sie ihren Wert außerhalb der Familie erkennen. [30]

Einige Jahre später dominierten radikalere Feministinnen die „National Organization for Women" (NOW) und übernahmen und entwickelten Friedans Ideen. Sie sagten, dass Frauen seit der Antike vom Patriarchat unterdrückt worden seien und führten die Hauptursache für die Unterdrückung der Frauen auf die Institution der Familie zurück. Als Reaktion darauf setzten sie sich für die vollständige Transformation des Sozialsystems und der traditionellen Kultur in allen Aspekten der menschlichen Angelegenheiten ein – und kämpften in Wirtschaft, Bildung, Kultur und Familie für die Gleichstellung der Frauen.

Eine Gesellschaft in „Unterdrücker" und „Unterdrückte" einzuteilen, um für Kampf, Befreiung und Gleichheit einzutreten, ist aber genau das, worum es beim Kommunismus geht. Der traditionelle Marxismus klassifiziert Gruppen nach ihrem wirtschaftlichen Status, während neofeministische Bewegungen die Menschen nach Geschlecht unterteilen. Dies nennt sich Identitätspolitik.

Betty Friedan, Autorin von „Der Weiblichkeitswahn", war jedoch nicht, wie in ihrem Buch beschrieben, eine bürgerliche Vorstadt-Hausfrau, die sich mit ihrer Hausarbeit langweilte. Daniel Horowitz, Professor am Smith College, schrieb 1998 eine Biografie über Friedan mit dem Titel „Betty Friedan and the Making of The Feminine Mystique". Seine Forschungen zeigen, dass Friedan unter ihrem Mädchennamen Betty Goldstein seit ihren Studienjahren bis in die 1950er Jahre eine radikale sozialistische Aktivistin war. Zu verschiedenen Zeiten war sie eine professionelle Journalistin oder besser gesagt Propagandistin für mehrere radikale Gewerkschaften im Dunstkreis der Kommunistischen Partei der USA.

David Horowitz, ein ehemaliger Linker und ohne Bezug zu Daniel Horowitz, überprüfte ihre veröffentlichten Artikel, um die Entwicklung ihrer Ansichten zu verstehen. [31] Während ihres Aufenthalts an der Universität von Kalifornien in Berkeley war sie Mitglied der Young Communist League. Friedan beantragte sogar zweimal zu verschiedenen Zeiten die Mitgliedschaft in der KPUSA. Judith Hennesee, ihre autorisierte Biografin, deutet ebenfalls an, dass sie Marxistin war. [32]

Kate Weigand, eine amerikanische Wissenschaftlerin, weist in ihrem Buch „Red Feminism" darauf hin, dass sich der Feminismus in den Vereinigten Staaten von Anfang des 20. Jahrhunderts bis in die 1960er Jahre weiterentwickelte. Während dieser Zeit ebnete eine große Gruppe von roten feministischen Schriftstellern mit kommunistischem Hintergrund den Weg für die nachfolgende feministische Bewegung der zweiten Generation. Dazu gehören Susan Anthony, Eleanor Flex, Gerda

Lerner und Eve Merriam. Bereits 1946 wandte Anthony die marxistische Analysemethode an, um eine Analogie zwischen dem Weißen, der das Schwarze unterdrückt, und dem Mann, der das Weibliche unterdrückt, herzustellen. Aufgrund des McCarthyismus in jener Zeit sprachen solche Schriftsteller jedoch nicht mehr über ihren roten Hintergrund. [33]

In Europa sorgte die französische Schriftstellerin Simone de Beauvoir mit ihrem Bestseller „Das andere Geschlecht" (1949) für einen euphorischen Beginn der zweiten Welle des Feminismus. De Beauvoir war zuvor Sozialistin. 1941 gründete sie zusammen mit dem kommunistischen Philosophen Jean-Paul Sartre und anderen Schriftstellern „Socialisme et liberté", eine französische sozialistische Untergrundorganisation. Mit dem Aufstieg ihres Rufs als Feministin in den 1960er Jahren erklärte de Beauvoir, dass sie nicht mehr an den Sozialismus glaube, und behauptete, dass sie nur eine Feministin sei.

Sie sagte: „Man wird nicht als Frau geboren, sondern zur Frau gemacht." Sie war der Meinung, dass das Geschlecht nur ein psychologisches Konzept sei, das erst durch die Wahrnehmung des Einzelnen/Betreffenden bestimmt werde. Es entwickle sich im Umgang mit anderen Menschen. Sie argumentierte, dass Eigenschaften wie Gehorsam, Gefügigkeit, Zuneigung und Mutterschaft alle aus dem „Mythos" abgeleitet wären, der vom Patriarchat sorgfältig für die Unterdrückung von Frauen entworfen wurde und befürwortete, dass Frauen mit traditionellen Vorstellungen brechen und ihr uneingeschränktes Selbst verwirklichen.

Diese Mentalität bildete die Grundlage für die Popularisierung schädlicher Strömungen wie der Homosexualität, Bisexualität, Transgenderismus und dergleichen. Seitdem sind verschiedene feministische Gedanken entstanden. Sie alle gehen von einer Weltsicht aus, in der Frauen als vom Patriarchat unterdrückt angesehen werden. Diese Unterdrückung werde durch die Institution der traditionellen Familie realisiert – weshalb die Familie bloß als Hindernis für die weibliche Gleichstellung betrachtet wird. [34]

De Beauvoir war der Meinung, dass Frauen von ihren Männern in der Ehe unterdrückt werden. Sie bezeichnete die Ehe als „so ekelhaft wie Prostitution" und weigerte sich zu heiraten. Sie unterhielt zu Jean-Paul Sartre eine „offene Beziehung". Sartre hatte seinerseits sexuelle Begegnungen mit anderen Frauen.

Ihre Sicht auf die Ehe ist bis heute der Standard unter den radikalen Feministinnen. Solche chaotischen sexuellen Verbindungen und Beziehungen sind genau das System des „Wifesharing" („Ehefrauenteilung"), das Charles Fourier, der Vorläufer des utopischen Kommunismus, im 19. Jahrhundert erstmals vorgestellt hatte.

Der Feminismus ist heute in allen Bereichen der Gesellschaft weit verbreitet. Eine Umfrage der US-Universität Harvard aus dem Jahr 2016 ergab, dass etwa 59 Prozent der Frauen feministische Ansichten unterstützen.

Eine wesentliche Behauptung des zeitgenössischen Feminismus besagt, dass neben den physiologischen Unterschieden in männlichen und weiblichen Fortpflanzungsorganen keine anderen physischen und psychologischen Unterschiede zwischen den Geschlechtern existierten. Deswegen seien die Unterschiede von Verhalten und Persönlichkeit zwischen Männern und Frauen gänzlich auf soziale und kulturelle Gründe zurückzuführen. Nach dieser Logik sollten Männer und Frauen in allen Aspekten des Lebens und der Gesellschaft völlig gleich sein, und alle Erscheinungsformen von „Ungleichheit" zwischen Männern und Frauen wären allein das Ergebnis einer Kultur und Gesellschaft, die unterdrückerisch und sexistisch sei. Der zeitgenössische Feminismus duldet keine andere Erklärung für die Ungleichheit von Männern und Frauen. Die Schuld muss also der sozialen Konditionierung und der traditionellen Moral gegeben werden. Nur so ist es „politisch korrekt".

So übersteigt beispielsweise die Zahl der Männer, die als Führungskräfte in großen Unternehmen, als hochrangige Akademiker in Elite-Universitäten und hohe Regierungsbeamte arbeiten, bei Weitem den Anteil der Frauen in ähnlichen Positionen. Viele Feministinnen glauben, dass dies hauptsächlich durch den Sexismus verursacht wird, obwohl in der Tat ein fairer Vergleich zwischen den Geschlechtern nur unter Berücksichtigung von Faktoren wie Fähigkeit, Arbeitsstunden, Arbeitsethik und dergleichen möglich ist. Um in hochrangigen Positionen erfolgreich zu sein, sind beispielsweise oft länger andauernde, intensive Überstunden notwendig. Wochenenden und Abende müssen geopfert werden, es kommt zu plötzlichen Notfallsitzungen, häufigen Geschäftsreisen und so weiter.

Die Geburt eines Kindes ist ein Ereignis, das die Karriere einer Frau oft unterbricht, und Frauen tendieren dazu, sich Zeit für ihre Familien und Kinder zu nehmen, anstatt sich ganz ihrer Arbeit zu widmen. Darüber hinaus besitzen Menschen mit der Fähigkeit, Führungspositionen zu besetzen, in der Regel sehr durchsetzungsstarke Persönlichkeiten, während Frauen meist eher sanfter und im Umgang angenehmer sind. Diese Faktoren führen möglicherweise dazu, dass Frauen einen so geringen Anteil an hochrangigen Positionen besetzen. Feministinnen halten jedoch die Tendenz, sanftmütig zu sein und sich an Familie und Kindern zu orientieren für Merkmale, die Frauen von einer sexistischen Gesellschaft aufgezwungen werden. Nach Ansicht des Feminismus sollten diese Unterschiede durch Dienstleistungen wie öffentliche Kindertagesstätten und andere Formen der Fürsorge ausgeglichen werden. [35]

Im Jahr 2005 sprach Lawrence Summers, Präsident der Harvard-Universität, auf einer akademischen Konferenz darüber, warum weniger Frauen in naturwissenschaftlichen und mathematischen Fächern an Spitzenuniversitäten lehren. Als Gründe nannte Summers, dass neben den 80 Wochenstunden und den unberechenbaren Arbeitszeiten (die die meisten Frauen lieber für die Familie reservieren würden) Männer und Frauen in ihrer Kompetenz unterschiedlich seien, wenn es um fortgeschrittene Wissenschaft und Mathematik geht. Obwohl er seine Aussagen durch entsprechende Studien untermauerte, wurde Summers zum Ziel von Protesten der feministischen Nationalen Frauenorganisation (NOW). Die Gruppe beschuldigte ihn des Sexismus und verlangte seine Entlassung. Summers wurde in den Medien scharf kritisiert und gezwungen, sich für seine Aussagen öffentlich zu entschuldigen. [36]

1980 veröffentlichte das *Science Magazine* eine Studie, wonach Schülerinnen und Schüler signifikante Unterschiede in ihrer mathematischen Denkweise hatten. Jungen schnitten dabei besser ab als Mädchen. [37]

Eine nachfolgende Studie, die Ergebnisse von Mathematik-Eignungstests für die Uni verglich, ergab, dass es bei männlichen Prüflingen viermal wahrscheinlicher war, einen sehr guten Wert von mehr als 600 zu erreichen, als bei den Frauen. Dieser Abstand wurde an der 700-Punkte-Schwelle noch extremer, wo 13-mal mehr männliche Testpersonen diese Punktzahl erreichten als Frauen. [38] Lawrence Summers' Argumente wurden durch wissenschaftliche Daten untermauert.

In einigen Medienberichten im Anschluss an den Eklat um die Summers-Aussagen im Jahr 2005 wurde erwähnt, dass die erzwungene öffentliche Entschuldigung im Fall von Summers die Umerziehungspolitik der kommunistischen Regime widerspiegelt, die zur Unterdrückung von Dissidenten eingesetzt werde. Auch wenn die Ursachen der Ungleichheit noch nicht geklärt waren, wurde die Gleichheit der Ergebnisse durch die Förderung der „Vielfalt" durchgesetzt.

Es ist einfach, die Zusammenhänge zwischen Feminismus und Sozialismus zu erkennen. Alexis de Tocqueville, ein französischer Diplomat und Politikwissenschaftler aus dem 19. Jahrhundert, sagte: „Demokratie und Sozialismus haben nichts gemeinsam, außer einem Wort: der Gleichheit. Aber beachte den Unterschied: Während die Demokratie die Gleichheit in der Freiheit anstrebt, strebt sie der Sozialismus in Zwang und Knechtschaft an." [39]

Bewusste Versuche, Unterschiede zwischen den Geschlechtern zu beseitigen, laufen dem gesunden Menschenverstand zuwider und verhindern, dass sowohl Männer als auch Frauen ihre Potenziale ausschöpfen können.

Während die Ursachen für die psychologischen und intellektuellen Unterschiede zwischen Männern und Frauen vielleicht nicht sofort ersichtlich sind, steht die Leugnung ihrer körperlichen und reproduktiven Unterschiede im Widerspruch zur Realität. Sowohl in der östlichen als auch der westlichen traditionellen Sichtweise sind Männer Schutzfiguren. Es ist normal, dass Feuerwehrleute mehrheitlich Männer sind. Feministinnen, die an die absolute Gleichstellung von Mann und Frau glauben, fordern jedoch, dass Frauen traditionell männliche Aufgaben übernehmen sollten – was zu unerwarteten Auswüchsen geführt hat.

Im Jahr 2005 erlaubte die New Yorker Feuerwehr (NYFD) zum ersten Mal einer Frau, Feuerwehrmann zu werden, ohne die körperlichen Prüfungen bestehen zu müssen. Dazu hätte typischerweise die Erledigung von Aufgaben gehört, im Zuge derer man Sauerstofftanks und andere Geräte mit einem Gewicht von 25 Kilogramm trägt. Andere Feuerwehrleute äußerten sich besorgt darüber und sagten, dass Kollegen, die die Normen nicht erfüllen können, unweigerlich zur Belastung und Gefahr für den Rest des Teams und die Öffentlichkeit würden.

Die Feuerwehr stellte die Frau schließlich ein, um eine Klage zu vermeiden. Feministische Gruppen hatten lange Zeit die hohen körperlichen Standards des NYFD für den geringen Anteil von Frauen, die in die Feuerwehr eintreten, verantwortlich gemacht. [40] Die Chicagoer Feuerwehr stand vor ähnlichen Herausforderungen und war gezwungen, den Standard zu senken, um die Zahl der weiblichen Feuerwehrleute zu erhöhen.

In Australien haben viele Stadtfeuerwehren Geschlechterquoten eingeführt. Für jeden eingestellten männlichen Bewerber musste auch eine Frau eingestellt werden. Um dieser Anforderung gerecht zu werden, wurden für Männer und Frauen trotz der Tatsache, dass sie sich für den gleichen gefährlichen, hochbelastenden Job bewerben, sehr unterschiedliche körperliche Standards festgelegt.

Diese unlogische Kampagne für die Gleichheit der Ergebnisse war damit nicht zu Ende. Die Quoten schufen Unfrieden zwischen männlichen und weiblichen Feuerwehrleuten, die berichteten, dass ihre männlichen Mitarbeiter ihnen die Schuld dafür gaben, dass sie unqualifiziert und inkompetent waren. Feministische Gruppen bezeichneten dies als „Mobbing" und „psychologischen Druck" [41]. Die Situation schuf einen weiteren Anlass für Feministinnen, um ihren vermeintlichen Kreuzzug für Gleichberechtigung weiterzuführen.

Aber diese Absurdität ist ein bewusster Schritt in den Plänen des kommunistischen Gespenstes: Indem der Feminismus das vermeintliche Patriarchat – also die traditionelle Gesellschaft – infrage stellt, untergräbt er die traditionelle Familie auf die gleiche Weise, wie der Klassenkampf dazu benutzt wird, das kapitalistische System zu untergraben.

In einer traditionellen Kultur wird es als selbstverständlich angesehen, dass Männer männlich und Frauen weiblich sein sollten. Männer übernehmen Verantwortung für ihre Familien und Gemeinschaften, indem sie Frauen und Kinder schützen. Diese patriarchalische Struktur stellt der Feminismus mit der Begründung, er würde Männern unfaire Vorteile verschaffen und gleichzeitig Frauen unterdrücken, infrage. Der Feminismus hat keinen Platz für den traditionellen Geist der Ritterlichkeit oder das Verhalten eines Gentlemans. In einer feministischen Welt hätten die Männer an Bord der sinkenden Titanic ihren Platz in den Rettungsbooten nicht geopfert, damit die weiblichen Passagiere eine bessere Überlebenschance hätten.

Der Kreuzzug des Feminismus gegen das Patriarchat hat auch den Bereich der Bildung erreicht. 1975 ordnete ein Gerichtsurteil im US-Bundesstaat Pennsylvania nach einer Klage gegen die Pennsylvania Intercollegiate Athletic Federation an, dass Schulen sowohl männliche als auch weibliche Schüler in alle körperlichen Aktivitäten, einschließlich Ringen und American Football, einbeziehen müssen. Mädchen durften sich nicht allein aufgrund ihres Geschlechts enthalten. [42]

In ihrem Buch „The War Against Boys: How Feminism Is Harming Our Young Men" (auf Deutsch: Der Krieg gegen Jungen: Wie Feminismus unseren jungen Männern schadet) argumentierte die amerikanische Wissenschaftlerin Christina Hoff Sommers, dass die Männlichkeit immer mehr unter Beschuss gerät. [43] Sie zeigte das Beispiel der Aviation High School in Queens, New York, die vor allem Schüler aus einkommensschwachen Familien aufnimmt. Die Schule hat diese Kinder auf hohe akademische Standards gebracht und wird als eine der besten High Schools in Amerika eingestuft.

Die Schule hat sich darauf spezialisiert, ihre Schüler durch praktische Projekte wie den Bau von elektromechanischen Flugzeugen zu unterrichten und es überrascht nicht, dass die Schulklassen überwiegend männlich sind. Mädchen bilden einen kleineren Prozentsatz der Schüler, erbringen aber auch bemerkenswerte Leistungen und verdienen sich den Respekt ihrer Altersgenossen und Ausbilder.

Dennoch sah sich die Aviation High School mit zunehmender Kritik und Androhung von Klagen feministischer Organisationen konfrontiert, die forderten, dass mehr weibliche Schüler aufgenommen werden. In einer Rede im Weißen Haus im Jahr 2010 zielte die Gründerin des National Women's Law Center speziell auf die Aviation High School als einen Fall von „Gender Isolation" ab und sagte: „Wir werden uns kaum auf unseren Lorbeeren ausruhen, bis wir absolute Gleichheit haben, und wir sind noch nicht dort angekommen."

Die Erziehung von Jungen zu ihrem männlichen Charakter der Unabhängigkeit und des Abenteuers sowie die Ermutigung an Mädchen, sanft, rücksichtsvoll und familienorientiert zu sein, bedeuten für Feministen nichts anderes als Unterdrückung und sexistische Ungleichheit.

Der moderne Feminismus zwingt die Gesellschaft in eine geschlechtslose Zukunft, indem er die psychologischen Eigenschaften von Männern und Frauen angreift, die ihr jeweiliges Geschlecht prägen. Dies hat besonders schwerwiegende Auswirkungen auf Kinder und Jugendliche, die sich in der Wachstumsphase befinden und wo es bei einer immer größer werdenden Anzahl zu erwarten ist, dass sie homosexuell, bisexuell oder Transgender werden.

Dies ist in einigen europäischen Ländern bereits im Gange, wo immer mehr Kinder das Gefühl haben, im falschen Körper geboren zu sein. Im Jahr 2009 erhielt der Gender Identity Development Service (GIDS), der seinen Sitz beim Tavistock and Portman NHS Foundation Trust in London hat, 97 Empfehlungen für den Übergang zu einem anderen Geschlecht – 2017 waren es jährlich bereits über 2.500 solcher Überweisungen. [44]

Die traditionelle Gesellschaft betrachtet die Geburt und die Erziehung der Kinder als die heilige Pflicht der Frauen, die von Gott oder dem Himmel dafür bestimmt wurden. In der Geschichte von Ost und West steht hinter jedem großen Helden eine große Mutter. Der Feminismus verwirft diese Tradition als patriarchalische Unterdrückung. Ein wichtiges

Beispiel für diese Unterdrückung zeige die Erwartung, dass Frauen für die Erziehung ihrer Kinder verantwortlich seien.

Die zeitgenössische feministische Literatur beschreibt die Mutterschaft und das Eheleben als „monoton, langweilig und unentgeltlich". Die Verzerrung dieser Sichtweise wird deutlich, wenn man das persönliche Leben bekannter Feministinnen betrachtet. Fast alle von ihnen leiden unter zerbrochenen Beziehungen oder gescheiterten Ehen oder sie sind kinderlos. Deswegen könnten sie natürlich nicht verstehen, dass normale Frauen die Ehe und Familie als das Wichtigste im Leben betrachten und dass bei der Erziehung der Kinder die natürliche Zufriedenheit einer Mutter entsteht.

Der Feminismus hat die Tür für alle möglichen abweichenden Vorstellungen geöffnet. Es gibt diejenigen, die darauf bestehen, dass das Persönliche politisch sei und innenpolitische Konflikte als Geschlechterkriege betrachten. Einige betrachten Männer als Parasiten, die den Verstand und die Körper der Frauen versklavten. Andere beschreiben Kinder als ein Hindernis für Frauen, die ihr volles Potenzial ausschöpfen wollen und behaupten, dass die Wurzeln der Unterdrückung in der Familienstruktur liegen.

Der moderne Feminismus verkündet offen, dass sein Ziel darin besteht, die traditionelle Familie zu zerstören. Zu den typischen Aussagen gehören die folgenden: „Die Voraussetzung für die Befreiung der Frauen ist das Ende des Ehesystems." [45] „Wir können die Ungleichheiten zwischen Männern und Frauen nicht zerstören, solange wir nicht die Ehe zerstört haben." [46]

Feministische Bewegungen lösen vermeintliche soziale Probleme, indem sie im Namen der „Befreiung" moralische Degeneration fördern und menschliche Beziehungen zerstören. Laut Sylvia Ann Hewlett, einer amerikanischen Ökonomin und Gender-Spezialistin, ist der moderne Feminismus der Hauptfaktor für die große Anzahl von Haushalten mit alleinerziehenden Müttern, während die schuldfreie Scheidung tatsächlich ein bequemes Mittel für Männer ist, sich aus ihrer Verantwortung zu stehlen. Ironischerweise wirkt der Angriff des Feminismus auf die bestehende Familienstruktur darauf hin, den Hafen zu zerstören, der das Glück und die Sicherheit der meisten Frauen gewährleistet.

Die Vereinfachung von Scheidungen hat nicht zu emanzipierten Frauen geführt. Eine Studie der London School of Economics von 2008 fand heraus, dass 27 Prozent der geschiedenen Frauen unterhalb der Armutsgrenze leben, ein Prozentsatz, der dreimal höher ist als der von geschiedenen Männern. [47] Das Gespenst des Kommunismus interessiert sich nicht für die Rechte der Frauen. Der Feminismus ist nur sein Werkzeug, um Familien und Menschen zu zerstören.

c) Das Verderben der Familienstruktur durch Homosexualität

Die Lesben-, Schwulen-, Bisexuellen- und Transgender-Bewegung (LGBT) ist eng mit dem Kommunismus verbunden, seit die ersten Utopisten begannen, Homosexualität als Menschenrecht zu propagieren. Da die kommunistische Bewegung behauptet, Menschen von der Knechtschaft der traditionellen Moral zu befreien, fordert ihre Ideologie natürlich vermeintliche LGBT-Rechte als Teil ihres Programms der „sexuellen Befreiung". Viele Befürworter der „sexuellen Befreiung", die Homosexualität entschieden unterstützen, sind Kommunisten oder teilen deren Ansichten.

Die weltweit erste große LGBT-Bewegung wurde in den 1890er Jahren von hochrangigen Persönlichkeiten der Sozialdemokratischen Partei Deutschlands (SPD) gegründet. Unter der Leitung von Magnus Hirschfeld förderte diese Gruppe die Homosexualität als „natürlich" und „moralisch". 1897 wurde das „Wissenschaftlich-Humanitäre Komitee" von Hirschfeld gegründet, um sich für LGBT-Angelegenheiten einzusetzen. Es startete in seinem Gründungsjahr seine erste öffentliche Kampagne.

Als 1895 gegen den britischen Schriftsteller Oscar Wilde wegen seiner sexuellen Beziehung mit einem anderen Mann ermittelt wurde, war die SPD die einzige Gruppe, die ihn verteidigen wollte. SPD-Chef Eduard Bernstein schlug einen Gesetzentwurf vor, um das Gesetz zum Verbot von Sodomie aufzuheben.

Eines der radikalsten Beispiele für „sexuelle Befreiung" in dieser Zeit war Russland nach der Oktoberrevolution. Die sowjetische Sexualpolitik, die bereits in diesem Kapitel diskutiert wurde, schaffte gesetzliche Verbote für homosexuelle Beziehungen ab und machte die Sowjetunion nach linken Maßstäben zum liberalsten Land der Welt.

1997 verabschiedete der Afrikanische Nationalkongress (ANC) Südafrikas die weltweit erste Verfassung, die gleichgeschlechtliche Ehe als Menschenrecht anerkannte. Der ANC ist ein Mitglied der „Sozialistischen Internationale" und konsequenter Unterstützer der Homosexualität.

Inspiriert von Hirschfelds „Wissenschaftlich-humanitärem Komitee" gründete Henry Gerber 1924 die „Society for Human Rights", die erste amerikanische Organisation für LGBT. Die „Society for Human Rights" hatte nur eine kurze Lebensdauer, da mehrere ihrer Mitglieder kurz nach ihrer Gründung verhaftet wurden. 1950 gründete der amerikanische Kommunist Harry Hay in seiner Residenz in Los Angeles die „Mattachine Society". Das Unternehmen war die erste einflussreiche LGBT-Gruppe in den Vereinigten Staaten. Sie expandierte auf andere Bereiche und veröffentlichte eigene Publikationen.

In den 1960er Jahren ging die Homosexuellenbewegung an die Öffentlichkeit und begleitete die Welle der sexuellen Liberalisierung und die Hippie-Bewegung. 1971 bekundete die „National Organization for Women", eine der wichtigsten amerikanischen feministischen Organisationen, ihre Unterstützung für „homosexuelle Rechte".

Die Förderung von Homosexualität durch den Kommunismus hat zum Wachstum einer Reihe von ungesunden Zuständen beigetragen, die in der LGBT-Gemeinschaft weit verbreitet sind. Viele Studien bestätigen, dass Homosexuelle deutlich höhere Raten bei bestimmten sexuell übertragbaren Krankheiten haben als die allgemeine Bevölkerung – einschließlich AIDS, Depressionen, Selbstmord und Drogenmissbrauch. Dies ist selbst in Ländern wie Dänemark der Fall, wo gleichgeschlechtliche Ehen schon lange legal und nicht stigmatisiert sind. Der Anteil von AIDS und Syphilis unter Homosexuellen liegt zwischen dem 38- und 109-fachen der normalen Bevölkerung. Vor den Erfolgen bei der AIDS-Behandlung in den 1990er Jahren war die durchschnittliche Lebenserwartung von Homosexuellen acht bis zwanzig Jahre kürzer als die der durchschnittlichen Bevölkerung. Diese Fakten deuten nicht darauf hin, dass Homosexualität gesund ist.

Die LGBT-Bewegung, die sexuelle Befreiung und der Feminismus haben die Familienstruktur und die menschliche Moral unter Druck gesetzt.

Jeder sollte mit Freundlichkeit und Mitgefühl behandelt werden. Die Götter schufen Mann und Frau nach ihrem eigenen Bild und legten die Bedingungen für das Menschsein fest. Wahre Barmherzigkeit erinnert die Menschen daran, nach göttlich festgelegten Moralvorstellungen zu leben.

d) Förderung von Scheidung und Abtreibung

Vor 1969 basierten die staatlichen Scheidungsgesetze in den Vereinigten Staaten auf traditionellen religiösen Werten. Damit eine Scheidung überhaupt in Betracht gezogen werden konnte, musste ein schweres Fehlverhalten von einem oder beiden Ehepartnern vorliegen. Die westliche Religion lehrt, dass die Ehe von Gott gegeben ist. Eine stabile Familie ist von Vorteil für den Mann, die Frau, die Kinder und die ganze Gesellschaft. Aus diesem Grund betonten die Kirchen- und US-Bundesgesetze alle die Bedeutung der Erhaltung von Ehen, außer unter besonderen Umständen.

Aber in den 1960er Jahren hatte sich die Ideologie der Frankfurter Schule auf die Gesellschaft ausgeweitet. Die traditionelle Ehe wurde angegriffen, und der größte Schaden wurde durch Liberalismus und Feminismus angerichtet.

Der Liberalismus lehnte die göttliche Natur der Ehe ab, indem er ihre Definition auf einen Gesellschaftsvertrag zwischen zwei Menschen reduzierte, während der Feminismus die traditionelle Familie als ein patriarchalisches Instrument zur Unterdrückung der Frau betrachtete. Die Scheidung wurde als Befreiung einer Frau von der „Unterdrückung" einer unglücklichen Ehe oder als ihr Weg zu einem spannenden Abenteuer-Leben gefördert. Diese Denkweise führte zur Legalisierung der unverschuldeten Scheidung, die es beiden Ehepartnern erlaubte, eine Ehe aus jedwedem Grund aufzulösen.

Die Scheidungsrate in den USA stieg in den 1970er Jahren rapide an. Zum ersten Mal in der amerikanischen Geschichte wurden mehr Ehen durch Meinungsverschiedenheiten als durch den Tod beendet. Von allen frisch verheirateten Paaren Anfang der 1970er Jahre ließ sich fast die Hälfte scheiden.

Scheidung hat tiefe und langanhaltende Auswirkungen auf Kinder. Michael Reagan, der Adoptivsohn des ehemaligen Präsidenten Ronald Reagan, beschrieb die Trennung seiner Eltern: „In der Scheidung nehmen zwei Erwachsene alles, was für ein Kind wichtig ist – das Haus des Kindes, die Familie, die Geborgenheit und das Gefühl, geliebt und beschützt zu werden – und sie zerschlagen alles, lassen es in Trümmern auf dem Boden liegen, gehen dann raus und lassen das Kind zurück, um das Chaos zu beseitigen." [48]

Die Förderung des „Rechts auf Abtreibung" ist eine weitere Methode, mit der der Teufel Menschen zerstört. Zunächst beschränkte sich die Diskussion über die legalisierte Abtreibung auf bestimmte Umstände wie Vergewaltigung, Inzest oder die schwache Gesundheit der Mutter.

Befürworter der „sexuellen Befreiung" glauben, dass Sex nicht auf die Grenzen der Ehe beschränkt sein sollte, aber eine unerwünschte Schwangerschaft stellt ein natürliches Hindernis für diese Art von Lebensstil dar. Verhütungsmittel können versagen. Auf der Internationalen Konferenz der Vereinten Nationen über Bevölkerung und Entwicklung in Kairo 1994 wurde offen festgelegt, dass „Fortpflanzungs-Rechte" ein natürliches Menschenrecht seien, einschließlich des Rechts auf ein „befriedigendes und sicheres Sexualleben", welches auch eine Abtreibung nach Belieben umfasst. [49]

Gleichzeitig führten Feministinnen den Slogan „mein Körper, mein Recht" als Argument ein, dass Frauen das Recht hätten, ihre ungeborenen Kinder zu gebären oder sie zu töten. Die Debatte erstreckte sich von der Zulassung der Abtreibung unter besonderen Umständen bis hin zum alleinigen Entscheidungsrecht für Frauen, das Leben des Ungeborenen zu beenden.

Durch die Ermordung von Ungeborenen werden die Menschen nicht nur zu monströsen Verbrechen verleitet, sie haben auch das traditionelle Verständnis aufgegeben, dass das Leben heilig ist.

e) Das Sozialsystem fördert alleinerziehende Mütter

Im Jahr 1965 wurden in den USA nur fünf Prozent der Kinder von unverheirateten Müttern geboren. [50] In dieser Zeit wurde es als selbstverständlich angesehen, dass Kinder ihre biologischen Väter kennen.

In den 2010er Jahren erfolgten 40 Prozent der Geburten durch unverheiratete Mütter. [51] Von 1965 bis 2012 stieg die Zahl der Alleinerziehenden in Amerika von 3,3 Millionen auf 13 Millionen. [52] Obwohl einige Väter durch Zusammenleben oder spätere Heirat den Kindern erhalten blieben, wuchs die Mehrheit, die von alleinerziehenden Müttern geboren wurde, ohne ihre Väter auf.

Väter dienen ihren Söhnen als Vorbilder, indem sie ihnen beibringen, Männer zu sein. Und sie zeigen ihren Töchtern, wie es sich anfühlt, in der Weise geliebt und respektiert zu werden, wie es Frauen verdienen.

Kinder leiden stark unter der Abwesenheit eines Vaters. Untersuchungen zeigen, dass Kinder in den USA, die ohne Väter aufgewachsen sind, oft unter einem niedrigen Selbstwertgefühl leiden. Sie schwänzen häufiger den Unterricht und brechen die Schule mit einer Rate von bis zu 71 Prozent ab. Viele nehmen Drogen, schließen sich Banden an und werden Kriminelle: 85 Prozent der inhaftierten Jugendlichen und 90 Prozent der Vagabunden wurden in vaterlosen Haushalten aufgezogen. Frühe sexuelle Erfahrungen, Teenager-Schwangerschaften und Promiskuität sind in solchen Haushalten üblich. Menschen, die ohne ihren Vater aufgewachsen sind, begehen 40-mal häufiger Sexualdelikte als der Rest der Bevölkerung. [53]

Die „Brookings Institution" gibt jungen Menschen, die der Armut entkommen wollen, drei Ratschläge: „Absolvieren Sie die High School, gehen Sie einem Vollzeitjob nach und warten Sie bis zum Alter von 21 Jahren, um zu heiraten und Kinder zu bekommen." Statistisch gesehen leben nur zwei Prozent der Amerikaner, die diese Bedingungen erfüllen, in Armut, und rund 75 Prozent gehören zur Mittelschicht. Mit anderen Worten: Der Abschluss der Ausbildung, die Arbeitssuche, die Heirat in einem angemessenen Alter und die Geburt von Kindern im Rahmen der Ehe sind der zuverlässigste Weg, um ein verantwortungsbewusster

Erwachsener zu werden, der ein gesundes, produktives Leben führt. [54]

Die meisten alleinstehenden Mütter sind hingegen auf Wohltätigkeitsorganisationen der Regierung angewiesen. Ein von der amerikanischen „Heritage Foundation" veröffentlichter Bericht zeigt anhand detaillierter statistischer Daten, dass die von Feministinnen so stark befürwortete Wohlfahrtspolitik in der Realität die Zahl der Ein-Mutter-Haushalte fördert. Das geht bis zur Bestrafung von Paaren, die heiraten, da diese dann weniger Sozialleistungen erhalten. [55] Die Regierung hat den Vater durch die Sozialhilfe ersetzt.

Die Sozialpolitik hat Familien, die in Armut leben, somit nicht geholfen. Stattdessen hat sie einfach die ständig wachsende Zahl von Alleinerziehenden gefördert. Da die Kinder aus solchen Haushalten selbst armutsgefährdet sind, kommt es zu einem Teufelskreis der zunehmenden Abhängigkeit von staatlichen Beihilfen. Genau das ist es aber, was das Gespenst des Kommunismus erreichen will: die Kontrolle über jeden Aspekt des Lebens des Einzelnen durch hohe Besteuerung und stark intervenierende Sozialpolitik.

f) Förderung verkommener Kultur

Im Jahr 2000 waren 55 Prozent der Menschen zwischen 25 und 34 Jahren verheiratet und 34 Prozent noch nie verheiratet. Bis 2015 veränderten sich diese Zahlen auf 40 Prozent und 53 Prozent. Junge Menschen in den Vereinigten Staaten vermeiden die Ehe, weil in unserer heutigen Kultur Sex und Ehe völlig getrennt sind. Wozu sollten sie denn noch heiraten? [56]

In dieser degenerierten Umgebung geht der Trend zu lockeren, ungezwungenen Verbindungen. Sex hat nichts mit Zuneigung zu tun und noch viel weniger mit Engagement und Verantwortung. Noch beängstigender ist die Fülle der sexuellen Orientierungen. Die Optionen der Benutzerprofile von

Facebook bieten sechzig verschiedene Arten von sexuellen Orientierungen. Wenn junge Menschen nicht einmal erkennen können, ob sie männlich oder weiblich sind, wie werden sie dann die Ehe sehen? Der Teufel benutzt die Gesetzgebung und die Gesellschaft, um von Gott gegebene Konzepte vollständig über den Haufen zu werfen.

„Ehebruch" war früher ein negativer Begriff, der sich auf unmoralische Sexualgewohnheiten bezog. Heute ist er auf „außereheliche sexuelle Beziehungen" oder „Partnerschaften" verwässert worden. Im Buch „Der scharlachrote Buchstabe" von Nathaniel Hawthorne begeht Hester Prynne Ehebruch und kämpft darum, sich durch Reue zu verändern. In der heutigen Gesellschaft ist Reue nicht mehr notwendig: Ehebrecher können das Leben genießen und gehen erhobenen Hauptes durchs Leben, stolz auf ihr Verhalten. Keuschheit war früher sowohl in der östlichen als auch in der westlichen Kultur eine Tugend. Heute ist sie nichts als ein schlechter Witz, der nicht zum Zeitgeist passt.

6. Wie die Kommunistische Partei Chinas Familien zerstört

a) Auflösung der Familien im Namen der Gleichberechtigung

Der Slogan „Die Frauen tragen die Hälfte des Himmels" stammt von Mao Tse-tung und hat sich mittlerweile im Westen als trendiges feministisches Schlagwort durchgesetzt. Die von der Kommunistischen Partei Chinas geförderte Ideologie, dass Männer und Frauen genau gleich sind, unterscheidet sich im Wesentlichen nicht vom westlichen Feminismus. Im Westen wird der Begriff „Geschlechterdiskriminierung" als Waffe eingesetzt, um einen Zustand der „politischen Korrektheit" zu erhalten. In China wird ein Schriftzeichen verwendet, das inhaltlich dem im

Westen gebräuchlichen „männlichen Chauvinismus" ähnelt. Es hat auch eine ähnlich destruktive Wirkung.

Die vom westlichen Feminismus befürwortete Geschlechtergleichstellung fordert Ergebnisgleichheit bei Frauen und Männern. Diese soll durch Maßnahmen wie Geschlechterquoten, finanzielle Kompensation und gesenkte Standards erreicht werden. Unter dem Motto der KP Chinas, dass „Frauen die Hälfte des Himmel tragen", wird von Frauen verlangt, dass sie die gleichen Fähigkeiten in der gleichen Arbeit zeigen, die von ihren männlichen Kollegen geleistet wird. Diejenigen, die versuchen, Aufgaben zu erfüllen, für die sie kaum qualifiziert sind, werden als Heldinnen gelobt und mit besonderen Titeln ausgezeichnet.

Auf Propagandaplakaten in den 1960er oder 70er Jahren wurden Frauen typischerweise als körperlich robust und mächtig dargestellt, während Mao Tse-tung die Frauen enthusiastisch aufforderte, ihre Liebe zum Make-up auf militärische Uniformen zu übertragen. Bergbau, Holzwirtschaft, Stahlerzeugung, Kampf auf dem Schlachtfeld – ihnen wurde jede Art von Job oder Rolle eröffnet.

Ein am 1. Oktober 1966 veröffentlichter Artikel der *People's Daily* trug den Titel „Girls Can Slaughter Pigs, Too" (auf Deutsch: „Auch Mädchen können Schweine schlachten"). Er beschreibt ein 18-jähriges Mädchen, das als Lehrling in einem Schlachthof arbeitete und zu einer lokalen Berühmtheit wurde. Das Studium der Schriften von Mao Tse-tung habe ihr dabei geholfen, den Mut zur Schlachtung von Schweinen aufzubringen. Sie sagte: „Wenn man nicht einmal ein Schwein töten kann, wie kann man dann erwarten, den Feind zu töten?" [57]

Obwohl chinesische Frauen „den halben Himmel hochhalten", finden Feministinnen im Westen Chinas Geschlechtergleichstellung in vielen Bereichen immer noch unzureichend. Der Ständige Ausschuss des Politbüros der KP Chinas zum Beispiel hat nie weibliche Mitglieder, aus Angst, dass dies eine soziale Bewegung für mehr politische Rechte wie die Demokratie fördern würde, die eine Bedrohung für die totalitäre Herrschaft der Partei darstellen könnte. Aus ähnlichen Gründen verzichtet die Partei auch darauf, die Homosexualität öffentlich zu unterstützen, sondern nimmt in dieser Frage eine neutrale Haltung ein. Die Partei betrachtet sie jedoch als ein geeignetes Instrument zur Zerstörung der Menschheit und förderte das Wachstum der Homosexualität in China, indem sie den Einfluss der Medien und der Populärkultur nutzt. Seit 2001 führt die Chinesische Gesellschaft für Psychiatrie Homosexualität nicht mehr als psychische Störung auf. In den Medien kommt das Wort „Schwuler" nicht mehr vor, es wurde durch „Genosse" ersetzt – der Begriff hat in China eine positivere Konnotation. Im Jahr 2009 genehmigte die KP Chinas die erste chinesische LGBT-Veranstaltung: die „Shanghai Pride Week".

Die Ansätze mögen unterschiedlich sein, doch überall verfolgt der Teufel das gleiche Ziel: Das traditionelle Ideal einer guten Ehefrau und liebenden Mutter abzuschaffen, die Frauen zu zwingen, ihren sanften Charakter aufzugeben und die Harmonie zwischen Männern und Frauen zu zerstören, die notwendig ist, um eine ausgewogene Familie zu schaffen und gut angepasste Kinder großzuziehen.

b) Durch politischen Kampf Ehemänner und Ehefrauen gegeneinander aufbringen

Traditionelle chinesische Werte basieren auf dem moralisch richtigen Verhalten innerhalb der Familie. Der Teufel weiß, dass der effektivste Weg zur Untergrabung traditioneller Werte in der Sabotage der zwischenmenschlichen Beziehungen liegt. In den von der KP Chinas begonnenen kontinuierlichen politischen Kämpfen zeigten sich Familienmitglieder im Kampf um einen besseren politischen Status gegenseitig bei den Behörden an. Indem sie die ihnen Nahestehenden verrieten, konnten sie ihre standhafte Loyalität zur Partei unter Beweis stellen.

Im Dezember 1966 wurde Maos Sekretär Hu Qiaomu in Pekings Institut für Eisen und Stahl geschleppt, wo seine eigene Tochter auf die Bühne ging und rief: „Zerschmettert Hu Qiaomus Hundekopf!" Genau das geschah dann auch. Damals gab es im Dongsi-Unterbezirk Peking eine „kapitalistische" Familie. Die Roten Garden schlugen das alte Paar fast zu Tode und zwangen ihren Sohn im Mittelschulalter, sie ebenfalls zu schlagen. Er benutzte Kurzhanteln, um den Kopf seines Vaters zu zerschmettern. Kurz darauf wurde er wahnsinnig. [58]

Oftmals verleugneten die von der Partei als „Klassenfeinde" Verurteilten ihre Familien, um sie vor schlimmen Folgen zu bewahren. Selbst „Klassenfeinde", die Selbstmord begingen, mussten zuerst die familiären Bindungen auflösen – sonst hätte die KP Chinas ihre Familienmitglieder nach ihrem Selbstmord verfolgt.

Als zum Beispiel der Literaturtheoretiker Ye Yiqun in der Kulturrevolution verfolgt und zum Selbstmord getrieben wurde, lautete sein Abschiedsbrief: „In Zukunft wird von dir nur noch verlangt, dass du entschlossen auf die Worte der Partei hörst, die Position der Partei standhaft vertrittst, allmählich meine Sünden erkennst, Hass gegen mich schürst und unsere familiären Bindungen unerschütterlich auflöst." [59]

Die Verfolgung der spirituellen Praktik Falun Gong, die seit 1999 andauert, ist die größte politische Bewegung, die von der KP Chinas in der Neuzeit ins Leben gerufen wurde. Eine oft angewandte Strategie der Behörden gegen Falun-Gong-Praktizierende besteht darin, deren Familienmitglieder zu zwingen, bei der Verfolgung zu helfen. Die KP Chinas benutzt administrative Schikanen, Geldstrafen und andere Formen der Einschüchterung gegen Familienmitglieder, damit diese ihre Falun Gong praktizierenden Familienangehörigen dazu bringen, ihren Glauben aufzugeben. Die KP Chinas beschuldigt die Opfer der Verfolgung, Falun Gong praktiziert zu haben – und dass ihre Familien nur deshalb in die Sache verwickelt seien, weil die Verfolgten sich weigerten, Kompromisse einzugehen.

Viele Falun-Gong-Praktizierende wurden aufgrund dieser Form der Verfolgung von ihren Lieben getrennt oder verstoßen. Angesichts der großen Zahl von Menschen, die Falun Gong praktizieren, sind unzählige Familien durch diese Kampagne der Partei auseinandergerissen worden.

c) Erzwungene Abtreibung zur Bevölkerungskontrolle nutzen

Kurz nach dem Erfolg westlicher Feministinnen bei der Legalisierung der Abtreibung wurden Frauen in China durch die Familienplanungspolitik der KP Chinas zu Abtreibungen gezwungen. Die Ein-Kind-Politik wurde ab 1979 auf Provinzebene und 1980 auf nationaler Ebene eingeführt. Die Massentötung von Ungeborenen hat zu einer humanitären und sozialen Katastrophe von ungeahntem Ausmaß geführt.

Die KP Chinas folgt dem marxistischen Materialismus und glaubt, dass die Geburt eine Form produktiver Aktion ist, die sich nicht von der Stahlerzeugung oder der Landwirtschaft unterscheidet. Daraus folgt, dass die Philosophie der Wirtschaftsplanung auf die Familie ausgedehnt wird. So sagte Mao Tse-tung: „Die Menschheit muss sich selbst kontrollieren und geplantes Wachstum umsetzen. Es kann manchmal ein wenig zunehmen und manchmal zum Stillstand kommen." [60]

In den 1980er Jahren begann das chinesische Regime, die Ein-Kind-Politik mit extremen und brutalen Maßnahmen umzusetzen, wie sich in Slogans im ganzen Land zeigte: „Wenn eine Person gegen das Gesetz verstößt, wird das ganze Dorf sterilisiert." „Das erste Kind auf die Welt bringen, die Rohre verschließen nach dem zweiten, das dritte und vierte herauskratzen!" (Eine Variation dieses Slogans war einfach „Töten, töten, töten, die Dritten und Vierten töten."). „Wir würden lieber einen Blutstrom als eine Geburt zu viel sehen". „Zehn weitere Gräber sind besser als ein zusätzliches Leben". Solche blutrünstigen Sprüche sind in ganz China allgegenwärtig.

Die Familienplanungskommission setzt hohe Bußgelder, Plünderungen, Abrisse, Überfälle, Inhaftierungen und andere Strafen ein, um Verstöße gegen die Ein-Kind-Politik zu bekämpfen. An manchen Stellen ertränkten Familienplaner Babys, indem sie sie auf Reisfelder warfen. Hochschwangere Frauen wurden von der Ein-Kind-Politik nicht ausgenommen. Selbst wenige Tage vor der Geburt wurden sie noch gezwungen, Abtreibungen vorzunehmen.

Nach unvollständigen Statistiken, die im China Health Yearbook veröffentlicht wurden, betrug die Gesamtzahl der Abtreibungen in China zwischen 1971 und 2012 mindestens 270 Millionen. In anderen Worten hat die KP Chinas mehr als eine Viertelmilliarde ungeborener Kinder in diesem Zeitraum getötet.

Eine der schwerwiegendsten Folgen der Ein-Kind-Politik ist die überproportionale Zahl von abgetriebenen oder verlassenen weiblichen Säuglingen, was zu einem ernsthaften Ungleichgewicht im Geschlechterverhältnis von Chinesen unter 30 Jahren führt. Aufgrund des Mädchenmangels wird es bis 2020 schätzungsweise rund 40 Millionen junge Männer geben, die keine Frau im gebärfähigen Alter heiraten können.

Chinas künstlich erzeugtes Ungleichgewicht der Geschlechter hat ernste soziale Probleme ausgelöst, etwa die Zunahme von sexuellem Missbrauch und Prostitution, die Kommerzialisierung der Ehe und den Frauenhandel. Seit Oktober 2015 ist die Ein-Kind-Politik zwar offiziell beendet worden, doch bis jetzt ist keine wirklich freie Entscheidung über die Familienplanung erlaubt.

7. Die Folgen des Angriffs des Kommunismus auf die Familie

Marx und andere Kommunisten befürworteten die Abschaffung der Familie, indem sie auf die Existenz von Phänomenen wie Ehebruch, Prostitution und unehelichen Kindern hinwiesen und diese übertrieben – obwohl die Kommunisten selbst sich ebenfalls solcher Verfehlungen schuldig machten.

Die allmähliche Degeneration der Moral, die in der Viktorianischen Ära (1837-1901) begann, erodierte die heilige Institution der Ehe und brachte die Menschen weiter von den göttlichen Lehren weg. Die Kommunisten forderten die Frauen auf, ihre Ehegelübde zu brechen – angeblich um ihres persönlichen Glückes willen. Doch das Ergebnis war das Gegenteil und brachte Erscheinungen mit sich, wie sie das Trinken von Meerwasser als Mittel gegen Durst hervorruft.

Die Lösungen, die das kommunistische Gespenst mittels Unterdrückung und Ungleichheit anbietet, bedeuten nichts anderes, als die Normen der menschlichen Moral auf das Niveau der Hölle zu ziehen. Es macht einst allgemein als hässlich und unverzeihlich geltendes Verhalten zum neuen Standard. In der Gleichheit des Kommunismus marschieren alle auf das gleiche Schicksal zu: die Zerstörung.

Das kommunistische Gespenst lässt den Menschen glauben, dass Sünde durch soziale Unterdrückung verursacht wird und nicht durch die Degeneration der Moral. Es führt uns dazu, einen Ausweg in der Abkehr von der Tradition zu suchen und uns von Gott abzuwenden. Es nutzt die schöne Rhetorik von Freiheit und Befreiung, um Feminismus, Homosexualität und sexuelle Perversion zu propagieren. Frauen sind ihrer Würde beraubt worden und Männer ihrer Verantwortung. Die Unantastbarkeit der Familie wurde mit Füßen getreten. Dadurch hat der Teufel mit den Kindern von heute leichtes Spiel.

Quellen zu Kapitel 7

[1] W. Bradford Wilcox, „The Evolution of Divorce", National Affairs, Nummer 35, Frühjahr 2018.

[2] Siehe Grafik 1–17. „Number and Percent of Births to Unmarried Women, by Race and Hispanic Origin: United States, 1940–2000", CDC,

[3] „Beyond Same-Sex Marriage: A New Strategic Vision for All Our Families and Relationships", Studies in Gender and Sexuality, 9:2 (1. Juli 2006): 161–171. .

[4] Victoria Cavaliere, „Rhode Island School District Bans Father-Daughter, Mother-Son Events", Daily News, http://www.nydailynews.com/news/national/rhode-island-school-district-bans-father-daughter-mother-son-events-article-1.1162289#nt=byline

[5] Genesis 2:23. Abgerufen am 11.11.2018.

[6] „Traumberuf Hausfrau?", profil, 19.11.2011,

[7] „Erbsünde", kathpedia.com. Abgerufen am 11.11.2018, und „Teufel", kathpedia.com. Abgerufen am 11.11.2018

[8] Friedrich Engels, Der Ursprung der Familie, des Privateigentums und des Staats. In Karl Marx/Friedrich Engels - Werke. (Dietz Verlag, 1962). Band 21, S. 36-84. und , Abgerufen am 11.11.2018

[9] Robert Owen, „Kritik des Individualismus (1825-1826)", n.d., Indiana University. Zugriff am 17. Juni 2018. tps://web.archive.org/web/20171126034814/http://www.indiana.edu:80/~kdhist/H105-Dokumente-web/week11/Owen1826.html.

[10] Friedrich Engels, Der Ursprung der Familie, des Privateigentums und des Staats. In Karl Marx/Friedrich Engels – Werke. (Dietz Verlag, 1962). Band 21, S. 36-84. und http://www.mlwerke.de/me/me21/me21_036.htm, Abgerufen am 11.11.2018

[11] Ebd.

[12] Übersetzung aus dem Russischen: Melnichenko, Alexander, 2017. „Великая октябрьская сексуальная революция [The Great October Sexual Revolution]" Russian Folk Line, 20. August 2017. .

[13] Ebd.

[14] Ebd.

[15] Ebd.
[16] Ebd.
[17] Paul Pop, „Ist Sex subversiv?", grundrisse.net. Abgerufen am 11.11.2018.
[18] Наталья Короткая, „Эрос революции: Комсомолка, не будь мещанкой – помоги мужчине снять напряжение!"
[19] Paul Kengor, „Takedown: From Communists to Progressives, How the Left Has Sabotaged Family and Marriage" (WND Books, 2015), 54.
[20] „The Russian Effort to Abolish Marriage", The Atlantic, Juli 1926. Abgerufen am 11.11.2018.
[21] Siehe Melnichenko (2017)
[22] Xia Hou, „The Promiscuous Gene of Communism: Sexual Liberation", The Epoch Times (Chinesische Ausgabe). 9. April 9 2017,; und The Weekly Review, Volumes 4–5 (National Weekly Corporation, 1921), 232, abzurufen unter „Zu den Übergriffen der Roten Armee": Olga Greig, Kapitel 7 aus „The Revolution of the Sexes" und „The Secret Mission of Clara Zetkin" (Революция полов, или Тайная миссия Клары Цеткин),
[23] Clara Zetkin, „Lenin on the Women's Question", Meine Erinnerungen (transkribiert von den Schriften V.I. Lenins),
[24] Huang Wenzhi, „'What Happened after Nora Left': Women's Liberation, Freedom of Marriage, and Class Revolution: A Historical Survey of the Hubei-Henan-Anhui Soviet Districts (1922–1932)", Open Times no. 4 (2013). Chinesisch: 黃文治：〈"娜拉走後怎樣"：婦女解放、婚姻自由及階級革命——以鄂豫皖蘇區為中心的歷史考察（1922～1932）〉《開放時代》，2013年第4期.
[25] Huang Wenzhi (2013), Ebd.
[26] Yang Ning, „Why Did the Eighth Route Army Purchase Medicines for Sexual Transmitted Diseases?" The Epoch Times (Chinese),
[27] Judith A. Reisman, Ph.D.; Edward W. Eichel, Kinsey, „Sex and Fraud: The Indoctrination of a People" (Lafayette, Louisiana: Lochinvar-Huntington House, 1990); „Dr. Judith A. Reisman and her colleagues demolish the foundations of the two (Kinsey) reports"; „Really, Dr Kinsey?" The Lancet, Vol. 337 (March 2, 1991): 547.

[28] L. B. Finer, „Trends in Premarital Sex in the United States, 1954–2003", Public Health Reports 122(1) (2007): 73–78.
[29] Nicholas H. Wolfinger, „Counterintuitive Trends in the Link Between Premarital Sex and Marital Stability", Institut für Familienstudien
[30] Betty Friedan, The Feminine Mystique (New York: W.W. Norton & Company, 1963).
[31] David Horowitz, Salon Magazine, Januar 1999,
[32] Joanne Boucher, „Betty Friedan and the Radical Past of Liberal Feminism", New Politics 9 (3).
[33] Kate Weigand, Red Feminism: American Communism and the Making of Women's Liberation (Baltimore, Maryland: Johns Hopkins University Press, 2002).
[34] Simone de Beauvoir, Das andere Geschlecht, (Verlag Rowohlt, Erstveröffentlichung 1949)
[35] „Jordan Peterson Debate on the Gender Pay Gap, Campus Protests and Postmodernism", Channel 4 News, (16. Januar 2018)..
[36] Alan Findermay, „Harvard Will Spend $50 Million to Make Faculty More Diverse", New York Times, (17. Mai 2005).
[37] C. P. Benbow and J. C. Stanley, „Sex Differences in Mathematical Ability: Fact or Artifact?" Science, 210 (1980):1262–1264.
[38] C. Benbow, „Sex Differences in Ability in Intellectually Talented Preadolescents: Their Nature, Effects, and Possible Causes", Behavioral and Brain Sciences 11(2) (1988): 169–183.
[39] Friedrich Hayek, The Road to Serfdom (Chicago: University of Chicago Press, 1994).
[40] Susan Edelman, „Woman to Become NY Firefighter Despite Failing Crucial Fitness Test", New York Post, (3. Mai 2015).
[41] Una Butorac, „These Female Firefighters Don't Want a Gender Quota System", The Special Broadcasting Service, (24. Mai 2017).
[42] Commonwealth Pennsylvania by Israel Packel v. Pennsylvania Interscholastic Athletic association (03/19/75)
[43] Christina Hoff Sommers, The War Against Boys: How Misguided Feminism Is Harming Our Young Men (New York: Simon & Schuster, 2013).
[44] Simon Osbone, „Angry Parents Blame New NHS Guidelines for Rise

in Children Seeking Sex Changes", The Daily and Sunday Express, (30. Oktober 2017). h.
[45] „Declaration of Feminism". Erstverbreitung im Juni 1971 durch Nancy Lehmann und Helen Sullinger durch die Post Office Box 7064, Powderhorn Station, Minneapolis, Minnesota 55407 (November 1971).
[46] Robin Morgan, Sisterhood Is Powerful: An Anthology of Writings From the Women's Liberation Movement (New York: Vintage, 1970), 537.
[47] Darlena Cunha, „The Divorce Gap", The Atlantic,
[48] Phyllis Schlafly, Who Killed The American Family?, WND Books, (Nashville, Tennessee, 2014).
[49] „Programme of Action of the International Conference on Population and Development", International Conference on Population and Development (ICPD) in Cairo, Egypt, (5–13 September 1994).
[50] The Vice Chairman's Staff of the Joint Economic Committee at the Request of Senator Mike Lee, „Love, Marriage, and the Baby Carriage: The Rise in Unwed Childbearing".
[51] Ebd.
[52] Robert Rector, „How Welfare Undermines Marriage and What to Do About It", Heritage Foundation Report, (17. November 2014).
[53] Schlafly, Who Killed The American Family?
[54] Ron Haskins, „Three Simple Rules Poor Teens Should Follow to Join the Middle Class", Brookings, (13. März 2013).
[55] Rector, „How Welfare Undermines Marriage and What to Do About It".
[56] Mark Regnerus, „Cheap Sex and the Decline of Marriage", The Wall Street Journal (September 29, 2017).
[57] Yang Meiling, „Girls Can Slaughter Pigs Too", People's Daily, (1. Oktober 1966).
[58] Yu Luowen, My Family: My Brother Yu Luoke, World Chinese Publishing, (2016).
[59] Ye Zhou, „The Last Decade of Ye Yiqun", Wenhui Monthly no. 12 (1989).
[60] Pang Xianzhi, Jin Chongji, Biography of Mao Zedong (1949–1976), Central Party Literature Press, (Peking 2003).

Kapitel 8

Wie der Kommunismus Chaos in der Politik verursacht

Einleitung

Fast alles in der modernen Welt hat etwas mit Politik zu tun. Eine einzige politische Entscheidung, ein Gesetz, ein Vorfall oder ein Skandal hat das Potenzial, die Öffentlichkeit weltweit in Rage zu versetzen. Die Wahl eines Politikers in einem Land kann weltweit für Aufmerksamkeit sorgen.

Die meisten Menschen verbinden kommunistische Politik nur mit Ländern unter der Herrschaft einer kommunistischen Partei und glauben, dass sogar diese Länder aufgehört haben, den Kommunismus zu leben. Tatsächlich hat sich der Kommunismus nur hinter verschiedenen Erscheinungsformen wie Sozialismus, Neoliberalismus und Progressivismus versteckt. Bei näherer Betrachtung zeigt sich, dass der bösartige Geist des Kommunismus die ganze Welt regiert.

Oberflächlich betrachtet scheint die freie Welt zu verstehen, welchen Schaden der Kommunismus angerichtet hat. Doch in den 170 Jahren seit der Veröffentlichung des „Kommunistischen Manifests" wurden Regierungen auf der ganzen Welt entweder ganz offen oder im Geheimen von den marxistischen Theorien durchsetzt. In mancher Hinsicht hat die freie Welt die selbsternannten kommunistischen Staaten sogar übertroffen, wenn es darum geht, diese Theorien in die Praxis umzusetzen.

Die USA haben in der Geschichte des 20. Jahrhunderts die Führung der freien Welt übernommen und sind eine traditionelle Bastion des Antikommunismus. Doch bei den Wahlen 2016 kam ein offen sozialistischer Kandidat der Präsidentschaft nahe. In Umfragen gab über die Hälfte der jungen Männer an, den Sozialismus zu unterstützen. [1]

In Europa ist der Sozialismus aktuell die vorherrschende politische Kraft. Ein ehemaliger führender Politiker der Grünen in Deutschland sagte in einem Interview mit der *New York Times:* „Heute ist der Sozialismus eine Kombination aus Demokratie, Rechtsstaatlichkeit und Wohlfahrtsstaat und ich würde sagen, eine große Mehrheit der Europäer verteidigt das – die britischen Tories können den nationalen Gesundheitsdienst nicht anpacken [Anm.: im Sinne von abschaffen oder reformieren], ohne dafür einen Kopf kürzer gemacht zu werden." [2]

In den kommunistischen Staaten hat das kommunistische Gespenst die gesamte politische Macht inne. Es benutzt den Staat als Instrument, um Massenmorde zu begehen, die traditionelle Kultur zu zerstören, moralische Werte auszulöschen und Menschen in den aufrichtigen Religionen zu verfolgen – mit dem letztlichen Ziel, die Menschheit zu zerstören.

Die kommunistische Ideologie blieb trotz des Sturzes der kommunistischen Regime in Osteuropa bestehen. Als Folge des Kalten Krieges, nach Jahrzehnten der Zerstörung durch Spionage und Subversion, ist der kommunistische Geist die in ganz Europa vorherrschende Ideologie.

Obwohl das kommunistische Gespenst mit seinem Versuch scheiterte, die westliche Welt unter seine direkte staatliche Kontrolle zu bringen, vereinnahmte es dennoch die Regierungspolitik der westlichen Nationen. Die dabei benutzten Methoden sind: die Befürwortung sozialistischer Politik wie steuerliche Umverteilung, Aufrufe zur Gewalt, die Untergrabung der traditionellen Moral und die Verursachung sozialer

Unruhen. Das Gespenst beabsichtigt, den Westen auf einen dämonischen Weg zu bringen und die Menschheit zu zerstören.. Angesichts der wichtigen Rolle der Vereinigten Staaten als Anführer der freien Welt geht es in diesem Kapitel in erster Linie um die amerikanische Situation.

1. Kommunistische Politik führt zur Zerstörung der Menschheit

Kommunistische Politik ist nicht auf den in kommunistischen Staaten praktizierten Totalitarismus beschränkt. Wie wir bereits zu Beginn dieses Buches ausführlich dargelegt haben, ist der Kommunismus ein Gespenst, das übernatürliche Fähigkeiten besitzt. Es manipuliert die Gedanken von schlechten Menschen und täuscht die Leichtgläubigen, damit sie auf der menschlichen Ebene als seine Vertreter handeln. Deshalb wird die von diesem bösartigen Gespenst kontrollierte Politik in der westlichen Welt auch als alternative Erscheinungsform der kommunistischen Politik betrachtet.

a) Kommunistische Regime nutzen ihre Staatsmacht, um Säuberungen und Massenmorde durchzuführen

In vielen östlichen Ländern hat der Kommunismus die Macht direkt an sich gerissen und das gesamte Spektrum der Politik unter seine Kontrolle gebracht. Ob durch Massenmorde, parteiinterne Kämpfe und Säuberungen innerhalb der Kommunistischen Partei oder durch die Unterwanderung der Außenwelt: seine politischen Ziele sind die dauerhafte Aufrechterhaltung der Macht und die ständige Ausweitung seines Einflusses. Kommunistische Regime bündeln die Ressourcen ganzer Nationen, einschließlich Militär, Polizei, Justiz, Gefängnissen, Bildung, Medien und dergleichen, um ihr eigenes

Volk zu verfolgen und zu ermorden. Gleichzeitig zerstören sie die Moral des Volkes.

Die Kommunisten hielten ihre gewalttätige Herrschaft aufrecht, indem sie massive Kampagnen zur willkürlichen Vernichtung von Menschen starteten. Diese reichen von den berüchtigten Gulag-Konzentrationslagern der Sowjetunion und den politischen Säuberungen und Machtkämpfen innerhalb der Kommunistischen Partei der Sowjetunion bis hin zu den innenpolitischen Kämpfen der Kommunistischen Partei Chinas und den Massenmorden am chinesischen Volk in verschiedenen politischen Bewegungen. Dazu gehört aktuell die Verfolgung von Falun Gong. Für diese Kampagne beanspruchte der ehemalige Parteichef Jiang Zemin mindestens ein Viertel der finanziellen Mittel Chinas.

Die Anhänger der Kommunistischen Partei sind sich sehr wohl bewusst, dass Macht das Kernanliegen der kommunistischen Politik ist. Als Karl Marx und Friedrich Engels, die Gründerväter des Kommunismus, Lehren aus der Pariser Kommune zogen, betonten sie die Notwendigkeit der Errichtung einer Diktatur des Proletariats. Lenin nahm sich dies zu Herzen und baute mit Gewalt die erste kommunistische totalitäre Diktatur auf. Josef Stalin und Mao Zedong benutzten Täuschung, Waffen, Propaganda, Verschwörung und dergleichen, um die Macht zu übernehmen und ihre brutalen Regime aufrechtzuerhalten. Mit absoluter Macht in der Hand wurde es dem Gespenst des Kommunismus möglich, zu töten und absolut zu korrumpieren.

b) Sozialistische Ideologie beherrscht Europa und die USA

Europa ist bereits voll im Griff der sozialistischen Ideologie und Politik. Die Vereinigten Staaten sind in dieser Hinsicht ein besonderes Land und haben sich eine gewisse Aufrichtigkeit bewahrt. Dies hat historische Gründe. Als die kommunistische Bewegung im späten 19. und frühen 20. Jahrhundert in ganz Europa wütete, war ihr Einfluss auf die Vereinigten Staaten eher gering. Im Jahr 1906 schrieb der deutsche Soziologe und Volkswirt Werner Sombart ein Buch zu dem Thema: „Warum gibt es keinen Sozialismus in den Vereinigten Staaten?" [3] Doch die Situation hat sich seitdem dramatisch verändert.

Im Jahr 2016 befürwortete ein US-Präsidentschaftskandidat von den Demokraten in seiner Kampagne offen den Sozialismus. Im kommunistischen Vokabular ist der Sozialismus nur die „Erste Stufe" auf dem Weg zum Kommunismus und wurde von den meisten Amerikanern einst mit Verachtung gesehen. Der Kandidat sagte selbst, dass er denkt, dass es viele Menschen gibt, die sehr nervös werden, wenn sie das Wort „sozialistisch" hören. Dieser Politiker schaffte es, einer der beiden aussichtsreichsten Kandidaten seiner Partei zu werden.

Eine gegen Ende der Wahlkampagne 2016 durchgeführte Umfrage zeigte, dass 56 Prozent der Menschen in einer der großen linken Parteien, den Demokraten, eine positive Meinung zum Sozialismus haben. [4] Sie folgen damit einem Trend, der bereits 2011 vom Pew Research Center aufgezeigt worden war. Die Pew-Umfrage fand heraus, dass 49 Prozent der US-Bürger unter 30 Jahren den Sozialismus positiv beurteilten, aber nur 47 Prozent dem Kapitalismus gegenüber positiv eingestellt waren. [5] Dies deutet auf eine allgemeine ideologische Verschiebung nach links hin, da die Gesellschaft ihr Verständnis dafür verliert, was der Kommunismus ist.

Die Illusionen, die viele im Westen über den Sozialismus heutzutage haben, spiegeln die Erfahrungen unzähliger leicht zu beeindruckender junger Menschen im 20. Jahrhundert wider. Sie fielen in der Sowjetunion, in China und anderswo naiv auf die Verführungen des Kommunismus herein. Der jüngeren Generation fehlt ein tiefes Verständnis der eigenen

Geschichte, ihrer Kultur und Traditionen. Es gibt keinen Widerstand gegen den Sozialismus, der für diese jungen Menschen mild und human aussieht. Die große kommunistische Täuschung des 20. Jahrhunderts wiederholt sich im 21. Jahrhundert.

Marx' Maxime „Jeder nach seinen Fähigkeiten, jedem nach seinen Bedürfnissen" täuscht die Jugend. Sie träumt von einem Leben in großzügiger sozialistischer Bequemlichkeit und Wohlfahrtspolitik wie in den nordischen Ländern. Die Sozialsysteme dieser Länder haben jedoch viele soziale Probleme verursacht. Alle Versuche, die Systeme grundlegend zu reformieren, werden von der großen Menge an Empfängern staatlicher Leistungen blockiert. Die einzigen Politiker, die man wählen kann, sind diejenigen, die die Besteuerung und die staatlichen Eingriffe weiter ausbauen wollen.

Wie der Ökonom Milton Friedman sagte: „Eine Gesellschaft, die die Gleichheit vor die Freiheit stellt, wird nichts davon bekommen. Eine Gesellschaft, die die Freiheit vor die Gleichheit stellt, bekommt ein hohes Maß von beidem." [6]

Der hochgradige Wohlfahrtssozialismus fördert die kontinuierliche Ausweitung des Einflusses der Regierung und führt dazu, dass die Menschen ihre Freiheiten abwählen. Er ist ein wichtiger Schritt in den Plänen des kommunistischen Geistes, um die Menschheit zu versklaven. Sobald alle Nationen den Übergang zum Sozialismus vollzogen haben, ist das derzeitige nordische Sozialismusmodell nur noch einen kleinen Schritt von der Demokratie zum Totalitarismus entfernt. Sobald die sozialistische „Erste Stufe" abgeschlossen ist, werden die politischen Führer den Kommunismus sofort umsetzen. Das Privateigentum und der demokratische Prozess werden abgeschafft. Der Wohlfahrtsstaat wird sich in ein Joch der Tyrannei verwandeln.

c) Linke Politik zielt darauf ab, politische Parteien, die Gesetzgebung, Regierungen und Oberste Gerichte zu kontrollieren

In den westlichen Ländern gibt es langjährige demokratische Traditionen wie die amerikanische Gewaltenteilung. Die Kontrolle über die Staatsmacht ist nicht so einfach wie im Osten. Um die Macht im Westen zu bekommen, musste das bösartige Gespenst deshalb verschiedene indirekte Mittel einsetzen, um staatliche Institutionen zu übernehmen. Seinen Verrat stellt es in der Öffentlichkeit als gutes Werk dar.

Die Vereinigten Staaten sind ein von zwei Parteien dominiertes Mehrparteiensystem. Um Teil des politischen Mainstreams zu werden, muss der Kommunismus eine oder beide Parteien infiltrieren, um die Macht im Kongress zu übernehmen. Gleichzeitig müssen seine Kandidaten Schlüsselpositionen in der Regierung und den Gerichten innehaben. Das Ausmaß, in dem der Kommunismus die US-Politik untergraben hat, ist gravierend.

Um sich eine stabile Stammwählerschaft zu sichern, haben die linken Parteien der USA die Feindseligkeit zwischen einkommensschwachen und einkommensstarken Gruppen vergrößert und gleichzeitig eine wachsende Zahl von Einwanderern und „gefährdeten" Gruppen wie der LGBT-Gemeinschaft, Frauen, Minderheiten und so weiter an sich gezogen. Linke Politiker tun alles, um sich bei ihrer Klientel beliebt zu machen. Sie befürworten kommunistische Ideen, die zur Geringschätzung der grundlegenden moralischen Standards der Menschheit führen. Sie beschützen sogar illegale Einwanderer, damit diese sich den Reihen der Linken anschließen können.

Ein bekannter Milliardär, der schon länger linke Bewegungen unterstützte, hat große Summen zur finanziellen Unterstützung linker Kandidaten für das Amt des Präsidenten der Vereinigten Staaten und andere wichtige Positionen gezahlt. Dazu gehören vor allem Schlüsselpositionen wie die Staatssekretäre, die für Wahlangelegenheiten zuständig sind und eine entscheidende Rolle bei der Beilegung von Streitigkeiten spielen. Dieser Milliardär hat viel Geld in die Kampagnen für diese Positionen gesteckt. [7]

Selbst als illegale Einwanderer Verbrechen auf US-Boden begingen, haben linke Behörden die Augen verschlossen und ihnen besonderen Schutz vor der Regierung gewährt. Während der Amtszeit des ehemaligen linken Präsidenten versuchte dieser, fünf Millionen illegalen Einwanderern Amnestie zu gewähren, doch der Resolutionsentwurf wurde schließlich vom Obersten Gerichtshof zurückgewiesen.

Linke Parteien kämpfen für das Wahlrecht illegaler Einwanderer. Natürlich geht es nicht unbedingt darum, etwas Gutes für die illegalen Einwanderer oder die allgemeine Bevölkerung zu tun, sondern um die Vergrößerung der Wählerschaft der Linken. Am 12. September 2017 verabschiedete eine Stadt in einem östlichen US-Bundesstaat ein Gesetz, das Personen, die keine US-Bürger sind, das Wahlrecht bei Kommunalwahlen einräumt. Das umfasst Einwohner mit Green Cards, Studenten- und Arbeitsvisa und sogar solche Personen, die noch nicht einmal nachweisen können, dass sie legal eingewandert sind. Das Thema erregte wegen der möglichen Auswirkungen auf das Wahlsystem in anderen Teilen des Landes große Aufmerksamkeit in den Medien. [8]

Unter dem Einfluss des bösartigen kommunistischen Gespenstes haben die amerikanischen Linksparteien hinterhältige Maßnahmen benutzt, um mehr Stimmen und politischen Einfluss zu gewinnen. Amerikas Zukunft ist in der Schwebe.

d) Linksgerichtete Regierungen fördern Sozialismus und verdrehte Politik

Die frühere linksgerichtete US-Regierung wurde stark von Kommunisten und Sozialisten infiltriert. Viele Gruppen, die den ehemaligen Präsidenten unterstützten, hatten klare Verbindungen zu sozialistischen Organisationen.

Der ehemalige Präsident ist ein Schüler des Neomarxisten Saul Alinsky. Nach seiner Wahl holte dieser viele seiner Berater aus linksextremen Think Tanks. Seine Krankenkassenpolitik bestrafte diejenigen, die sich weigerten, sich in seinem Krankenkassensystem einschreiben zu lassen. Er verabschiedete Gesetze zur Legalisierung von Marihuana und Unterstützung von Homosexualität, erlaubte Transsexuellen, der Armee beizutreten und so weiter.

Als die kalifornische Staatsversammlung von der Linken kontrolliert wurde, wollten einige Abgeordnete das Gesetz zum faktischen Ausschluss der Kommunistischen Partei der USA von der Wahlteilnahme aufheben lassen. Dieser Versuch scheiterte erst nach heftigem Widerstand der Gemeinschaft der aus Vietnam stammenden Amerikaner – sie wissen genau, was Kommunismus in der Realität bedeutet.

Die vorherige US-Regierung erließ Gesetze, die zur Korrumpierung der zwischenmenschlichen Beziehungen führen. Seit dem Jahr 2016 erlaubt das vom ehemaligen Präsidenten unterzeichnete „WC-Gesetz" Transgender-Personen, unabhängig von ihrem körperlichen Geschlecht in die Toiletten ihrer Wahl zu gehen. In der Praxis bedeutet das: Ein Mann, der sich für eine Frau hält, kann ungestraft die Damentoilette betreten. Das WC-Gesetz wurde in den öffentlichen Schulen im ganzen Land in Kraft gesetzt. Schulen, die sich weigern, das Gesetz umzusetzen, werden die Bundesmittel entzogen.

2. Politik und Religion vermischen sich im Kommunismus wie in einer Sekte

Jahrtausendelang war die wichtigste Institution der politischen Macht die Monarchie, die ihre Autorität von Gott erhielt. Der Herrscher regierte von Gottes Gnaden. Kaiser und Könige übten im Westen wie im Osten eine heilige Rolle als Mittler zwischen Mensch und Gott aus.

Heute werden viele Nationen in der Staatsform der Demokratie regiert. In der Praxis ist Demokratie nicht die Herrschaft des Volkes, sondern die Herrschaft des vom Volk gewählten Vertreters. So ist die Wahl des US-Präsidenten ein demokratisches Verfahren. Einmal im Amt, hat dieser umfassende Befugnisse über Politik, Wirtschaft, Militär, Außenbeziehungen und so weiter.

Die Demokratie kann nicht garantieren, dass gute Menschen gewählt werden. Während der allgemeine moralische Standard der Gesellschaft sinkt, können die siegreichen Kandidaten durchaus diejenigen sein, die nur leere Versprechungen machen oder für Vetternwirtschaft anfällig sind. Der Schaden für die Gesellschaft ist enorm, wenn eine Demokratie keine Vorkehrungen trifft, um die von den Göttern gesetzten moralischen Standards aufrechtzuerhalten. Die Vorteile der Demokratie verschwinden und es breitet sich eine Mafia-Politik aus, die die Gesellschaft in Chaos und Zersplitterung stürzt.

Es geht nicht darum, die jeweiligen Vorzüge eines bestimmten politischen Systems zu diskutieren. Wir sagen einfach, dass moralische Werte der Grundstein für soziale Stabilität und Harmonie sind. Demokratie und Rechtsstaatlichkeit sind nur die Formate, in der die Gesellschaft organisiert ist.

a) Die Kommunistische Partei Chinas: eine politische Sekte

Die Herrschaft der Kommunistischen Partei Chinas ist die einer vollständig in den Staat integrierten politischen Sekte. Die Ideologie dieser Sekte wird den Menschen aufgezwungen, um ihre Moral zu zerstören. Gleichzeitig regiert sie die Gesellschaft mit kriminellen Methoden und treibt die Menschen ins Verderben.

Die Herrschaft der KP Chinas wird oft als Fortsetzung des imperialen Systems beschrieben – doch das ist ein schrecklicher Irrtum. Traditionelle chinesische Monarchen behaupteten nicht, dass sie die moralischen Werte definieren. Stattdessen sahen sie sich dazu verpflichtet, die von den Göttern oder dem Himmel gesetzten moralischen Maßstäbe einzuhalten. Die KP Chinas hingegen nimmt für sich das alleinige Recht in Anspruch, zu definieren, was Moral ist. Unabhängig davon, wie viele Schandtaten sie begeht, kann sich die KP Chinas dadurch weiterhin als „groß, glorreich und korrekt" bezeichnen.

Die Moral wird von Gott bestimmt, nicht vom Menschen. Die Standards von Gut und Böse ergeben sich aus den göttlichen Geboten, nicht aus den ideologischen Ansprüchen einiger politischer Parteien. Die Monopolisierung des Rechts, Moral zu definieren, führt unweigerlich zur Vermischung von Kirche und Staat, was sich im Falle der KP Chinas durch die typischen Merkmale einer Sekte zeigt:

- Die Kommunistische Partei verehrt Marx als ihren spirituellen „Herrn" und betrachtet den Marxismus als universelle Wahrheit. Das Versprechen des Kommunismus vom Himmel auf Erden verlockt Anhänger, ihr Leben dafür zu geben. Zu seinen sektenähnlichen Merkmalen gehören unter anderem: Indoktrination; Zerschlagung der Opposition; Personenkult um die Anführer; sich selbst als einzige Quelle der Rechtschaffenheit zu betrachten;

Gehirnwäsche und Gedankenkontrolle; eine straffe Organisation, der man sich zwar anschließen, sie aber nie verlassen kann; Förderung von Gewalt und Blutgier und Förderung des Märtyrertums für die religiöse Sache.

- Kommunistische Führer wie Lenin, Stalin, Mao und Kim Il Sung hatten alle ihren eigenen Personenkult. Sie waren die „Päpste" der kommunistischen Sekten in ihren jeweiligen Ländern. Sie hatten die unbestrittene Autorität, über Recht und Unrecht zu bestimmen. Ob sie töteten oder logen, sie hatten immer Recht. Ihre Rechtfertigung war, dass sie von einem höheren Zweck motiviert wären oder damit langfristige Ziele verfolgten. Die Bürger dieser Länder wurden gezwungen, ihr eigenes Verständnis davon aufzugeben, was moralisch gut ist. Der Zwang, unter dem Kommando der Partei zu lügen oder Böses zu tun, verursachte bei den Menschen psychische und spirituelle Traumata.

- Traditionelle orthodoxe Religionen lehren die Menschen, gut zu sein, aber die auf Hass aufgebaute Sekte des Kommunismus nimmt genau die entgegengesetzte Haltung ein. Obwohl die Kommunistische Partei auch von Liebe spricht, ist die von ihr vertretene „Liebe" auf Hass begründet. So sind etwa Proletarier untereinander zu Freundlichkeit fähig, weil sie einen gemeinsamen Feind haben – den Kapitalisten. In China wird Patriotismus zum eigenen Land durch Hass gegenüber anderen Ländern ausgedrückt. Die Vaterlandsliebe zeigt sich auch durch den Hass gegenüber Auslandschinesen, die die KP Chinas kritisieren.

b) Linksliberalismus und Progressivismus sind pseudoreligiöse Strömungen

Liberalismus und Progressivismus („Fortschrittsgläubigkeit") sind inzwischen zum Standard der „politischen Korrektheit" im Westen geworden. Tatsächlich wurden sie so weit vorangetrieben, dass sie zu einer säkularen Religion wurden.

Westliche Linke haben im Laufe der Geschichte verschiedene Bezeichnungen benutzt und sich manchmal liberal, manchmal sozialdemokratisch und manchmal progressiv genannt. Die Konzepte unterscheiden sich jedoch nicht wesentlich voneinander – und ähneln dem Konzept der kommunistischen Ideologie.

Die Befürworter dieser Konzepte erklären „Freiheit" und „Fortschritt" zum absoluten moralischen Gebot und greifen jede abweichende Meinung als Ketzerei an.

Ähnlich wie der Kommunismus, der Atheismus, die Evolutionslehre und der Szientismus ersetzen die liberalen Strömungen und der Progressivismus den Glauben an Gott durch humanistische Vernunft und setzen den Menschen selbst als Gott ein.

Soziale Probleme werden auf als Ungerechtigkeit wahrgenommene Verhältnisse oder Mängel im kapitalistischen System geschoben. Ihre Methoden zur Lösung dieser Probleme gleichen denen der Kommunisten. Sie glauben, dass ihr Anliegen so wichtig ist, dass alle Mittel zur Durchsetzung erlaubt sind. Gewalt und Betrug erscheinen ihnen in verschiedenen Situationen als legitime Mittel.

Die quasireligiösen Merkmale von Liberalismus und Progressivismus sind untrennbar mit dem historischen Hintergrund ihrer Entstehung verbunden.

Der rasante wissenschaftliche Fortschritt seit dem 18. Jahrhundert stärkte das Vertrauen der Menschheit in ihre eigenen Fähigkeiten und beflügelte die fortschreitende intellektuelle Entwicklung. Der französische Philosoph Nicolas de Condorcet, war ein Pionier des fortschrittlichen Denkens und erklärte in seinem Werk „Skizze eines historischen Bildes vom Fortschritt des menschlichen Geistes", dass die Vernunft die Menschen auf den Weg des Glücks und der Moral oder Güte führt. Später wurde der Progressivismus aggressiver und begann, die Vernunft quasireligiös anzubeten.

Das progressivistische („fortschrittliche") Denken erlaubt es, Vernunft, Gewissen und den Schöpfer als voneinander getrennt zu betrachten und die Vorstellung zu fördern, dass der Mensch den Segen des Schöpfers nicht braucht. Demnach könne der Mensch seine eigene Rationalität und sein eigenes Gewissen benutzen, um die Übel der Gier, Angst, Eifersucht und dergleichen wegzufegen; der Mensch könne das Paradies auf Erden errichten und das Göttliche beseitigen.

Die Arroganz des Progressivismus wird in einer Erklärung des französischen Politikers und Kunstkritikers Jules Castagnary aus dem 19. Jahrhundert deutlich: „Neben dem göttlichen Garten, aus dem ich vertrieben wurde, werde ich ein neues Eden errichten. [...] An seinem Eingang werde ich den Fortschritt aufstellen [...] und ich werde ihm ein flammendes Schwert in die Hand geben und er wird zu Gott sagen: ‚Du sollst hier nicht eintreten'." [9]

Erfüllt von Gedanken dieser Art erliegen Menschen der Illusion, das Schicksal der Menschheit kontrollieren und ihre Zukunft selbst bestimmen zu können – das heißt, die Menschheit will die Rolle Gottes spielen –, um eine Utopie ohne Gott zu schaffen, ein „Paradies auf Erden". Das ist die wesentliche Idee des Kommunismus. Der Kampf um dieses Paradies hat viel Blut und Elend über die Menschen gebracht.

c) Zeitgenössischer Liberalismus und Progressivismus: neue Varianten des Kommunismus

Die Rebellion gegen den klassischen Liberalismus

Der klassische Liberalismus, der von der Philosophie der natürlichen individuellen Rechte ausgeht, befürwortete verfassungsmäßige Beschränkungen der Macht des Königshauses oder der Regierung, um die persönliche Freiheit zu schützen.

Individuelle Rechte sind vom Himmel verliehen, während die Regierung von den Bürgern eingesetzt wird und die ausdrückliche Pflicht hat, ihr Volk zu schützen. Die Trennung von Kirche und Staat wurde eingeführt, um zu verhindern, dass die Regierung in Überzeugungen und Glauben der Bürger eingreifen kann.

Der zeitgenössische Liberalismus ist hingegen nichts anderes als kommunistische Infiltration und Verrat am klassischen Liberalismus. Diese Infiltration geschieht im Namen der „Freiheit". Einerseits betont er den absoluten Individualismus, also die extreme willkürliche Durchsetzung von Wünschen und die Missachtung jeglicher Moral und Zurückhaltung. Andererseits betont er die Gleichheit der Ergebnisse statt der Chancengleichheit.

Wenn es um die Verteilung des Reichtums geht, konzentrieren sich die modernen Linksliberalen beispielsweise auf die Bedürfnisse der Empfänger und nicht auf die Rechte der Steuerzahler. Wenn es um Maßnahmen zur Bekämpfung von Diskriminierung geht, konzentrieren sie sich nur auf diejenigen, die in der Vergangenheit geschädigt wurden und ignorieren jene Menschen, die durch die Maßnahmen gegen Diskriminierung zu neuen Opfern werden. In der Rechtsprechung behindern sie die Notwendigkeit, Verbrechen zu bestrafen, um die Unschuldigen vor ungerechter Verurteilung zu schützen. Im Bildungssektor ignorieren sie das Potenzial talentierter Studenten unter dem Vorwand, damit Studenten mit schwächeren Leistungen und solchen aus unterprivilegierten Familien zu helfen. Sie benutzen die Redefreiheit als Ausrede, um Beschränkungen für die Veröffentlichung obszöner Inhalte aufzuheben.

Der Fokus des zeitgenössischen Liberalismus, wie ihn die deutsche Sozialdemokratie lebt, hat sich stillschweigend von der Befürwortung der Freiheit auf die Förderung der Gleichheit verlagert. Allerdings ist er noch nicht bereit, als „Egalitarismus" bezeichnet zu werden, da ihn dies sofort als eine Form des Kommunismus brandmarken würde.

Die Toleranz des klassischen Liberalismus ist zwar eine Tugend, aber das kommunistische Gespenst benutzte den zeitgenössischen Liberalismus und dessen Art der Toleranz als Weg zur moralischen Korruption. John Locke, bekannt als Urvater des Liberalismus, hat in seinem „Letter Concerning Toleration" seinen Standpunkt zur religiösen Toleranz und zur Trennung von Kirche und Staat dargelegt. Aus Lockes Schriften geht hervor, dass der Hauptaspekt der Toleranz darin besteht, dass der Staat, der über Zwangsmittel verfügt, persönliche Überzeugungen tolerieren sollte. Ob der Glaube an den Weg zum Himmel richtig oder lächerlich ist, sollte man dem göttlichen Gericht überlassen. Das eigene Seelenheil sollte einem selbst überlassen sein; der Staat sollte seine Macht nicht nutzen, um Glauben oder Unglauben zwangsweise aufzuerlegen.

Der zeitgenössische Liberalismus, wie ihn auch die Sozialdemokraten in vielen Punkten in ihrem Parteiprogramm haben, vernachlässigt den eigentlichen Zweck der Toleranz und verwandelt ihn in Beliebigkeit. Er erfand den politischen Begriff „wertfrei". Das bedeutet, in keiner Situation ein Urteil oder eine Bewertung vorzunehmen. In Wahrheit bedeutet „wertfrei" nur den Verlust moralischer Orientierung, die Verwechslung von Gut und Böse und Sünde mit Tugend. Es ist nichts anderes als die Verleugnung und Untergrabung universeller Werte. Diese attraktive Phrase öffnet ein Tor für die Vernichtung der Moral und die Vernichtung der Traditionen – unter dem Deckmantel der Freiheit. Die Regenbogenfahne, das Symbol der LGBT-Bewegung, ist ein typisches Beispiel für das Konzept der Wertfreiheit. Wenn sich rechtschaffene Stimmen dagegen aussprechen, greifen zeitgenössische Liberale sie unter dem Vorwand an, die individuelle Freiheit und Gleichheit zu schützen und die Diskriminierung der Unterprivilegierten zu bekämpfen.

Der zeitgenössische Liberalismus hat die Geschlechter bis zur Lächerlichkeit durcheinandergewürfelt. Im Jahr 2003 verabschiedete Kalifornien ein neues Gesetz (Assembly Bill 196): Jeder kommerzielle Arbeitgeber kann mit Geldstrafen von bis zu 150.000 US-Dollar für die Ablehnung eines qualifizierten Arbeitssuchenden bestraft werden. Dafür reicht es, wenn die Ablehnung darauf beruht, dass der Bewerber Transgender ist oder sich in einer Art und Weise kleidet, die im Widerspruch zu seinem Geschlecht steht. [10] Der kalifornische Senat definierte „Gender-Identität" als „die Identität einer Person auf der Grundlage der von ihr angegebenen sexuellen Identität, ohne Rücksicht darauf, ob das angegebene Geschlecht mit dem bei der Geburt zugewiesenen Geschlecht übereinstimmt". [11]

Die Essenz des Progressivismus: moralische Perversion

Der moderne Progressivismus ist die direkte Anwendung von Darwins Evolutionstheorien in den Sozialwissenschaften. Als Ergebnis davon werden die Werte der traditionellen Moral im Namen des „Fortschritts" immer weiter pervertiert und aufgeweicht.

Dass wir Menschen unsere Intelligenz dazu nutzen, unsere Lebensbedingungen zu verbessern, unseren Wohlstand zu steigern und zu neuen Höhen der Kultur zu gelangen, ist völlig normal – wenn dabei traditionelle Werte als Richtschnur dienen. In der „progressiven Ära" der amerikanischen Geschichte vom späten 19. bis zum frühen 20. Jahrhundert korrigierten die Regierungen verschiedene korrupte Praktiken, die im Prozess der wirtschaftlichen und gesellschaftlichen Entwicklung entstanden waren.

Nachdem aber die Kommunisten die Vereinigten Staaten infiltriert hatten, nahmen sie Begriffe wie „Fortschritt" und „Progressivismus" für sich in Beschlag und durchdrangen sie mit ihrer Ideologie.

Die Essenz des modernen Progressivismus besteht darin, die traditionelle Gesellschaftsordnung und alle göttlich vermittelten Werte zu verleugnen. Aus der Perspektive der traditionellen Moral kommen die Maßstäbe für die Beurteilung von Gut und Böse und Recht und Unrecht von Gott. Während der „progressiven Revolution" sahen die Atheisten die traditionelle Moral als Hindernis für den Fortschritt und forderten eine radikale Neubewertung aller moralischen Standards. Sie leugneten die Existenz absoluter moralischer Standards und nutzten Gesellschaft, Kultur, Geschichte und heutige Bedingungen, um ihr eigenes System der relativen Moral zu etablieren. Zusammen mit der „progressiven Revolution" hat dieser moralische Relativismus Einfluss auf Politik, Bildung, Kultur und andere Aspekte der westlichen Gesellschaft gewonnen.

Der Marxismus ist der Archetyp des moralischen Relativismus. Er vertritt die Auffassung, dass das, was den Interessen des Proletariats (welches im Grunde die herrschende Klasse darstellen soll) dient, moralisch ist, während das, was dem nicht entspricht, unmoralisch ist. Die Moral wird nicht benutzt, um die Handlungen des Proletariats einzuschränken, sondern um als Waffe für die Diktatur des Proletariats gegen dessen Feinde eingesetzt zu werden.

Tatsache ist, dass Kommunismus und Progressivismus deutliche Gemeinsamkeiten aufweisen. Es ist nur logisch, dass der

Kommunismus den Progressivismus für sich in Beschlag genommen hat, obwohl die meisten Menschen das nicht bemerken. Auch heute noch setzt der Kommunismus seine Täuschung unter dem Banner des Progressivismus fort.

Der Liberalismus und die sozialistische Strömung des Progressivismus

Wie oben dargelegt, haben sich der Liberalismus und der Progressivismus von der US-Verfassung und den traditionellen moralischen Werten, auf denen Amerika gegründet wurde, abgewandt. Die Tendenz besteht darin, alle traditionellen Überzeugungen, moralischen Werte und die gegenwärtigen sozialen Institutionen des Westens zu verändern und im Wesentlichen zu zerstören.

Im „Kommunistischen Manifest" zählte Marx zehn Methoden auf, um den Kapitalismus zu zerstören. Er sagte: „Der erste Schritt bei der Revolution der Arbeiterklasse besteht darin, das Proletariat als herrschende Klasse zu etablieren, um die Schlacht der Demokratie zu gewinnen.

Das Proletariat wird demnach seine politische Vormachtstellung nutzen, um der Bourgeoisie allmählich das gesamte Kapital zu entziehen, um alle Produktionsmittel in den Händen des Staates, d.h. des als herrschende Klasse organisierten Proletariats, zu zentralisieren und die gesamten Produktivkräfte so schnell wie möglich zu erhöhen.

Dies kann natürlich zunächst nur durch despotische Übergriffe auf die Eigentumsrechte und die Bedingungen der bürgerlichen Produktion geschehen; durch Maßnahmen also, die wirtschaftlich unzureichend und unhaltbar erscheinen, die aber im Laufe der Bewegung über sich selbst hinausgehen, weitere Übergriffe auf die alte Gesellschaftsordnung erfordern und als Mittel zur völligen Revolutionierung der Produktionsweise unvermeidlich sind.

Diese Maßnahmen werden natürlich in den einzelnen Ländern unterschiedlich sein. Dennoch wird in den meisten fortgeschrittenen Ländern das Folgende ziemlich allgemein anwendbar sein.

1. Abschaffung des Landbesitzes und Verwendung aller Pachtzahlungen für öffentliche Ausgaben.
2. Eine stark progressive oder graduell steigende Einkommensteuer.
3. Abschaffung aller Rechte auf Erbschaft. [Die USA führten 1916 die Erbschaftssteuer ein].
4. Beschlagnahmung des Eigentums aller Auswanderer und Rebellen.
5. Zentralisierung der Kreditvergabe in den Händen des Staats durch eine Nationalbank mit Monopolstellung. [Die US-Federal Reserve, die als Zentralbank fungiert, wurde 1913 gegründet.]
6. Zentrale Kontrolle aller Transport- und Kommunikationsmittel in den Händen des Staats. [Die USA haben Aufsichtsbehörden, eine staatliche Post und Eisenbahnen im Staatsbesitz.]
7. Erweiterung der Fabriken und Produktionsinstrumente des Staates, die Kultivierung von Brachland und die Verbesserung des Bodens im Allgemeinen nach einem gemeinsamen Plan.
8. Gleiche Verpflichtung aller zur Arbeit. Aufbau von Arbeiterheeren, insbesondere für die Landwirtschaft. [1935 gründeten die Vereinigten Staaten das Social Security Bureau und das Labor Department. Das Affirmative Action Law schreibt vor, dass Frauen der Zugang zu allen Tätigkeiten zu gewähren ist, die von Männern ausgeübt werden, einschließlich militärischer Positionen.]
9. Kombination von Landwirtschaft und verarbeitender Industrie; schrittweise Aufhebung der Unterschiede

zwischen Stadt und Land durch eine gerechtere Verteilung der Bevölkerung über das Land.
10. Freie Ausbildung aller Kinder in öffentlichen Schulen. Abschaffung der Kinderarbeit in ihrer jetzigen Form. Kombination der Ausbildung mit der industriellen Produktion [...]"

Von den zehn im Manifest aufgeführten Punkten sind viele bereits umgesetzt, um die Vereinigten Staaten und andere Länder schrittweise nach links zu bewegen und schließlich die kommunistische politische Kontrolle einzuführen.

Oberflächlich betrachtet befürworten die Kommunisten einige Dinge, die auf den ersten Blick positiv erscheinen, doch ihr Ziel ist nicht das Wohlergehen der Nation, sondern politische Macht und die Machterhaltung.

Es ist nicht falsch, dass wir Menschen unser Glück und den Fortschritt suchen. Wenn jedoch „-ismen" zu Ideologien werden und die traditionellen Werte, Moral und Glauben ersetzen und verdrängen, werden sie zu einem Instrument, mit dem der kommunistische Geist die Menschheit in Verwahrlosung und Zerstörung führt.

3. Hass und Kampf: der unveränderliche Kurs kommunistischer Politik

Wie zu Beginn dieses Buches dargelegt, ist der Kommunismus ein bösartiges Gespenst, das auf Hass basiert. Kampf und Hass sind daher wichtige Bestandteile der kommunistischen Politik. Während der Kommunismus Hass und Spaltung unter den Menschen schürt, korrumpiert er die menschliche Moral, um die politische Macht an sich zu reißen und seine Diktatur zu errichten. Menschen gegeneinander auszuspielen, ist das primäre Mittel, mit dem dieser Kampf geführt wird.

Das erste Kapitel der „Ausgewählten Werke von Mao Tse-tung" lautet „Eine Analyse der Klassen in der chinesischen Gesellschaft", geschrieben 1925. Es beginnt mit der Zeile: „Wer sind unsere Feinde? Wer sind unsere Freunde? Diese Frage ist die wichtigste Frage der Revolution." [12] Die Kommunistische Partei schafft willkürlich Klassenkonzepte, wo es vorher keine gab und regt dann diese willkürlich geteilten Gruppen zum Kampf gegeneinander an. Dies ist eine magische Waffe, die die Kommunisten bei ihrem Aufstieg zur Macht benutzen.

Um ihre Sache zu fördern, wählt die Kommunistische Partei bestimmte Themen aus, die sich aus dem Niedergang der moralischen Werte ergeben und übertreibt sie. Dann behauptet sie, dass die Hauptursache für diese Probleme nicht die moralische Schwäche, sondern die Struktur der Gesellschaft sei. Sie bezeichnet bestimmte Klassen als Unterdrücker und fördert als Lösung für die Übel der Gesellschaft den Kampf der Bevölkerung gegen diese Klassen.

Der Hass und Kampf der kommunistischen Politik beschränkt sich nicht auf den Antagonismus zwischen Arbeitern und Kapitalisten. Der kommunistische Führer der Kubaner, Fidel Castro, sagte, dass der Feind des kubanischen Volkes die Korruption von Fulgencio Batista und seinen Anhängern sei, und dass die vermeintliche Unterdrückung durch große Plantagenbesitzer die Quelle von Ungleichheit und Ungerechtigkeit sei. Mit dem Sturz der sogenannten Unterdrücker versprach die Kommunistische Partei eine egalitäre Utopie. Die Kommunisten übernahmen Kuba mit diesem Versprechen.

In China war die Innovation von Mao Tse-tung, den Bauern Eigentumsrechte an ihrem Land, den Arbeitern an ihren Fabriken und den Intellektuellen Freiheit, Frieden und Demokratie zu versprechen. Dies brachte die Bauern gegen die Grundbesitzer, die Arbeiter gegen die Kapitalisten und die Intellektuellen gegen die Regierung auf, sodass die Kommunistische Partei Chinas die Macht ergreifen konnte.

In Algerien schürte der kommunistische Führer Ahmed Ben Bella den Hass zwischen verschiedenen Religionen und ethnischen Gruppen: Er hetzte Muslime gegen Christen auf und Araber gegen Franzosen. Dies wurde Ben Bellas Sprungbrett zur kommunistischen Herrschaft. [13]

Die Gründerväter der Vereinigten Staaten bauten das Land auf der Grundlage der amerikanischen Verfassung auf, die jedem Bürger bekannt sein und von ihm befolgt werden muss. Familie, Kirche und Gemeinschaft bildeten starke Bindungen innerhalb der amerikanischen Gesellschaft. Das hat das Konzept der sozialen Klassen nicht so stark aufkommen lassen und machte es schwierig, den Klassenkampf in den Vereinigten Staaten zu etablieren.

Doch das Gespenst des Kommunismus nutzt jede Gelegenheit, um den Geist der Spaltung zu säen. Mithilfe der Gewerkschaften vergrößerte es die Konflikte zwischen Arbeitnehmern und Arbeitgebern. Es konstruierte Unterschiede, um Schwarze, Araber, Asiaten und Hispanoamerikaner zu motivieren, gemeinsam gegen die Weißen zu kämpfen. Es schürte den Kampf zwischen den Geschlechtern, indem es die Frauenrechtsbewegung gegen die traditionelle Sozialstruktur in Stellung brachte. Es schuf Spaltungen durch die Aufwertung abweichender sexueller Orientierung und die LGBT-Bewegung und erfand sogar neue Geschlechter, um den Kampf zu intensivieren.

Es bringt die Anhänger verschiedener Religionen gegeneinander in Stellung und benutzt den Begriff „kulturelle Vielfalt", um die traditionelle westliche Kultur und das westliche Erbe herauszufordern. Es spaltet Menschen verschiedener Nationalitäten, indem es sich für die „Rechte" illegaler Einwanderer einsetzt und Konflikte zwischen Ausländern und einheimischen Bürgern schafft. Es hetzt Einwanderer und die breite Öffentlichkeit gegen Strafverfolgungsbehörden auf.

Da die Gesellschaft zunehmend atomisiert wird, kann ein einziger Fehltritt einen Kampf auslösen. Soziale Konflikte sind zum Normalzustand der Gesellschaft geworden. Der Samen des Hasses ist in die Herzen der Massen gepflanzt worden. Genau das ist das finstere Ziel des Kommunismus.

Der Kommunismus fördert Spaltung und Hass zugleich. Lenin schrieb: „Wir können und müssen in der Sprache schreiben, die Hass, Abscheu, Verachtung und dergleichen unter die Massen sät, gegenüber denen, die mit uns nicht einverstanden sind." [14]

Die politische Taktik des kommunistischen Gespenstes im Westen nutzt alle möglichen Fragen der „sozialen Gerechtigkeit", um Hass zu schüren und soziale Konflikte zu verschärfen.

Im Fall der Scottsboro Boys von 1931 wurden neun schwarze Jungen beschuldigt, zwei weiße Frauen vergewaltigt zu haben, was zu schweren rassischen Auseinandersetzungen im ganzen Land führte. Die Kommunistische Partei der USA trat in Aktion, forderte Gerechtigkeit für schwarze Amerikaner und zog viele Anhänger an. Dazu gehörte auch Frank Marshall Davis, der spätere Mentor eines ehemaligen US-Präsidenten der linksgerichteten Demokratischen Partei. [15]

Laut Dr. Paul Kengor bestand das Ziel der amerikanischen Kommunisten im Fall der Scottsboro Boys nicht nur darin, ihre Mitgliederzahlen in der schwarzen Bevölkerung und unter den fortschrittlichen Aktivisten der „sozialen Gerechtigkeit" zu stärken, sondern Amerika als ein Land voller Ungleichheit und Rassendiskriminierung zu verunglimpfen. Sie behaupteten, dass dies die vorherrschenden Bedingungen im ganzen Land seien und förderten den Kommunismus und die linke Ideologie als einziges Mittel, um die Amerikaner von diesem pathologischen und bösen System zu befreien. [16]

1935 brach ein Aufstand in den schwarzen Gemeinschaften von Harlem, New York, aus, nachdem Gerüchte verbreitet worden waren, wonach ein schwarzer Teenager zu Tode geprügelt worden wäre, nachdem man ihn beim Ladendiebstahl erwischt hätte. Die Kommunistische Partei der USA ergriff diese Gelegenheit, um Proteste der Schwarzen zu organisieren.

Leonard Patterson, damals Mitglied der KP der USA, war bei dem Vorfall dabei. Er beschreibt, wie Kommunisten zuvor speziell in leninistischer Taktik geschult wurden, um Konflikte anzustiften und zu entfachen. Sie lernten, wie man Proteste in gewalttätige Ausschreitungen und Straßenkämpfe verwandelt und bewusst Konflikte fabriziert, wo es keine gibt. [17]

Im heutigen Amerika sind kommunistische Gruppen an jedem großen sozialen Konflikt oder Aufstand beteiligt. 1992 wurden Aufnahmen von Rodney King, einem schwarzen Einwohner von Los Angeles, im Fernsehen übertragen, der von weißen Polizisten geschlagen wurde, als er beim Fahren unter Alkoholeinfluss erwischt wurde. Nachdem das Gericht sein Urteil dazu gesprochen hatte, gerade als sich die Demonstranten vor dem Gericht zerstreuen wollten, schlug plötzlich jemand eine Metallplakatwand gegen ein vorbeifahrendes Auto. Daraufhin eskalierte der Protest schnell zu einem gewalttätigen Aufstand mit Brandstiftung, Schlägereien und Plünderungen. [18]

Auf die Frage nach der Beteiligung von Kommunisten an dem Vorfall angesprochen, sagte der County Sheriff von Los Angeles, Sherman Block, dass dies zweifelsfrei der Fall gewesen sei. Kommunisten waren bei den Unruhen, Plünderungen und Brandstiftungen dabei. Während der Veranstaltungen waren Flyer, die von verschiedenen kommunistischen Gruppen wie der Revolutionären Kommunistischen Partei, der Sozialistischen Arbeiterpartei, der Progressiven Arbeiterpartei und der Kommunistischen Partei der USA verteilt wurden, überall auf den Straßen und in den Schulen zu finden. Auf einem der Flyer stand: „Rache für das King-Urteil! […] Dreht die Waffen um! Soldaten vereinigen sich mit den Arbeitern! [...]" Laut einem Polizisten des Los Angeles Police Department verteilten die Leute diesen Flyer bereits vor der Urteilsverkündung. [19]

Lenin hatte die Kommunisten schon früh angewiesen, dass „Aufstände – Demonstrationen – Straßenkämpfe – Einheiten einer revolutionären Armee – die Phasen in der Entwicklung des Volksaufstandes sind". [20]

Wie sich die Fülle der Organisationen, die heute Unruhen und Gewalt in der westlichen Gesellschaft anstiften, auch nennen mag – sei es „Unteilbar", „Antifa", „Stopp das Patriarchat", „Black Lives Matter" oder „Widerstand gegen Faschismus" – sie alle sind Kommunisten oder Befürworter kommunistischer Ideen. Die gewalttätige Gruppe der „Antifa" besteht aus Menschen verschiedener kommunistischer Prägung, wie Anarchisten, Sozialisten, Liberalen, Sozialdemokraten und dergleichen. „Widerstand gegen Faschismus" ist eigentlich eine linksradikale Gruppe, die vom Präsidenten der Revolutionären Kommunistischen Partei der USA gegründet wurde. Sie steckte hinter vielen großen Protestveranstaltungen, die darauf abzielten, das Ergebnis der Präsidentschaftswahlen 2016 zu kippen. [21]

Unter dem Deckmantel der freien Meinungsäußerung arbeiten diese Gruppen unermüdlich daran, alle möglichen Konflikte in der westlichen Gesellschaft zu schüren. Um ihr eigentliches Ziel zu verstehen, braucht man nur einen Blick auf die Richtlinie der Kommunistischen Partei der USA an ihre Mitglieder zu werfen, wie sie im Kongressbericht von 1956 formuliert wurde: „Mitglieder und Frontorganisationen müssen unsere Kritiker ständig in Verlegenheit bringen, diskreditieren und herabsetzen [...] Wenn Gegner unserer Sache zu irritierend werden, brandmarkt sie als Faschisten oder Nazis oder Antisemiten. [...] Bringt diejenigen, die sich uns widersetzen, ständig mit Namen in Verbindung, die bereits einen schlechten Ruf haben. Diese Verbindung wird nach ausreichender Wiederholung in der Öffentlichkeit zur ‚Tatsache' werden." [22]

4. Gewalt und Lügen: die wichtigsten Kontrollmethoden kommunistischer Politik

Die kommunistische Lehre sieht jedes Mittel als gerechtfertigt an, um an die Macht zu kommen und diese zu behalten. Kommunistische Parteien verkünden öffentlich, dass Gewalt und Lügen ihre Werkzeuge zur Eroberung und Herrschaft über die Welt sind. Vom ersten Auftreten der kommunistischen Herrschaft in der Sowjetunion bis heute, innerhalb der kurzen Zeitspanne eines Jahrhunderts, verursachte der Kommunismus den Tod von rund 100 Millionen Menschen. Mitglieder der Kommunistischen Partei ermordeten, verbrannten, entführten und belogen die Menschen. Sie verwendeten alle nur erdenklichen Methoden. Der Grad ihrer Boshaftigkeit ist schockierend. Noch dazu bereuen die meisten nichts, die an den Gräueltaten mitwirkten.

Die Lügen, die vom bösartigen Geist des Kommunismus fabriziert werden, variieren in ihrer Größe sowohl in den kommunistischen Ländern als auch im Westen. In China werden sie vom dortigen Regime in „kleine Lügen, mittelgroße Lügen und große Lügen" eingeteilt.

Ein Schwindel, gefälschte Nachrichten oder die Diffamierung eines politischen Gegners – das sind „kleine Lügen". Die Erschaffung eines Systems von Lügen mit erheblicher Tragweite durch komplexe Operationen wird als „mittelgroße Lüge" angesehen. Ein Beispiel dafür: Um den Hass gegen Falun Gong zu schüren, erfand die KP Chinas den Selbstverbrennungsvorfall auf dem Platz des Himmlischen Friedens. Die ganze Sache war jedoch ein inszenierter Betrug.

„Große Lügen" werden ebenfalls verwendet. Die „große Lüge" ist in ihrer Essenz dem bösartigen Gespenst genau gleich. Ihre Größe ist so enorm, ihre Operationen so vielfältig, ihre Dauer so lang, und die Zahl der Personen, die davon betroffen sind, so zahlreich, dass das Bewusstsein für die Wahrheit, nämlich dass alles Teil einer „großen Lüge" ist, als solches verloren geht.

Das kommunistische Gespenst fabrizierte etwa die Lüge der „globalen Einheit", die Globalisierung der Gesellschaft, als Ziel des Kommunismus. Da der Anspruch nicht widerlegt werden konnte, zumindest nicht kurzfristig, war dies die große Lüge, auf der das gesamte kommunistische Projekt basierte.

Das vorherige Kapitel analysierte den Begriff des Progressivismus, wie er vom Kommunismus für sich verwendet wird, und dass auch er Teil einer „großen Lüge" ist. In den vergangenen Jahrzehnten hat der Kommunismus eine Reihe von sozialen Bewegungen infiltriert, die Menschen in Aufruhr versetzt und Revolutionen verursacht haben. All das entspricht dem Willen des bösartigen Geistes. Ein Beispiel ist auch die Umweltbewegung, die in Kapitel 16 diskutiert wird.

a) Gewalt und Lügen im kommunistischen Totalitarismus

Kommunistische Parteien fördern Klassenkonflikte – und diese sind Konflikte, die bis zum Tod ausgetragen werden. Wie das Kommunistische Manifest besagt: „Die Kommunisten verachten es, ihre Ansichten und Ziele zu verbergen. Sie erklären offen, dass ihre Ziele nur durch den gewaltsamen Sturz aller bestehenden sozialen Bedingungen erreicht werden können." [23]

Lenin schrieb in „Staat und Revolution": „Wir haben bereits oben gesagt und werden es später ausführlicher zeigen, dass sich die Theorie von Marx und Engels über die Unvermeidlichkeit einer gewalttätigen Revolution auf den bürgerlichen Staat bezieht. Letzterer kann nicht durch die Diktatur des Proletariats infolge eines Prozesses des ‚Verwitterns/Verwelkens' ersetzt werden, sondern in der Regel nur durch eine gewaltsame Revolution". [24]

Während des Prozesses der Machtergreifung, sei es während der Pariser Kommune, der Russischen Revolution oder der von der KP Chinas initiierten Arbeiter- und Bauern-Bewegung, wandten kommunistische Parteien extrem gewalttätige und blutige Methoden an. Unabhängig davon, ob ihre Feinde alt oder schwach waren, verbrannten, beraubten und ermordeten sie sie und zeigten eine Boshaftigkeit, die die Seele schockiert. Die unter gewalttätigen kommunistischen Regimen begangenen Verbrechen sind so zahlreich, dass sie unmöglich zu zählen sind.

Die kommunistische Sekte wendet Gewalt und Lügen an, um die Macht zu erringen. Lügen sind ein Schmiermittel für die Rechtfertigung der Gewalt und auch eine Möglichkeit, die öffentliche Meinung für sich einzunehmen. Lügen sind notwendig, um die Gewalt zu steuern, und auch wenn manchmal keine Gewalt angewendet wird, sind ständige Lügen dennoch die Regel. Kommunistische Parteien sind bereit, alles zu versprechen. Sie denken aber gar nicht daran, ihre Versprechen einzuhalten. Um ihre Zwecke zu erreichen, ändern sie ihre Geschichten so oft wie es ihnen nützlich erscheint. Sie lügen ohne jede moralische Basis und ohne jegliches Schamgefühl.

Die Kommunisten behaupteten, sie würden den Himmel auf Erden errichten – aber genau das ist ihre größte Lüge. Das Einzige, was sie erreicht haben, ist eine Hölle auf Erden.

Mao Tse-tung in China, Ahmed Ben Bella in Algerien und Fidel Castro in Kuba: Sie alle behaupteten, dass sie niemals totalitäre Regime aufbauen würden. Doch sobald sie an der Macht waren, initiierten sie sofort einen völlig rücksichtslosen Totalitarismus, säuberten die eigene Partei von ihren Kontrahenten und Konkurrenten und verfolgten Dissidenten.

Kommunistische Parteien haben auch den Sprachgebrauch geschickt manipuliert. Sprachmanipulation ist eine der wichtigsten Methoden, mit denen die kommunistische Sekte Menschen täuscht. Sie verändert die Bedeutung von Wörtern und verkehrt sie in ihr Gegenteil. Wenn die manipulierte Sprache oft genug verwendet wird, werden ihre verzerrten Bedeutungen in den Köpfen der Menschen verwurzelt. So wird beispielsweise „Gott" mit „Aberglaube" gleichgesetzt; „Tradition" mit „Rückständigkeit", „Dummheit" mit „Feudalismus"; „westliche Gesellschaft" wird mit „feindlichen" oder „antichinesischen Kräften" gleichgesetzt; das „Proletariat" wird zu „den Herren des staatlichen Vermögens". Obwohl das Volk keine Macht hat, sagen die Kommunisten, dass „alle Macht dem Volk gehört". Auf Ungerechtigkeit hinzuweisen bedeutet „Unterwanderung des Staates" und so weiter. Wenn man also mit Menschen spricht, die durch die kommunistische Sekte der Bösartigkeit tief vergiftet sind, stellt man oft fest, dass es beiden Seiten an einer gemeinsamen Kommunikationsgrundlage fehlt. So sehr wurden die Bedeutungen und Assoziationen vieler Worte verändert.

Die Sekte des Kommunismus erzählt nicht nur ihre eigenen Lügen, sondern schafft auch ein Umfeld, in dem sich die gesamte Bevölkerung dem Lügen anschließen muss – sie wird gezwungen, politische Studien zu betreiben, die eigene politische Überzeugung öffentlich zu formulieren und sie wird ständig politisch überprüft. Dadurch sollen die Menschen gezwungen werden, Dinge zu sagen, die sie nicht glauben und man will sie dadurch demoralisieren. Ihr Sinn für richtiges Handeln soll verringert werden. Die Zehn Gebote warnen davor, dass man „kein falsches Zeugnis ablegen soll". Konfuzius sagte: „Wenn das Volk kein Vertrauen in seine Herrscher hat, hat der Staat kein Ansehen."

Nachdem die Menschen sich der Unwahrheiten der kommunistischen Sekte bewusst geworden sind, reagieren sie darauf, indem sie selbst zu lügen beginnen. Der Kommunismus weiß, dass die Menschen lügen, aber das ist akzeptabel, denn das Lügen selbst ist Teil des Spiels. Die Gefahr für Kommunisten besteht darin, dass die Menschen anfangen, die Wahrheit zu sagen. Die Etablierung einer Kultur der Falschheit ist ein Mittel der moralischen Degeneration, das von den Kommunisten entwickelt wurde. In dieser Publikation wurde wiederholt festgestellt, dass das chinesische Regime nicht nur den physischen Körper töten, sondern auch extreme moralische Korruption hervorrufen will. In dieser Hinsicht hat das Regime sein Ziel zu einem großen Teil erreicht.

b) Wie der Kommunismus im Westen Gewalt schürt

Die elementare Kraft, aus der das kommunistische Gespenst besteht, ist der Hass. All seine Theorien sind von Hass durchdrungen. Es fördert den Klassenkampf und führt die Wurzel jedes Problems auf die traditionellen sozialen Strukturen zurück. Es sagt, dass die Reichen die Armen ausbeuten, um Groll und Hass gegen die Reichen zu schüren und Revolution und Gewalt hervorzurufen. Mit der Ausbreitung der kommunistischen Bewegungen sind die Manipulationen, die Gewalt und die Lügen des Gespenstes im Westen zum Alltag geworden. Sie haben eine Gesellschaft voller Hass und Groll erzeugt.

Neben der weitverbreiteten und ausdrücklichen Förderung von Gewalt durch kommunistische Parteien haben sich verschiedene Paramarxisten unter der Kontrolle des Teufels ebenfalls für Gewalt eingesetzt. Saul Alinsky – von der Linken in den Vereinigten Staaten gefeiert – war Mitglied in einer Gang, bevor er sich der Linken anschloss und ein politischer Führer wurde. Er leugnete, ein Kommunist zu sein. In seiner politischen Ideologie und seinem Umgang mit Konflikten glich er jedoch einem Kommunisten.

Saul Alinskys „Regeln für Radikale" werden von Autonomen oder Anarchisten als Lehrbuch angesehen. Alinsky schrieb, dass sein Buch speziell für Habenichtse bestimmt sei, die nach einer machiavellistischen Weltsicht leben; die von den Reichen nehmen und es den Armen geben wollen, um die Vereinigten Staaten zu einem kommunistischen Land zu machen.

Alinsky scheint die allmähliche Infiltration gegenüber einer blutigen Revolution zu bevorzugen – doch in Wirklichkeit ist er ein Befürworter von Gewalt. Er ist lediglich subtiler. Die „Black Panther Party", eine gewalttätige revolutionäre Gruppe, verschrieb sich dem Maoismus und verwendete den maoistischen Slogan „Die politische Macht kommt aus den Gewehrläufen." Alinsky setzte zunächst auf demokratische Wahlen, plante im Hintergrund jedoch auch den Einsatz von Waffen. Sein Ansatz ähnelt damit dem der Kommunistischen Partei Chinas: Zunächst unauffällig bleiben und dann brutal zuschlagen. Eine seiner Regeln ermutigt Radikale, aggressive Ansätze zu verwenden, um ihre Gegner einzuschüchtern und letztlich das Ziel der Störung und Zerstörung zu erreichen.

David Horowitz war ein Autor und ehemaliger Radikaler, der Alinsky sehr gut kannte. Ihm zufolge glaubten Alinsky und seine Anhänger nicht an eine Reform des derzeitigen Systems. Ihr Ziel bestünde darin, es gründlich zu zerstören. Der Weg dorthin wäre für sie bereits eine Form des Kriegs mit anderen Mitteln. Deshalb würden sie alle möglichen Mittel anwenden, um ihr Ziel zu erreichen – sie entscheiden, wann sie Gewalt anwenden, welche Art von Gewalt sie anwenden und welche Art von Lügen sie erzählen. [25]

In der amerikanischen Gesellschaft greifen einige Politiker und politische Akteure ihre Feinde skrupellos mit allen Mitteln an – dabei setzen sie Betrug, persönliche Angriffe und dergleichen ein. Wie die Kommunisten schrecken sie oft sogar vor Gewalt nicht zurück. Eine Gesellschaft mit einer verstärkten Tendenz zur Gewalt wird instabil und in sich gespalten. Heutzutage scheint das Verhältnis zwischen der großen linken Partei und der großen rechten Partei in den Vereinigten Staaten vergleichbar mit der Konfrontation zwischen dem kommunistischen Block und der freien Welt während des Kalten Krieges zu sein. Sie sind so gegensätzlich wie Feuer und Wasser.

Nach der Wahl des neuen US-Präsidenten im Jahr 2016 begannen die als „Antifa" bekannten linken Extremisten mit gewalttätigen Ausschreitungen. „Antifa"-Aktivisten fokussierten ihre Angriffe auf die Anhänger des neuen Präsidenten und andere Konservative und verfolgten diese Politik bei ihren Kundgebungen und anderen Aktivitäten. „Antifa"-Anhänger hinderten Unterstützer des Präsidenten daran, öffentlich zu sprechen und griffen sie sogar körperlich an.

In den vergangenen Jahren hat ein Zustrom von Einwanderern aus dem Nahen Osten und Afrika viele soziale Probleme in die europäischen Länder gebracht. Aufgrund der „politischen Korrektheit" hat die linke Elite in diesen Nationen Gegner der aktuellen Einwanderungspolitik beschimpft und attackiert. [26]

Im Juni 2017 wurde Steve Scalise, ein Mitglied der Republikanischen Partei und Fraktionschef der Republikaner im Repräsentantenhaus, von einem Anhänger einer anderen Partei angeschossen und schwer verletzt. Ein Politiker der Linken sagte sogar, er sei „froh", dass Scalise angeschossen wurde. Dieser Politiker wurde daraufhin von seinem Posten als Ausschussvorsitzender auf Landesebene seiner Partei entfernt.

Hinter diesen gewalttätigen Konflikten stehen die geistigen Faktoren des kommunistischen Gespensts. Es ist nicht so, dass jeder Linke den gewalttätigen Konflikt will – doch es braucht nur einige wenige kommunistische Hardcore-Aktivisten, um die Dinge in Bewegung zu setzen.

Unter dem Einfluss des kommunistischen Gespensts behaupten bestimmte Parteien und Politiker – solange sie nur wenig Macht besitzen –, dass sie die Rechte der Menschen schützen und die Regeln einer demokratischen Gesellschaft befolgen würden. Doch sobald sie an die Macht kommen, nutzen sie alle Methoden, um die Opposition zu unterdrücken und andere willkürlich ihrer Rechte zu berauben. Im Februar 2017 wurde während einer Senatssitzung in einem westlichen US-Bundesstaat einer vietnamesisch-amerikanischen Senatorin das Mikrofon abgestellt und sie selbst wurde aus dem Sitzungssaal entfernt. Sie war dabei, sich gegen eine Ehrung des Senators Tom Hayden auszusprechen, der früher ein Anti-Vietnam-Kriegs-Aktivist und Radikaler gewesen war. [27] Wenn die Dinge so weiterlaufen, steuert dieser US-Bundesstaat darauf zu, zu einer kommunistischen Autokratie zu werden.

c) Wie kommunistische Lügen den Westen verwirren

Der Kommunismus hat bei den meisten Menschen im Westen einen schrecklichen Ruf, sodass Lügen der einzige Weg sind, wie er seinen Einfluss ausbauen kann.

Kommunistische und linke Gruppen benutzen Slogans wie „Freiheit", „Fortschritt" und „das öffentliche Interesse" als Vorwand, um breite Unterstützung zu erlangen. Tatsächlich ist es jedoch ihr Ziel, ihren Plan zur Förderung des Sozialismus umzusetzen. Ihre Taktik spiegelt die kommunistischen Versprechen vom „Himmel auf Erden" wider. Einige Parteien fördern eine Politik, die im Grunde genommen kommunistisch, aber unter einem anderen Namen getarnt ist. So wird beispielsweise die Etablierung eines verpflichtenden sozialistischen Krankenkassensystems nicht als sozialistisch, sondern als „Gesundheitsversorgung der Menschen" bezeichnet. Es wird dann gesagt, dass solche Schritte „auf der öffentlichen Meinung" beruhen. Wenn die Arbeitgeber zur Zahlung eines

Mindestlohns gezwungen werden sollen, nennen sie dies einen „überlebensnotwendigen Lohn". Währenddessen werden die westlichen Regierungen immer mächtiger und greifen immer mehr in das Leben der Menschen ein.

Pro-kommunistische Politiker und Interessengruppen machen skrupellos leere Wahlversprechen. Die kommunistischen Parteien nutzten das gleiche Prinzip, um an die Macht zu kommen. Solche Politiker versprechen eine höhere Sozialhilfe, Jobs für alle und kostenlose Krankenversicherung. Wer für diese Versprechen bezahlen soll oder wie das Ganze langfristig funktionieren wird, sagen sie nicht. Oft machen sie nicht einmal ernsthafte Pläne zur Umsetzung.

Benito Bernal, mittlerweile Republikaner, trat im Jahr 2016 noch für die US-Demokraten zur Kongresswahl an. Er berichtet von einer politischen Unterorganisation innerhalb einer der linksgerichteten Parteien, zu der Ministerialbeamte, Bundessenatoren, Kongressabgeordnete sowie Mitglieder des Staats- und Stadtrats gehörten. Diese hätte einen 25-Jahres-Plan zur Manipulation verschiedener Regierungsebenen ausgearbeitet, um in der Zukunft um die Präsidentschaft zu kämpfen. Die Organisation plante nur zum Schein, ihre Ressourcen für die Lösung von Problemen wie Bandengewalt, Schulabbrecher, Teenager-Schwangerschaften, illegale Einwanderer und soziale Ungerechtigkeiten einzusetzen. Ihr wahres Ziel war hingegen, die Menschen von der Regierung abhängig zu machen. Bernal beschreibt dies als „System der Sklaverei" [28]: „Als ich den Leuten in dieser Organisation Fragen stellte, bekam ich keine klaren Antworten. Sie stellten mir stattdessen drei Gegenfragen: ‚Erstens: Wenn alle Probleme gelöst wären, was könnte unser nächster Präsidentschaftskandidat noch vorschlagen, um zu helfen? Zweitens: Hast du eine Ahnung, wie viel Kapital dadurch in unsere Stadt gekommen ist, um diese Probleme zu lösen? Drittens: Weißt du, wie viele Arbeitsplätze geschaffen werden, um diese Probleme zu lösen?' Damals fragte ich mich: Sagen mir diese

Leute hier ernsthaft, dass ich die Bandengewalt, den Schmerz der Menschen und Kinder, die sich gegenseitig umbringen, gewinnbringend nutzen soll?"

Bernal sagte, wenn sich jemand die Zeit nehmen würde, sich die Wahlbilanz dieser Partei anzusehen, würde er erkennen, dass die Partei wollte, dass die Menschen enttäuscht, unterdrückt und verarmt werden, sodass die Partei von ihrem Unglück profitieren konnte. Deshalb entschied er sich später, die Partei zu verlassen.

Bei den Präsidentschaftswahlen 2008 in den USA wurde festgestellt, dass die „Association of Community Organizations for Reform Now" (ACORN), eine sozialdemokratische Gruppe mit 40-jähriger Geschichte, Tausende von unberechtigten Wählern registrieren ließ. [29]

Da die USA kein Meldewesen haben, müssen sich alle Personen, die wählen wollen, in Wählerlisten registrieren lassen. Ob und wie überprüft wird, ob die registrierte Person überhaupt wahlberechtigt ist, ist je nach US-Bundesstaat unterschiedlich. Über diese teilweise sehr leicht zu manipulierende Registrierung tobt seit Längerem erheblicher Streit.

Im Jahr 2009 war ACORN erneut in einen bundesweiten Skandal verwickelt. Im Namen der „Gerechtigkeit" und des „Kampfes für einkommensschwache Haushalte" erhielt die Gruppe eine große Menge an staatlichen Zuschüssen und Bundesmitteln – mit denen sie den Familien mit medizinischer Versorgung und Haushaltsbedarf helfen sollte. Zwei Ermittler, die sich als Prostituierte und Zuhälter ausgaben, gingen zu den Büros von ACORN in mehreren Großstädten, um Ratschläge zu erhalten, wie sie ihr Geschäft betreiben könnten, während sie heimlich die Interviews auf Video aufzeichneten. [30] Ihre Videos zeigen ACORN-Mitarbeiter, die sie über den Betrieb eines Bordells mittels einer Scheinfirma und falscher Identität beraten und ihnen zeigen, wie man Geld wäscht, Geld versteckt, Ermittlungen vermeidet, die Polizei anlügt und Steuern hinterzieht. Obwohl sich ACORN wiederholt gegen die Vorwürfe im Zusammenhang mit den Videos verteidigte, war ihr Ruf zerstört und ihre Mittel wurden gestrichen. Ein Jahr später waren sie gezwungen zu schließen.

Viele politische Zusagen scheinen oberflächlich verlockend, in der Praxis ruinieren sie jedoch die Zukunft der Menschen. Dies ist als der „Curley-Effekt" bekannt, wie er von zwei Harvard-Professoren untersucht wurde. [31]

Der „Curley-Effekt" lässt sich wie folgt erklären: Ein Politiker oder eine politische Partei kann durch eine extreme Förderung der eigenen Wählerschaft das Wirtschaftswachstum abwürgen und ersticken – und dennoch langfristig die Mehrheit der Wählerstimmen erringen. Obwohl man anderes vermuten würde, führt die Verarmung einer Stadt so zu einem politischen Erfolg für die Ingenieure dieser Verarmung. [32]

Im Detail wird in diesem Fall eine Umverteilungspolitik von Steuern und Abgaben angewendet. So werden etwa in den USA Steueranreize für Gewerkschaften und staatliche Programme geschaffen sowie Unternehmen von Minderheiten (Schwarze, Latinos, Ureinwohner) gefördert. Gleichzeitig werden die Steuern für andere Unternehmen und Wohlhabende erhöht. Das Ergebnis ist, dass die Begünstigten dieser Politik (Arme, Gewerkschaften und so weiter) auf die von ihnen bevorzugten Politiker angewiesen sind. Bei Wahlen unterstützen sie diese natürlich. Die Politik der hohen Steuern und ein „Ausquetschen der Reichen" wird zur Finanzierung von Projekten der Regierung genutzt. Die Reichen und Unternehmer verlassen als Folge oft die Stadt – sie wollen natürlich nicht, dass ihnen ihr Geld abgenommen und verschwendet wird.

Als Ergebnis werden die Gegner dieser Politik jedoch immer weniger. Politiker, die sie betreiben, können damit einen langfristigen Einfluss auf dieses Gebiet ausüben und ihre politische Maschinerie immer weiter ausbauen. Gleichzeitig sinken die Steuereinnahmen und Arbeitsmöglichkeiten in der Stadt von Jahr zu Jahr. Letztlich geht die Stadt in Konkurs.

Der Einfluss des „Curley-Effekts" ist weit verbreitet und betrifft die zehn ärmsten Städte mit einer Bevölkerung von mehr als 250.000 Einwohnern in den Vereinigten Staaten. Heute steht Kalifornien, ein trotz sehr reicher Unternehmen hoch verschuldeter Staat, vor den Folgen dieser Politik. Kalifornien wurde in den vergangenen Jahren größtenteils von Politikern der Linken kontrolliert. [33]

Die Linke ändert auch die Bedeutung von Wörtern. Für Konservative bedeutet „Gleichheit" im Großen und Ganzen „Chancengleichheit". So können Menschen fair miteinander konkurrieren und es entsteht eine natürliche Meritokratie: Wer mehr leistet, bekommt mehr Anerkennung. Für Linke bedeutet der Begriff jedoch „Gleichheit der Ergebnisse" – was darauf hinausläuft, dass Menschen – egal, ob sie hart arbeiten, oder nicht – das gleiche Resultat erzielen wie andere.

Die Konservativen glauben, dass „Toleranz" unterschiedliche Überzeugungen und Meinungen einschließt; wenn persönliche Interessen verletzt werden, sollte man damit weitherzig und großzügig umgehen. Die Linke versteht unter „Toleranz" hingegen meist die Toleranz gegenüber Sünden. Ihr Verständnis von „Freiheit und Gerechtigkeit" unterscheidet sich ebenfalls ganz deutlich von traditionellen Konzepten. Verschiedene Strategien der Politik des Social Engineering, wie das glorifizierte Ausleben von Homosexualität, Männer und Frauen, die die gleiche Toilette benutzen, die Legalisierung von Marihuana und andere Praktiken, die die menschliche Ethik untergraben, werden alle als „fortschrittlich" bezeichnet, als ob dies moralische Fortschritte wären.

In Wirklichkeit untergraben all diese Praktiken die von Gott für den Menschen festgelegten moralischen Gesetze. Auf diese Weise zerstört die Politik auf der linken Seite des politischen Spektrums die Moral. Der Teufel nutzt diesen Politikstil für seine eigenen Zwecke.

In der Vergangenheit glaubten die Menschen, dass die Vereinigten Staaten eine wirklich freie Gesellschaft und die letzte Bastion gegen den Kommunismus seien. Heute sehen die Menschen bereits deutlich, dass hohe Steuern, ein hoch entwickelter Sozialstaat, Kollektivismus, die große Regierungsbürokratie, Sozialdemokratie, „soziale Gerechtigkeit" und dergleichen in der Politik verankert sind und von dieser umgesetzt werden. Sie alle sind auf die eine oder andere Weise aus der sozialistischen und marxistisch-leninistischen ideologischen DNA abgeleitet. Insbesondere die jüngere Generation ist sich der Geschichte der Brutalität in kommunistischen Ländern einfach nicht bewusst. Diese Menschen verfolgen Ideale, die sich in der Geschichte bereits als Illusionen erwiesen haben. Sie lassen sich von der neuen Gestalt täuschen, die der Kommunismus angenommen hat. Das Ergebnis ist, dass sie unwissentlich auf dem Weg ins Verderben sind.

5. Totalitarismus: die Konsequenz der kommunistischen Politik

Es ist allgemein bekannt, dass kommunistische totalitäre Staaten alle Aspekte des Privatlebens ihrer Bürger kontrollieren wollen. Die gewaltfreien Formen des Kommunismus bauen die Regierungsgewalt dabei allmählich und kontinuierlich aus, erhöhen die Kontrolle über das gesellschaftliche Leben und bewegen sich so in Richtung eines autoritären Systems. In Ländern, in denen die totalitäre kommunistische Macht noch nicht errichtet ist, droht den Menschen dennoch zu fast jeder Zeit der Verlust ihrer Freiheiten.

a) Der Totalitarismus vernichtet den freien Willen und unterdrückt die Gutherzigkeit

Wenn Menschen den traditionellen, vom Himmel festgelegten Werten folgen, wird Gott die Menschen in ihrer weiteren Entwicklung anleiten. Eine von göttlicher Inspiration geleitete Kultur zu haben, gibt Menschen die Möglichkeit, sich mit dem Göttlichen zu verbinden. Basierend auf dieser Kultur werden die verschiedenen Arten der Gesellschaftsordnung, die das politische Leben darstellen, davon abgeleitet.

Gott schenkte den Menschen den freien Willen und die Fähigkeit, die eigenen Angelegenheiten selbst zu regeln. Die Menschen sollten sich durch Selbstdisziplin und moralisches Verhalten organisieren und Verantwortung für sich und ihre Familien übernehmen. Der französische Politologe Alexis de Tocqueville erlangte durch das Studium der amerikanischen Politik im 19. Jahrhundert eine große Wertschätzung für die amerikanische Gesellschaft. Er war beeindruckt von der Selbstreflexion der Amerikaner, ihrem Verständnis für das Böse, ihrer Bereitschaft, Probleme mit Geduld zu lösen, und der allgemeinen Gewaltlosigkeit bei der Lösung sozialer Probleme. Er war der Meinung, dass die Größe der Vereinigten Staaten in ihrer Fähigkeit liege, ihre eigenen Fehler zu korrigieren. [34]

Was das bösartige kommunistische Gespenst hingegen will, ist eine totalitäre Politik, um die Menschen dazu zu bringen, die Tradition und Moral abzulehnen, und den Weg für die Menschen zur Güte und dem Göttlichen zu versperren. In den kommunistischen Ländern wandeln sich die Menschen von Völkern Gottes zu Untertanen des Teufels, ganz ohne es zu merken. Nach und nach gehorchen sie bereitwillig jenen Normen, die denen des Teufels entsprechen.

In den kommunistischen Staaten monopolisiert die Regierung alle sozialen Ressourcen, einschließlich jene der Wirtschaft, des Bildungswesens und der Medien. So muss alles nach den Anweisungen der kommunistischen Parteiführer durchgeführt werden, deren Herrschaftsmethoden auf Lügen, Gewalt und Boshaftigkeit beruhen. Wer versucht, seinem Gewissen zu folgen und sich dem Guten zuzuwenden, verstößt am Ende gegen die Ideologie und die Regeln der Partei und wird als Feind der Partei bezeichnet. Er gehört dann zur unteren Klasse, die gezwungen ist, am untersten Rand der Gesellschaft zu kämpfen – oder er stirbt einfach.

In freien Gesellschaften bewegen sich die Regierungen ebenfalls in Richtung Autoritarismus, wobei „Big Government" fast alles kontrolliert. Eines der Merkmale der autokratischen Politik ist eine starke Zentralregierung, die die Wirtschaft plant und lenkt. Gegenwärtig bekommen westliche Regierungen immer mehr Befugnis in die Wirtschaft einzugreifen, diese zu kontrollieren und ihre Pläne zu verwirklichen. Die Regierungen nutzen dabei die Instrumente der Staatseinnahmen und -ausgaben, der Besteuerung und der Schuldenfinanzierung.

Zugleich hat sich ihre Kontrolle auf die Bereiche Glaube, Familie, Bildung, Wirtschaft, Kultur, Energie und Ressourcen, Verkehr, Kommunikation, Reisen und vieles mehr ausgedehnt. Das Ergebnis ist eine umfassende Ausweitung der Regierungsbefugnisse und eine beispiellose gesellschaftliche Kontrolle. Dazu gehört der Ausbau der zentralen Verwaltungsbefugnisse bis hin zur kommunalen Kontrolle des Lebens der Bürger. So ist etwa der Erwerb einer Krankenversicherung Pflicht, andernfalls werden Bußgelder verhängt. Im Namen des öffentlichen Interesses können Regierungen den Menschen ihr Eigentum und ihre Persönlichkeitsrechte vorenthalten.

Eine totalitäre Regierung benutzt „politische Korrektheit" als Ausrede, um Menschen ihrer Meinungsfreiheit zu berauben und ihnen zu diktieren, was sie sagen dürfen und was nicht. Diejenigen, die offen böse politische Richtlinien anprangern, werden als Verbreiter von „Hate Speech" abgetan. Wer es wagt, sich gegen die „politische Korrektheit" zu wehren, wird an den Rand gedrängt, isoliert, in manchen Fällen gefeuert und in extremen Fällen bedroht oder angegriffen.

Verzerrte politische Standards werden angewendet, um aufrichtige moralische Normen zu ersetzen. Sie werden mithilfe von Gesetzen, Verordnungen und öffentlichen Angriffen erzwungen, wodurch eine Atmosphäre des sozialen Terrors und Drucks erschaffen wird. Damit werden der freie Wille der Menschen und ihre Freiheit, sich der Güte zuzuwenden, unterdrückt. Das ist die Essenz der Politik des Totalitarismus.

b) Von der Wiege bis zur Bahre: das Wohlfahrtssystem

Heutzutage ist die Wohlfahrtspolitik ein universelles Phänomen. Egal in welchem Land oder in welcher Partei, egal ob konservativ oder liberal – es gibt keinen wesentlichen Unterschied. Wer in kommunistischen Ländern gelebt hat und in den Westen kommt, ist beeindruckt von den Beihilfen: kostenlose Bildung für Kinder, Krankenversicherung und Seniorenbetreuung. Er glaubt, dass genau das der „echte Kommunismus" sei.

Ist die Wohlfahrtsgesellschaft von heute nicht im Grunde kommunistisches Gedankengut, das in die kapitalistische Gesellschaft eingeführt wurde? Der Unterschied besteht darin, dass dies nicht durch gewalttätige Revolutionen geschehen ist.

Das Streben nach einem besseren Leben ist kein Fehler an sich, doch hinter den von den Regierungen gegründeten großen Wohlfahrtsstaaten verbergen sich große Probleme. Es gibt immer eine Kehrseite. Ein hohes Niveau an Sozialhilfe basiert auf einer erzwungenen Besteuerung, und die Sozialhilfe selbst führt letztendlich ebenfalls zu Problemen.

Das bemerkte der britische Verfassungsrechtler Albert Venn Dicey, der als Begründer der modernen Verfassungslehre Englands gilt: „Vor 1908 war die Frage, ob ein reicher oder armer Mann seine Gesundheit versichern sollte, eine Angelegenheit, die ganz der Diskretion oder Indiskretion eines jeden Einzelnen überlassen blieb. Sein Verhalten betraf den Staat ebenso wenig wie die Frage, ob er einen schwarzen Mantel oder einen braunen Mantel tragen sollte. [...] Aber das Sozialversicherungsgesetz wird auf lange Sicht den Staat, das heißt, die Steuerzahler, [...] mit der Arbeitslosenversicherung in Berührung kommen lassen. [...] Es ist in der Tat das Eingeständnis des Staates, einen Menschen gegen das Böse zu versichern, das sich daraus ergibt, dass er keine Arbeit hat. [...] Das Sozialversicherungsgesetz steht im Einklang mit den Doktrinen des Sozialismus. [...]" [35]

Das nordische Modell des sozialistischen Wohlfahrtsstaates wurde von vielen Ländern übernommen. Es galt einst als ein positives Beispiel für sozialistischen Wohlstand, das vom Westen imitiert werden sollte. In Nordeuropa ist die Steuerquote im Verhältnis zum Bruttoinlandsprodukt (BIP) jedoch eine der höchsten der Welt, wobei in vielen dieser Länder die Steuersätze rund 50 Prozent betragen.

Experten verweisen auf sechs verhängnisvolle Probleme der sozialistischen medizinischen Fürsorge: Sie ist finanziell untragbar, denn die Menschen wollen von kostenlosen Diensten mehr profitieren, als sie in sie einzahlen. Es gibt keine Belohnungen oder Strafen für die erbrachten Leistungen, die Ärzte übernehmen keine rechtliche Verantwortung für das, was sie tun, sondern werden unabhängig davon, wie viel sie arbeiten, entlohnt. Sie verursacht große Verluste für die Regierung: Die Menschen nutzen jedes Schlupfloch, missbrauchen das System und betreiben Schwarzmarkthandel. Die Regierung entscheidet über das Leben und den Tod der Menschen durch ein von Bürokratie durchsetztes medizinisches System. [36]

Im Jahr 2010 musste ein Mann namens Jonas in Nordschweden seine blutenden Wunden in einer Notaufnahme nähen lassen. Er ging zuerst in die Ambulanz, die geschlossen worden war. Er wartete dann drei Stunden lang in der Notaufnahme. Die Wunde blutete, aber er bekam keine Hilfe. Er hatte keine andere Wahl, als sich selbst zu behandeln – doch das führte dazu, dass er von den Krankenhausmitarbeitern angezeigt wurde, weil er unberechtigterweise Krankenhauszubehör benutzt hatte (er hatte einen Faden und eine Nadel aufgehoben, die von den Krankenschwestern liegen gelassen wurden). [37] Dies ist nur ein Fall; die Realität sieht oft noch weitaus schlimmer aus. Da jeder eine kostenlose medizinische Versorgung wünscht, werden Ressourcen missbraucht. Der Widerspruch zwischen den begrenzten Ressourcen und der Forderung nach kostenlosen Leistungen führt zu Ungleichgewichten zwischen Angebot und Nachfrage. Die Versorgungsengpässe führen zu langen Warteschlangen, während die wirklich Pflegebedürftigen durch die sozialistisch organisierte Medizin geschädigt werden.

Es geht nicht nur um die Effizienz. Die größere Gefahr besteht darin, dass alles, was ein Mensch von der Wiege bis zur Bahre braucht, von der Regierung arrangiert wird. Das mag wünschenswert erscheinen. In der Praxis ist die Abhängigkeit der Bevölkerung von ihrer Regierung jedoch der sichere Weg in eine autokratische Herrschaft.

Wie Tocqueville schreibt: „Wenn sich der Despotismus unter den demokratischen Nationen unserer Tage etablieren wollte, würde er wohl einen anderen Charakter annehmen; er wäre umfangreicher und milder; er würde die Menschen erniedrigen, ohne sie zu quälen." [38] Damit wurde der Wohlfahrtsstaat am besten beschrieben.

c) Übertriebene Gesetze ebnen den Weg in den Totalitarismus

Die Politik des Totalitarismus untergräbt die Freiheit des Einzelnen, Mitgefühl zu zeigen. Dem Bösen gibt sie jedoch reichlich Spielraum. Dass Menschen andere mit immer mehr Gesetzen davon abhalten wollen, Unrecht zu tun, spielt dem Teufel in die Hände. In der modernen Gesellschaft gibt es eine Vielzahl von komplizierten Gesetzen und Verordnungen. Die Vereinigten Staaten haben über 70.000 Steuergesetze; das Krankenversicherungsgesetz umfasst über 20.000 Seiten. Sogar Richter und Rechtsanwälte können nicht alle Gesetze verstehen, ganz zu schweigen von einer Durchschnittsperson. Von der Bundesebene bis hinunter zu Bundesstaat, Kreis und Stadt werden pro Jahr im Durchschnitt 40.000 neue Gesetze verabschiedet. Eine Person kann ein Gesetz brechen, ohne es auch nur zu merken. Die Strafen reichen von Geldbußen bis hin zur Inhaftierung.

Es gibt Vorschriften, welche Arten von Angelhaken zu verwenden sind und wie laut man in der Öffentlichkeit Suppe schlürfen darf – fast alles wird durch ein Gesetz oder eine Vorschrift geregelt. In Kalifornien dürfen nur Flachbildfernseher benutzt werden, die bestimmte Anforderungen an den Energieverbrauch erfüllen; Plastiktüten sind untersagt. In manchen Städten bedarf es einer Zustimmung der Stadtverwaltung, um eine Hütte im Hinterhof zu bauen.

Die Vielzahl der Gesetze trübt den allgemeinen Sinn für Moral. Viele Gesetze stehen im Widerspruch zur Moral und zum gesunden Menschenverstand. Der Wildwuchs an Gesetzen bewirkt, dass Menschen nicht mehr nach ihren moralischen Maßstäben, sondern nur noch nach dem Gesetz beurteilt werden. Im Laufe der Zeit ist es für die Handlanger des bösartigen kommunistischen Gespensts ein Leichtes geworden, die menschlichen Gesetze mit der Ideologie des Teufels zu durchdringen.

Wie gut ein Gesetz auch sein mag, es ist nur eine äußere Kraft und kann die Gedanken der Menschen nicht ändern. Laotse sagte: „Je mehr Gesetze, umso mehr Diebe und Räuber." Je mehr Gesetze es gibt, desto mehr Kontrolle kann „Big Government" ausüben. Die Menschen ignorieren die Tatsache, dass viele soziale Probleme im Kern durch den Teufel verursacht werden, der die bösartige Seite des Menschen vergrößert. Sie denken, dass das Problem am Gesetz liegt, und so versuchen sie dieses zu verbessern – und vergessen dabei den wahren Kern der Sache. Es entsteht ein Teufelskreis, in dem sich die Gesellschaft schrittweise in Richtung Autokratie bewegt.

d) Kontrolle durch Technologie

Der Totalitarismus nutzt den Staatsapparat und die Geheimpolizei, um die Bevölkerung zu überwachen. Die moderne Technologie hat die Überwachungsmöglichkeiten bis zum Äußersten ausgeweitet. Sie gewährt Einblick in jeden Lebensbereich der Menschen.

Ein Bericht im *Business Insider* fasste im Jahr 2008 zehn Methoden zusammen, mit denen die Kommunistische Partei Chinas ihr chinesisches Volk überwacht. [39]

1. Eine Gesichtserkennungstechnologie kann Menschen aus einer riesigen Menschenmenge herauspicken.
2. Gruppenchat-Administratoren spionieren Menschen aus.
3. Bürger werden gezwungen, Apps herunterzuladen, mit denen die Regierung ihre Handyfotos und -videos überprüfen kann.
4. Einkäufe von Menschen im Internet werden beobachtet.
5. Strafverfolgungsbeamte tragen Spezialbrillen, um Personen an überfüllten Orten wie Einkaufsstraßen und Bahnhöfen zu identifizieren.
6. Installation einer „Roboterpolizei" an Bahnhöfen, um Gesichter von Menschen zu scannen und sie mit den Gesichtern von gesuchten Verbrechern zu vergleichen.
7. Mit der Gesichtserkennungstechnologie können Fußgän-

ger aufgespürt werden, die Verkehrsregeln missachten.
8. Fußgänger werden nach dem Zufallsprinzip angehalten, um ihre Telefone zu überprüfen.
9. Social-Media-Posts von Personen werden zurückverfolgt, um so über die Familie den Aufenthaltsort eines anderen herauszufinden.
10. Prognosesoftware wird programmiert, um Daten über Menschen – ohne deren Wissen – zu sammeln und diejenigen zu kennzeichnen, die als bedrohlich empfunden werden.

Die *Financial Times* beschreibt die finstere Absicht des chinesischen Sozialpunktesystems. „Dies ist das Herzstück des chinesischen Plans für 2020: Es werden nicht nur große Datenmengen verwendet, um die Kreditwürdigkeit zu messen, sondern auch, um die politische Orientierung der Bürgerschaft abzuschätzen", heißt es in dem Artikel. „Dasselbe System kann so eingestellt werden, dass eine ‚Patriotismus'-Punktzahl erhalten wird, die angibt, wie genau die Ansichten eines Individuums mit den Werten der herrschenden Kommunistischen Partei übereinstimmen." [40]

Mit Personalakten und großen Datenmengen kann die Regierung gezielt Bürger, die nicht gehorsam sind oder eine niedrige Punktzahl haben, von ihren Arbeitsplätzen entfernen und Banken deren Hypotheken kündigen lassen. Es kann ihnen die Führerscheine entziehen und dafür sorgen, dass sie weder reisen noch in ein Krankenhaus eingeliefert werden können.

Das heutige China verfügt über das größte Überwachungssystem der Welt. An öffentlichen Plätzen und auf der Straße sind überall Überwachungskameras installiert. In nur sieben Minuten können Gesichter auf einer Schwarzen Liste aus der 1,4 Milliarden Menschen zählenden Bevölkerung gezogen werden. Die im Messenger-Dienst WeChat eingebettete Überwachungssoftware für Mobiltelefone ermöglicht eine offene Überwachung – Privatsphäre existiert für Menschen mit einem Mobiltelefon in China überhaupt nicht mehr. Es gibt einfach keinen Platz, an dem man sich verstecken kann. Mit immer fortschrittlicherer Technologie und immer größer werdenden Regierungen würde eine Fortsetzung des sozialistischen Weges im Westen zu einem ähnlich schrecklichen Schicksal für die Bevölkerung führen: ständig überwacht, unter Druck gesetzt und gelenkt. Dieses Szenario ist keine Übertreibung.

6. Der allumfassende Krieg des Kommunismus gegen den Westen

Aufgrund der Infiltration durch das kommunistische Gespenst ist nicht nur die Gesellschaft in den USA heute in einem beispiellosen Ausmaß gespalten. Die Linke setzt ihre ganze Macht ein, um all diejenigen zu hemmen und zu behindern, die in der Politik traditionelle Ansichten vertreten. Der Begriff „Krieg" als Beschreibung dieser Situation ist keine Übertreibung.

US-Präsidentschaftswahlen sind für den scharfen Ton im Wahlkampf bekannt. In der Vergangenheit bemühten sich die unterschiedlichen Parteien nach der Entscheidung jedoch darum, wieder zusammenzuarbeiten. Differenzen wurden behoben und die Politik kehrte zu ihrer Normalität zurück.

Doch bereits in der Anfangsphase der US-Präsidentschaftswahlen 2016 begannen einige linksgerichtete Regierungsbeamte zu planen, wie sie die Kandidaten aus verschiedenen Parteien mit unterschiedlichen Maßstäben behandeln würden. Nach der Wahl reichte die Linke eine Klage ein, um das Ergebnis der Wahl zu ihren Gunsten zu ändern. Nach der Amtseinführung des neuen Präsidenten sagte der linke Gouverneur des US-Bundesstaates Washington, es gäbe einen „Tornado der Unterstützung" für alle, die sich ohne jegliche Rücksicht gegen den neuen Präsidenten stellen. Ranghohe Persönlichkeiten der Oppositionspartei gaben zu, dass eine verärgerte Armee von Liberalen sie zu einem „totalen Krieg" [41] gegen den neuen Präsidenten dränge und ihn überall behindern wolle – um dadurch die Unterstützung der Öffentlichkeit zu gewinnen.

Die Linke scheut derzeit vor keinerlei Methoden zurück, um ihre Ziele zu verwirklichen. Linke lehnen neue Regelungen oft nur um der Obstruktion willen ab. Unter normalen Umständen können verschiedene Parteien unterschiedliche Ansichten über die Politik vertreten, aber trotz der Unterschiede haben sie alle ein gemeinsames Ziel: die Sicherheit des Landes zu erhalten. Bemerkenswerterweise wurde jedoch nicht nur der Vorschlag zum stärkeren Schutz der US-Grenze heftig angegriffen. Einige Staaten haben sogar sogenannte „Sanctuary City"-Gesetze verabschiedet. Diese Gesetze hindern Bundesbeamte der Strafverfolgungsbehörden daran, die Menschen nach ihrem Immigrationsstatus zu befragen und verbieten es den lokalen Behörden, einwanderungsbezogene Informationen an die bundesstaatlichen Strafverfolgungsbehörden weiterzuleiten. In den USA gibt es rund 200 solche Städte, zu denen unter anderem Los Angeles, San Francisco und New York gehören.

Vor der US-Präsidentschaftswahl 2016 unterstützten die überwiegend linksgerichteten Mainstream-Medien die Kandidatin der linken Partei massiv und erweckten so den Eindruck, dass ihr Sieg unvermeidlich sei – nicht zuletzt deshalb waren viele von dem tatsächlichen Ausgang der Wahlen verblüfft. Nach der Wahl machten die Mainstream-Medien mit linksgerichteten Politikern gemeinsame Sache, um die Aufmerksamkeit der Öffentlichkeit auf Angriffe und Kritik gegen den neuen Präsidenten zu lenken. Das ging bis hin zum Erfinden gefälschter Nachrichten, um die Öffentlichkeit zu verwirren. Die Mainstream-Medien verschlossen die Augen vor praktisch allen Errungenschaften des neuen Präsidenten, ohne sich allzu sehr mit den enormen Problemen der linksgerichteten Kandidatin zu befassen.

In einer normalen Gesellschaft können verschiedene Gruppen oder Parteien unterschiedliche Meinungen vertreten. Dabei entstehen Konflikte. Diese Konflikte sollten jedoch vorübergehend und regional begrenzt sein, und letztendlich sollten beide Seiten versuchen, das Problem friedlich zu lösen. Erst wenn eine Gruppe von der Mentalität des Klassenkampfes besessen ist, werden politische Auseinandersetzungen in einen Krieg verwandelt. Das kommunistische Gespenst ist hier am Werk und verbreitet den Irrglauben, dass Kooperation oder friedliche Versöhnung unmöglich sei – der Gegner müsse völlig besiegt und das bestehende System völlig zerstört werden.

Dieser „allumfassende Krieg" zeigt sich in den politischen Konflikten, in der Formulierung politischer Richtlinien und dem Kampf um die öffentliche Meinung. Dadurch kommt es zu tiefen sozialen Brüchen und einer zunehmenden Anzahl von extremistischen und gewalttätigen Handlungen. Genau das erhofft sich das kommunistische Gespenst.

Laut einer Umfrage der *Associated Press* und des „Center for Public Affairs Research" aus dem Jahre 2016 glauben etwa 85 Prozent der Befragten, dass die Amerikaner in ihren politischen Ansichten tiefer gespalten seien als in der Vergangenheit; 80 Prozent glauben, dass die Amerikaner bezüglich wesentlicher Werte stark geteilter Meinung seien. [42]

Die Einheit eines Landes erfordert eine gemeinsame Werteordnung und eine gemeinsame Kultur. Obwohl die Lehren der verschiedenen Religionen unterschiedlich sein mögen, so sind die Maßstäbe für Gut und Böse doch ähnlich. Dies ermöglicht es den ethnischen Gruppen in den Vereinigten Staaten, in Harmonie zu leben. Wenn jedoch eine Trennung hinsichtlich der allgemeinen Werte vorhanden ist, wird der grundsätzliche Zusammenhalt eines Landes in Frage gestellt.

Fazit

Jeder hat persönliche Schwächen und trägt auch Böses in seinem Inneren. Das Streben nach Macht, Reichtum und Ruhm existiert seit den Anfängen der Menschheit. Der Teufel nutzte die böse Seite der menschlichen Natur gezielt aus, um in jedem Land ein System seiner „Agenten" zu installieren. Ein Land ist wie der menschliche Körper, und jede Einheit in ihm – sei es ein Unternehmen, eine Regierung oder dergleichen – ist wie ein menschliches Organ. Jeder hat seine eigene Funktion und nimmt seine Aufgaben wahr. Wenn die Agenten des Teufels ein Land infiltrieren, dann ist es so, als ob ein fremdes Bewusstsein die menschliche Seele ersetzt. Mit anderen Worten: Ein fremdes Bewusstsein kontrolliert den Körper.

Wenn jemand versucht, eine Gesellschaft von der Kontrolle des Teufels zu befreien, wird das System mit allen Mitteln Widerstand leisten: durch die Nutzung der Medien, indem Gegner diskreditiert werden; durch persönliche Angriffe; durch die Verwendung irreführender Informationen zur Verwirrung der Öffentlichkeit; durch Anstacheln von Feindseligkeit und der Missachtung von Regierungsbeschlüssen.

Zudem werden Ressourcen umgeleitet, um die Opposition zu unterstützen. Die gesamte Gesellschaft wird gespalten und durch Konflikte verwirrt. Die Opposition schreckt auch nicht davor zurück, soziale Unruhen zu erschaffen. Sie mobilisieren uninformierte Bürger gegen diejenigen, die es wagen, sich dem Teufel zu widersetzen. Viele Menschen halten das System aufrecht und sind dabei zugleich Opfer des Systems. Auch wenn sie schlimme Dinge getan haben, sind sie doch keine wirklichen Feinde der Menschheit.

Der frühere US-Präsident Ronald Reagan sagte einmal: „Von Zeit zu Zeit waren wir versucht zu glauben, dass die

Gesellschaft zu komplex geworden sei, um sich selbst zu verwalten: dass die Regierung durch eine elitäre Gruppe einer Regierung für, vom und durch das Volk überlegen sei. Wenn niemand unter uns in der Lage ist, sich selbst zu regieren, wer unter uns hat dann die Fähigkeit, einen anderen zu regieren?" [43] Ähnliche Worte fand Präsident Donald Trump: „In Amerika beten wir nicht die Regierung an, wir beten Gott an." [44]

Die politische Autorität muss auf der Grundlage traditioneller Werte wieder auf den richtigen Weg zurückkehren. Nur wenn die Menschheit unter dem Schutz des Himmels steht, wird sie sich der Manipulation durch den Teufel widersetzen und somit den Weg der Versklavung und Vernichtung vermeiden können. Nur durch die Rückkehr zu den von Gott festgelegten Traditionen und Tugenden für den Menschen kann die Menschheit einen Ausweg finden.

Quellen zu Kapitel 8

[1] Emily Ekins und Joy Pullmann, „Why So Many Millennials Are Socialists", The Federalist, 15. Februar 2016. http://thefederalist.com/2016/02/15/why-so-many-millennials-are-socialists/.

[2] Steven Erlanger, „What's a Socialist?", New York Times, 30. Juni 2012, https://www.nytimes.com/2012/07/01/sunday-review/whats-a-socialist.html

[3] Werner Sombart, Warum gibt es in den Vereinigten Staaten keinen Sozialismus?, Palgrave Macmillan; 1. Ausgabe (1906), https://archive.org/details/warumgibtesindenoosomb/page/4

[4] Harold Meyerson, „Why Are There Suddenly Millions of Socialists in America?", The Guardian, 19. Februar 2016,

[5] Emily Ekins und Joy Pullmann, „Why So Many Millennials Are Socialists", The Federalist, 15. Februar 2016,

[6] Milton Friedman, Rose D. Friedman, Free to Choose: A Personal State-

ment, (Mariner Books, November 1990)

[7] Matthew Vadum, „Soros Election-Rigging Scheme Collapses: The Secretary of State Project's death is a victory for conservatives", FrontPage Magazine, 30. Juli 2012, https://www.frontpagemag.com/fpm/139026/soros-election-rigging-scheme-collapses-matthew-vadum und, „Supreme Court Tie Blocks Obama Immigration Plan", The New York Times, 23. Juni 2016,

[8] Rachel Chason, „Non-Citizens Can Now Vote in College Park, Md.", Washington Post, 13. September 2017,

[9] Luo Bingxiang, Western Humanism and Christian Thought, Furen Religious Research

[10] Brad Stetson, Joseph G. Conti, The Truth About Tolerance: Pluralism, Diversity and the Culture Wars, (InterVarsity Press, 2005), S. 116.

[11] „'Gender' means sex, and includes a person's gender identity and gender related appearance and behavior whether or not stereotypically associated with the person's assigned sex at birth." California Penal Code 422.56(c).
Deutsch: „'Gender' bezeichnet das Geschlecht und beinhaltet die geschlechtliche Identität einer Person, einschließlich des Erscheinungsbildes und des Benehmens, ob es nun typischerweise mit dem Geschlecht das der Person bei der Geburt zugeordnet wurde übereinstimmt oder nicht". Kalifornisches Strafgesetzbuch 422.56(c).

[12] Mao Tse-tung, „Analysis of the Classes in Chinese Society", Selected Works of Mao Tse-tung: Vol. I, (Foreign Languages Press Beijing, China).

[13] G. Edward Griffin, Communism and the Civil Rights Movement, https://www.youtube.com/watch?v=3CHk_iJ8hWk&t=3s.

[14] Bilveer Singh, Quest for Political Power: Communist Subversion and Militancy in Singapore (Marshall Cavendish International (Asia) Pte Ltd, 2015).

[15] G. Edward Griffin, Communism and the Civil Rights Movement, https://www.youtube.com/watch?v=3CHk_iJ8hWk&t=3s.

[16] Ebd.

[17] Leonard Patterson, „I Trained in Moscow for Black Revolution", https://www.youtube.com/watch?v=GuXQjk4zhZs&t=1668s.

[18] William F. Jasper, „Anarchy in Los Angeles: Who Fanned the Flames, and Why?", The New American, 15. Juni 1992, https://www.thenewamerican.com/usnews/crime/item/15807-anarchy-in-los-angeles-who-fanned-the-flames-and-why.

[19] Chuck Diaz, „Stirring Up Trouble: Communist Involvement in America's Riots", Speak up America, http://www.suanews.com/uncategorized/the-watts-riots-ferguson-and-the-communist-party.html.

[20] V. I. Lenin, The Revolutionary Army and the Revolutionary Government, https://www.marxists.org/archive/lenin/works/1905/jul/10.htm

[21] Blake Montgomery, „Here's Everything You Need To Know about the Antifa Network That's Trying To Solidify A Nazi-Punching Movement", BuzzFeed News, September 7, 2017, https://www.buzzfeed.com/blakemontgomery/antifa-social-media?utm_term=.byGA2PEkZ#.hd4bxVeoB

[22] 1956 Report of the House Committee on Un-American Activities (Volume 1, 347), quoted from John F. McManus, „The Story Behind the Unwarranted Attack on The John Birch Society", The John Birch Society Bulletin (March 1992), https://www.jbs.org/jbs-news/commentary/item/15784-the-story-behind-the-unwarranted-attack-on-the-john-birch-society.

[23] Karl Marx und Friedrich Engels, Manifest der kommunistischen Partei, Erstausgabe als Broschüre 1848.

[24] Vladimir Lenin, The State and Revolution, Kapitel I, Lenin Internet Archive,

[25] David Horowitz, „Alinsky, Beck, Satan, and Me", Discoverthenetworks.org, August 2009,.

[26] He Qinglian, „New Symptom of Democratic Countries: Split between Elite and Masses", Voice of America, 5. Juli 2016.

[27] Mike McPhate, „After Lawmaker's Silencing, More Cries of 'She Persisted'", California Today, 28. Februar 2017,

[28] Jiang Linda, Liu Fei, „Californian Candidate: Why I Went from the Democratic Party to the Republican Party", The Epoch Times (Chinese edition). 7. Mai 2018.. The English-language version of a portion of his original remarks may be found here:

[29] Bill Dolan, „County Rejects Large Number of Invalid Voter Registrations," Northwest Indiana Times, October 2, 2008, .

[30] „ACORN Fires More Officials for Helping ‚Pimp,' ‚Prostitute' in Washington Office", Fox News, 11. September 2009,
[31] Spencer S. Hsu, „Measure to Let Noncitizens Vote Actually Failed, College Park Announces," Washington Post, 16. September 2017,
[32] Mark Hendrickson, „President Obama's Wealth Destroying Goal: Taking The 'Curley Effect' Nationwide", Forbes, 31. Mai 2012, https://www.forbes.com/sites/markhendrickson/2012/05/31/president-obamas-wealth-destroying-goal-taking-the-curley-effect-nationwide/#793869d63d75.
[33] Ebd.
[34] De Tocqueville, Alexis, Democracy In America, aufgerufen am 27. November 2018.
[35] A.V. Dicey, „Dicey on the Rise of Legal Collectivism in the 20th Century", Online Library of Liberty,
[36] Paul B. Skousen, The Naked Socialist: Socialism Taught with The 5000 Year Leap Principles (Izzard Ink), Kindle Edition.
[37] „Jonas, 32, Sewed up His Own Leg after ER Wait", The Local.se, 3. August 2010,
[38] De Tocqueville, Alexis, Democracy In America, aufgerufen am 27. November 2018.
[39] Alexandra Ma, „China Is Building a Vast Civilian Surveillance Network — Here Are 10 Ways It Could Be Feeding Its Creepy ‚Social Credit System'", Business Insider, 29. April 2018,
[40] Gilliam Collinsworth Hamilton, „China's Social Credit Score System Is Doomed to Fail", Financial Times, 16. November 2015,
[41] Jonathan Martin und Alexander Burns, „Weakened Democrats Bow to Voters, Opting for Total War on Trump", New York Times, 23. Februar 2017,
[42] „New Survey Finds Vast Majority of Americans Think the Country Is Divided over Values and Politics", The Associated Press–NORC, August 1, 2016, http://apnorc.org/PDFs/Divided1/Divided%20America%20%20AP-NORC%20poll%20press%20release%20%20FINAL.pdf
[43] Jonah Goldberg, „Trump's Populism Is Not Reagan's Populism", National Review, April 4, 2018. https://www.nationalreview.com/2018/04/donald-trumpr-ronald-reagan-populism-different/
[44] Paulina Firozi, „Trump: 'In America We Don't Worship Govern-

ment, We Worship God'", The Hill, May 13, 2017. http://thehill.com/homenews/administration/333252-trump-in-america-we-dont-worship-government-we-worship-god.

Index

45 Ziele des Kommunismus 217
1968er 38

A
Aktivismus 55, 151, 160
Alexander Borodin Porfiryevich 89
Alexander Dubček 129
Alexis de Tocqueville 155, 252, 314
Alfred Kinsey 243
Alger Hiss 148, 149
Anarchismus 44, 242
Antifa 171, 300, 307
Anti-Rechts-Kampagne 98, 202ff.
Antonio Gramsci 172, 183
Ästhetizismus 44
Atheismus 22 ff., 41 ff., 65, 157, 188 ff., 214, 287
Avantgarde 143 ff.

B
Benito Bernal 309
Ben Shapiro 178
Berliner Mauer 130
Betty Friedan 246 ff.
Big Government 37, 55, 153, 156, 315, 319
Bildungswesen 37 ff., 315
Bolschewiki 146 ff., 235 ff.
Bretton-Woods-System 149
Bruttoinlandsprodukt 113, 317
Bürgerrechtsbewegung 164 ff., 246

C
Charles Fourier 230, 241, 244, 249
Charles Murray 178
Che Guevara 122
Christentum 70, 211, 214 ff.
Chruschtschow 125, 128
Cloward-Piven-Strategie 172 ff.
Curley-Effekt 311

D
Dalai Lama 206
Darwin 43, 70 ff., 291
Das Kapital 65, 80
Degeneration 103, 141 ff., 256, 270, 305
Dekadenz 21, 150
Demokratie 16, 19, 29, 129, 133, 155, 162, 179, 252, 266, 276, 280 ff.
Deng Xiaoping 101, 116 ff.
Despotismus 318
die Drei M 157
Diktatur 51, 90, 127, 155, 185 ff., 278, 292 ff.
Diskriminierung 33, 63, 214, 289, 291
Drei-Anti 94
Dritte Internationale 141
Drogen 49, 157 ff., 262
Dr. Paul Kengor 298

E
Edgar Snow 186
Eduard Bernstein 258
Edward Carpenter 241
Egalitarismus 151, 290
Egoismus 21 ff., 66, 190

Ehe 36, 224 ff., 256 ff.
Ein-Kind-Politik 268 ff.
Enteignung 35
Erbsünde 227, 231
Erich Honecker 130
Erste Internationale 75
Export der Revolution 107, 116 ff., 165
Extremismus 13, 16, 77

F

Fabian 29, 143 ff., 182, 241
Familie 16, 20 ff., 36, 50, 66, 94, 95, 155, 163, 198, 203, 223 ff., 297, 315, 321
Faschismus 158, 300
Federal Reserve 294
Feminist 244 ff.
feudaler Aberglaube 208
Feuerbach 41, 69 ff.
Fidel Castro 122, 215, 296, 303
Frances Wright 245
François-Noël Babeuf 74
Frankfurter Schule 30, 158 ff., 181, 242 ff.
Französische Revolution 72 ff., 230
Fred Schwartz 148, 187
freie Liebe 241 ff.
Fremdenfeindlichkeit 158
Friedrich Engels 30, 71 ff., 179, 278
Fünf-Anti 94

G

Gedankenkontrolle 175, 286
Gegenkultur 30, 38, 152, 157, 185
Gehirnwäsche 34, 47, 100, 112, 200 ff., 286
Gender 255 ff., 291
George Bernard Shaw 146

George Orwell 45, 161
Gewaltenteilung 51, 140, 281
Gewerkschaften 79, 90, 145, 174, 193, 247, 297, 311
Glaube 16, 36, 42, 189, 197, 205, 219, 222, 290, 315
Globalismus 16
Great Society 154 ff., 191
Großbauern 93 ff.
Große Kulturrevolution 203
GRU 163
Grundbesitzer 91 ff., 177, 202, 296
Gulag 94 ff., 278
György Lukács 158

H

Harry Dexter White 148 ff.
Harry S. Truman 108 ff.
Hate Speech 178, 316
Hegel 44, 69
Helene Demuth 68
Henri de Saint-Simon 245
Henry Morgenthau 149
Herbert Marcuse 158, 242
Hippies 240
Ho Chi Minh 109, 112
Holodomor 96, 97
Homosexualität 16, 28 ff., 49 ff., 156, 213, 224, 229, 235 ff., 248, 257 ff., 283, 312
Humanismus 29
Hungersnot 19, 91 ff., 109, 125, 185

I

Idealismus 29, 166, 190
Identitätspolitik 176, 247
ideologische Subversion 150

illegale Einwanderer 176, 281 ff., 309
Imre Nagy 128
Indoktrination 37, 79, 101, 174, 285
industrielle Revolution 71 ff.
Infiltration 20, 29, 51, 108, 140 ff., 174, 190, 197, 210 ff., 221, 289, 306, 322
Interventionspolitik 108, 153
Ion Mihai Pacepa 151

J
Jakobiner 73, 74
Jalta-Konferenz 149
Jean-Paul Sartre 248, 249
Jelzin 98, 132, 133
Jiang Zemin 49, 85, 102, 131, 209, 278
Jim Powell 153, 191 ff.
Johannes Paul II. 218
John Locke 290
Joseph McCarthy 148, 152
Juri Bezmenow 150, 186 ff.

K
Kannibalismus 96
Kapital 17, 25, 71, 293, 309
Karl Marx 20, 54, 65, 80, 278
Karma 22, 39
Keynesianismus 30
Kim Il-sung 109 ff.
Kim Jong-un 105
Klassenkampf 23 ff., 46 ff., 71, 215, 253, 297 ff.
Kleines rotes Buch 117
Komintern 89, 141, 142, 147
Komsomol 134
Konfuzius 107, 208, 304
Konzentrationslager 94 ff., 246, 278

Korruption 202, 218, 290, 296, 305
Krankenversicherung 309, 315 ff.
Kriegskommunismus 74
Kuba 16, 19, 34, 104, 122, 134 ff., 159, 184, 215, 296, 303
Kulturrevolution 109, 117 ff., 157 ff., 203 ff., 267
Kuomintang 89, 101, 110, 149, 165

L
Labour Party 182 ff.
Landreform 93, 112, 202
Legenden 167, 196
Lenin 17, 31, 49, 65, 73 ff., 132 ff., 143 ff., 167 ff., 191 ff., 234 ff., 272, 278 ff., 298 ff.
Leo Ryan 216
Leo Trotzki 97, 234 ff.
Leonid Iljitsch Breschnew 129
Lev Borisovich Kamenew 97
Liberalismus 16, 30, 156, 260, 287 ff.
linker Radikalismus 145, 191
Luzifer 167, 171

M
Machiavellismus 44
Magnus Hirschfeld 257
Make love 159, 242
Manifest 20 ff., 65, 70 ff., 143, 147, 191, 198, 229, 231, 293 ff., 302
Mao 49, 108 ff., 157 ff., 186, 216, 264 ff., 278, 286, 295 ff., 303
Margaret Fuller 244
Marxismus 29 ff., 42 ff., 69 ff., 80, 143, 158, 179, 181 ff., 216, 242, 247, 285, 292
Massenmord 19, 32, 84 ff., 100 ff., 141, 201
Materialismus 22 ff., 38, 42 ff., 58, 71,

157, 189, 202, 228, 268
Maximilien Robespierre 73 ff.
McCarthy-Ära 152
Mehrparteiensystem 281
Meritokratie 312
Michael Reagan 260
Michail Bakunin 75
Michail Gorbatschow 130
Momchil Metodiew 210
Moral 15 ff., 33 ff., 61 ff., 85, 102, 131, 156 ff., 172, 190, 196 ff., 213, 220, 225 ff., 250 ff., 270, 276 ff., 313 ff.
Multikulturalismus 30

N

Narzissmus 158
Nativismus 158
Neoliberalismus 275
Neomarxisten 166, 283
Neue Linke 240
New Deal 152 ff., 191 ff.
Nihilismus 44
nützliche Idioten 17, 58

O

Occupy Wall Street 171
O'Hare 168
Oktoberrevolution 51, 80, 88 ff., 186, 258
Oneida Kommune 230
Opium 188, 198
orthodoxe Religionen 64, 198, 206, 214, 221, 286

P

Panchen Lama 207
Pariser Kommune 22, 54, 60, 74 ff., 87, 230, 278, 303
Parteikultur 93, 100, 131, 201
Patriotismus 286, 321
Pazifismus 16, 166
Personenkult 285, 286
Planwirtschaft 29, 31
Playboy 171, 242
politische Korrektheit 16, 30, 41, 175 ff., 315 ff.
Pol Pot 105, 115 ff.
Postmoderne 44, 48
Prager Frühling 129
Promiskuität 28, 232, 237, 262
Prophezeiungen 64

Q

Queer-Theologie 216

R

radikale Linke 170
Rassendiskriminierung 166, 298
Rassismus 158
Rebellen 76, 78, 172
Regeln für Radikale 167, 170 ff., 306
Reinkarnation 84, 216
Relativismus 292
Religion 16, 23 ff., 44, 49 ff., 61, 70, 150, 156, 172, 188, 198 ff., 260, 284 ff.
Revolutionstheologie 215
Robert Owen 229, 245, 271
Rodney King 299
Ronald Reagan 161, 260, 325
Roosevelt 148 ff.

S

Sanctuary City 323
Saul Alinsky 167, 283, 305
Schauprozesse 34, 57

Scheidung 36, 50, 223, 236 ff., 257 ff.
Schuldenfinanzierung 315
Schwarz-Weiß-Denken 177
Schwule 224, 257, 266
Seele 42, 65 ff., 84, 144, 198, 210, 303, 325
Selbstmord 94, 216, 259, 267
sexuelle Befreiung 16, 30 ff., 240 ff., 258 ff.
Sherman Block 299
Sidney Webb 144, 145
Simone de Beauvoir 248
Sokrates 197
Solschenizyn 95
Sowjetunion 19, 30 ff., 51 ff., 80 ff., 232 ff., 258, 278 ff., 301
Sozialhilfe 155, 263, 309, 316
Sozialismus 16, 19, 29 ff., 126 ff., 179 ff., 215, 235, 242 ff., 275, ff., 308, 317
Sozialpolitik 36, 155, 263
Sprachmanipulation 304
Stalin 49, 73, 80, 91 ff., 128 f., 191 ff., 234, 278, 286
Steve Scalise 307
Stinkende Alte Neunte 177
Susan Anthony 248
Szientismus 43, 287

T
Taoismus 201, 205, 208
Terror 54, 74, 82, 95 ff., 115, 127, 166
Thomas Sowell 188
Todor Sabev 211
Tom Hayden 308
Totalitarismus 50, 84, 277 ff., 302 ff., 313 ff.
Transsexuelle 59, 173, 283

Trevor Loudon 139, 164, 190 ff.
Tyrannei 19, 73, 91, 280

U
Umweltbewegung 302
Umweltschutz 16, 28 ff., 56
UN-Charta 149
Untergrundkirchen 212, 220
Utopische Sozialisten 231

V
Václav Havel 129
Vandalismus 146
Venona Files 148
Verschwörungstheoretiker 62
Vier Alten 203 ff.

W
Weltbank 149
Weltkirchenrat 211 ff.
Weltwirtschaftskrise 55, 185, 244
Whittaker Chambers 150
Wifesharing 231 ff., 249
Winston Churchill 80
Wladimir Bukowski 162
Wohlfahrtspolitik 263, 280, 316
Woitinski 89, 108

Z
ZANU 123
Zehn Gebote 304
Zeit des Großen Terrors 98
Zentralisierung 294
Zhou Yongkang 85
Zwangsarbeit 96, 105, 128, 202, 206
Zweite Internationale 29, 79, 179
Zweiter Weltkrieg 26, 54, 80, 95, 108, 111, 126, 133, 149, 179